黄埔军校人物传记系列丛书

广东革命历史博物馆 编

我们远方的故事

中国远征军中的黄埔军人口述录

广东革命历史博物馆 编

SPM
南方出版传媒
广东人民出版社
·广州·

图书在版编目（CIP）数据

我们的远方故事：中国远征军中的黄埔军人口述录／广东革命历史博物馆编．—广州：广东人民出版社，2019.3（2023.7 重印）
（黄埔军校人物传记系列丛书）
ISBN 978-7-218-13327-0

Ⅰ．①我…　Ⅱ．①广…　Ⅲ．①黄埔军校－人物－生平事迹　Ⅳ．①K825.2

中国版本图书馆 CIP 数据核字（2018）第 300502 号

WOMEN DE YUANFANG GUSHI：ZHONGGUO YUANZHENGJUN ZHONG DE HUANGPU JUNREN KOUSHULU
我们的远方故事：中国远征军中的黄埔军人口述录
广东革命历史博物馆　编

出 版 人：肖风华

责任编辑：陈其伟
封面设计：彭　力
责任技编：吴彦斌　周星奎

出版发行：广东人民出版社
地　　址：广州市越秀区大沙头四马路 10 号（邮政编码：510199）
电　　话：（020）85716809（总编室）
传　　真：（020）83289585
网　　址：http://www.gdpph.com
印　　刷：三河市华东印刷有限公司
开　　本：787mm×1092mm　1/16
印　　张：25　　**字　数**：260 千
版　　次：2019 年 3 月第 1 版
印　　次：2023 年 7 月第 2 次印刷
定　　价：68.00 元

如发现印装质量问题，影响阅读，请与出版社（020－85716849）联系调换。
售书热线：020－85716833

谨以此书

献给我们的民族英雄

《我们的远方故事：中国远征军中的黄埔军人口述录》编委会

序

对黄埔军校的有关研究从军校建校之初就已萌始，不过作为一门“显学”走入公众视野，还是主要集中在改革开放后的新时期内，尤其是黄埔军校同学会（总会）及各地黄埔军校同学会成立后，对黄埔军校的专门研究及资料性积累工作进入了一个百花齐放的新局面。与此同时，1984 年 6 月黄埔军校旧址纪念馆成立，对黄埔军校文物资料的收集和整理工作也就此展开，研究成果相继呈现。正是这一起步阶段打下的良好基础，才为我们当下更深入地进行黄埔军校相关研究和宣传工作提供了便利。经过数十年的发展，黄埔军校研究成果已经蔚然大观，不一而足。黄埔军校已不再是作为一个特殊的时代产物局促在狭隘的历史角落里，而是化为一个承载了更多历史内涵和民族精神的历史象征，传世流芳。其包罗万象的丰满身躯，日益受到学界及社会各界的关注和认同，探究与认知的兴趣与日俱增。

关于黄埔军校的研究地位，各界尚未达成一致意见，但基本认同通过对黄埔军校的研究能放大还原许多历史事件的细节，既有益于微观史学的研究，也裨益于大历史观研究的范畴。黄埔军校存续的历程正处于中华民族风云交汇、多灾多难的历史时期中，其跌宕起伏的变迁史既是随着近代中国变革的洪流而动，也在这一洪流中发挥了自己独特的作用。管中窥豹，一叶知秋，各方家都能在某些历史时期内和历史事件中找到黄埔军校的印记，尤其是那些受过军校教育和生活洗礼过的万千师生的身影。

“时势造英雄”，英雄也会创造出属于自己的时代。从黄埔军校走出去的万千师生以其鲜活而又朝气的新形象、新勇气，在大革命、民族解放战争等斗争风暴中砥砺前行，展现出符合时代发展要求的优秀中华儿女的风采。在黄埔军校生中，人民解放军中获少将以上军衔的有近40人，其中上将以上有徐向前、林彪、陈赓、许光达、罗瑞卿、周士第、陈明仁、杨至成、宋时轮、张宗逊、陈伯钧、郭天民等；国民党军方面，任兵团司令以上职务的有60余人，其中最著名的有胡宗南、杜聿明、宋希濂、关麟征、黄杰、桂永清、郑洞国、邱清泉、王耀武、胡琏、廖耀湘等。这些优秀师生代表终使“将帅摇篮”得以名就功成，万千军校师生也以他们为楷模，与母校共荣辱，与祖国同患难，民族齐抗争，他们每个人都像一枚枚在革命与斗争的烈火中重生的顽石，共同镶嵌在了黄埔军校的荣耀之门上。回顾他们的人生，或褒或贬，无关成就高低，只是风采不同，他们有着一个共同的身份认同——“我是一名黄埔军人”。因此，我们有必要通过对这一人物群体进行专门研究，去寻找他们在不同历史时期、不同历史事件、不同社会领域中所承担的重要角色和走过的历史足迹，在寻找群体印记与个人记忆的过程中，去展现他们共性与个性并存的黄埔人生，见证他们火与血的人生传奇。

此套《黄埔军校系列传记丛书》正是在这种理念感召下，由时任广州市市长陈建华提议立项，我馆抽调业务骨干成立工作小组负责具体工作，聘请黄埔军校研究专家对丛书的选题、审稿等进行指导。2014年6月，在黄埔军校建校九十周年庆典之际，我馆通过与广东人民出版社签订《黄埔军校系列传记丛书》出版意向协议书，正式启动此套传记丛书的出版工作。

值此丛书出版之际，我谨代表广东革命历史博物馆，希冀借助这一套丛书的出版，能使黄埔军校研究在某些方面突破既有的樊篱，进入到更广阔的研究空间和历史视野中，也希望通过丛书的出版能在专业研究者和社会大众之间搭建起一个“认识黄埔、铭记黄埔”的分享平台，共同感恩历史，关爱当下，继往开来，期待丛书作者能“记一方之言，激千秋之爱憎”“鉴人明事”，深入发掘黄埔军校的那些人和事，不仅从更丰富的层面上展现黄埔群英风采；也从更具个性化的角度凸显黄埔精神，使读者从中获得对黄埔军校更深刻、更强烈的感知。

广东革命历史博物馆馆长　杨琪

前　　言

《我们的远方故事：中国远征军中的黄埔军人口述录》历经6年多终于来到了读者面前！

回想2012年，我馆为保护和开发“黄埔军校”这一重要历史文化资源，着力推出了“黄埔老兵口述历史计划”，调动馆内资源奔赴广西、浙江、湖南、湖北、四川、重庆、北京、上海、江苏、海南、安徽、辽宁等地，采集到70多位黄埔老人的口述历史资料。2014年黄埔军校成立九十周年庆典之际，我馆成立了黄埔军校口述历史研究中心，针对此项工作拟系统整理出40位曾参加中国远征军的黄埔老人的访谈资料进行公开出版。在此之前，其中部分资料已在《铁血铸军魂——中国远征军中的黄埔军人》主题展览和《中国远征军中的黄埔军人》一书中得以利用。

这本书最初拟的名字有两个，《远山·繁星——中国远征军中的黄埔军人口述录》和《脊背上的尘埃——中国远征军中的黄埔军人口述录》。因为在我们整个的口述历史采访过程中，不断出现在我们脑海中的一个形象，就是这些老兵作为中华民族浴血抗战时期构筑和支撑民族脊梁的一员，曾在祖国西南边陲上发过自己的一份微光，他们大多不是那里的人，却因为抗战汇聚到那里。他们在那里洒下血与泪，埋下战友的忠与骨，最终人生如尘埃般落定在民族脊梁上，被人遗忘，等待拂拭……这个“远方”没有“诗”，只有战争和抗争。老兵们在这里留下的身影就像不知姓名、模糊朦胧的繁星一样永远照看着这片土地，他们只有一个共同的名字得以铭记——“中国远征军中的黄埔军人”。

最终的书名缘起是因为我们想让老人们以第一人称“我”去面对读者讲述自己的这段人生经历，就像我们这些访谈者曾坐在老人们对面一样，去还原这种对话感和在场感。所以，在文章中我们是以第一人称去讲述，尽量不做违背老人原始讲述内容和语言特色的修改，只在页下注释中提出某些异议以及编者的一些个人见解供大家参考。在每一篇文章的前面，我们还加入了采访手记，记述我们当时采访的情景和感受，希望能营造一种采访者、讲述者、读者三方沟通交流的情景。

口述历史作为带有个人色彩和时效性的个人历史、微观历史，受到人的记忆规律、主观选择、客观限制等影响，存在不同的解读和史实异议是必然的，这也是口述历史的价值和魅力，因为在多维视角比较下每个历史才会更丰满、更真实。我们做口述历史的工作理念一直是“与时间赛跑”，为历史存史、为个人存记忆，就像这些黄埔老兵，我们采访的时候他们基本是80岁以上高龄，在我们回访的时候，有些老人已经“走”了，来不及让人们去聆听他们保存半个多世纪的人生故事。而伴随着此书的出版，我们更不敢去想这40位老人中还有多少人仍在世。所以，及时的记录和保存是口述历史的首要要求。本书的出版首先是献给这些还在世的和已“走”的老人们迟来的“礼物”，感谢他们的付出和讲述，让我们有幸在今天坐在他们的对面，听一听、想一想他们的人生故事，对我们现在的人来说也是一种成长。

编辑此书过程中出现的某些错误，有些是我们编辑个人的原因导致的，有些则有待其他口述历史讲述者和专家学者进行比照赐正，共同来增加历史的丰富性和保持对历史的尊重。

广东革命历史博物馆黄埔军校口述历史研究中心

目　录

初战悲歌——亲历第一次远征

再战凯旋——亲历第二次远征

守土西南——亲历滇西抗战

初战悲歌——亲历第一次远征

一个黄埔炮兵的两次中国远征军传奇

采访者：徐丽飞、刘格花

整理者：刘格花、冯惠

采访时间：2012年9月20日

采访地点：广东省广州市番禺区陆嘉昌家中

讲述者简介：陆嘉昌，原籍广东，1919年出生于上海。1940年4月1日，从黄埔军校第四分校第十四期毕业，后进入贵州都匀炮兵学校普通科第七期受训。1941年2月至8月，任黄埔军校第四分校练习大队炮兵连中尉连副。1941年8月，加入中国远征军第5军第200师，后任第600团第1营上尉副营长，参加过鄂克春战役、同古战役、密支那战役、八莫战役和南坎战役等。1945年日本投降后，回到广州负责接收日军的汽车修理厂。

采访手记：陆嘉昌是位有传奇色彩的黄埔老兵。早年进入黄埔军校第四分校学习，毕业后留校做附员。后为了进入炮科学校学习，不惜遭到第四分校的通缉。炮科学校毕业后，留在第四分校练习大队炮兵连当教官，后受同学“刺激”鼓舞，从后方“逃”到了前方打仗，跟随中国远征军第5军第200师入缅作战，目睹师长戴安澜的牺牲过程。老人对这段经历感慨道：“我一生可以说是对得起国家的，但我很对不起第四分校韩汉英主任①，我在他手里‘逃亡’两次，一次到学校念书，一次跑到前线。如果不是真正跑到前方打仗，那抓回来是要枪毙的。”

陆嘉昌随戴安澜的第200师入缅作战失利后，又参加第二次中国远征军，在抗日名将孙立人部下任炮兵连连长。老人对两位上司有着自己的看法，尤其对孙立人的意见很大。抗战胜利后，老人不愿打内战离开了部队。晚年，他在从事发明工作，从木炭车到“跳楼机”，一直潜心于自己钟爱的发明事业。

“开明专制，绝对服从”

我是黄埔军校第十四期的。在广州报到以后，我们就坐船到广西梧州对面的戎圩。我们在戎圩上岸行军，用了一个

---

① 韩汉英（1895—1966），广东文昌（今海南文昌）人。1917年，考入广东黄埔陆军小学，后毕业于保定陆军军官学校第六期。1925年，任第4军独立团中校营长，参加第二次东征。抗战全面爆发后，率部赴上海对日作战。南京失守后，奉命调去筹办珞珈山军官训练团，任办公厅主任。1938年7月，奉命调任黄埔军校第四分校中将主任。1944年9月，日军窜扰黔南，第四分校奉令编成作战机构，其又兼任黔桂边区防守司令及都（匀）独（山）警备司令。

星期的时间，一直走到桂平①，在那里入伍当上了上等兵。3个月后，我们完成了当兵的学习。在这3个月里，我们了解如何当兵，这是每个黄埔军校学生都要经过的入伍生阶段。

在我们报到的第一天，值星官就告诉我们，这里是"开明专制，绝对服从"——"开明的专制"，就是讲民主专制力量；"绝对服从"，就是在军队里面，他一吹哨子，我们就要实行，他的哨子一落，我们就要完成任务。开始，我们很不习惯，哪里晓得当军人这么严格。吃饭时间只有5分钟，没有人管你吃不饱，但是没有办法，只有接受了。他还说："革命者请进来，不革命者请滚出去！"这是黄埔军校最有名的话。

在桂平受训的3个月里，我们每天都要出操。起床不久，值星官一喊"向右转！齐步走！预备！"就开始带我们唱行军歌："枪在我们的肩膀，血在我们的胸膛，我们来捍卫祖国，我们去赴沙场。"天天都唱这首歌，表明我们来黄埔军校就是要勇敢去为国家战斗。那时候，我们脑筋里只有这四句话，是永远不会忘记的。

教官很爱护我们

训练满3个月后，开始分科，我被分到炮兵科。本来我个头比较矮，一开始是分去当工兵的。但我认为当工兵没有机会杀敌人，便请求当炮兵，可以发挥威力。后来，我们的连长王大财允许我到炮兵科。王大财是贵州人，他对我们很好，把我们当小孩一样的。我们在黄埔军校受训的时候，教

① 1938年2月，黄埔军校第四分校迁到广西桂平，挂的牌子是"中央陆军军官学校第四分校第十四期七总队"。第七总队总队长为白兆琮，副总队长为萧昌运、欧阳杰。

官很爱护我们。尤其是总队长白兆琮，他是少将总队长，每次跟我们讲话都是鼓励我们，说我们是好孩子，没有骂过我们，像我们的父亲一样。

那时候，军校里有很多军官可能已经是共产党员了。有些军官每一次跟我们讲话，都说新疆迪化（今乌鲁木齐）是很好的地方，话里边有一点含义，叫我们到那边去。我们第四分校的主任是陈芝馨，他很英俊帅气，我们同学都很崇拜他，他跟白兆琮都是我们的好上司。他本想把我们训练成共产党，后来在广东马口沉船事件中淹死了。①

艰苦的宜山生活，我们没有怨言

分科后，我到广东的郁南受训。受训时间不够 3 个月，敌人轰炸广东，于是我们由郁南行军，经柳州、桂林到达广西宜山。宜山是广西西北一个落后的地方，我们就在宜山城附近一个叫德胜的小镇驻扎。那里的条件相当艰苦。

我们住在老百姓的房子里，一个小房子就住一班人。没有床我们便用稻草垫厚来睡，十几个人通通睡在地板上，一直睡到毕业。我们没有念书的桌子，每人就用一块木板。没有凳子，便自己用稻草叠椅，弄一个草凳。军装供应比较充足，每人一两套，坏了可以换，我记得是草绿色、草黄色的军装。领章是蓝蓝黄黄的，一边写着“军校”字样，另一边写着“学员”字样。

---

① 现有的资料并未证明陈芝馨曾加入中国共产党，且其应为第四分校中将副主任（主任陈诚）。陈芝馨（1895—1938），广东罗定人。1919 年，从保定陆军军官学校毕业。1938 年春，中央陆军军官学校广州分校改称第四分校后，任中将副主任。同年 5 月，在广东三水马口沉船遇难。

我们平常主要是学习教材和武器，练习用的器材是很健全的。在军校学习使用的武器都是真的，但实弹射击不是很多。我们用的是日本的三八式野炮，还有法国施耐德的炮、上海造的山炮等。除此之外，我们还要学马术、刺枪术等。

我们当炮兵的，要练习马操、炮操等很多科目。炮兵的全套知识我们都要学，比如怎么把炮射向敌人，怎么命中敌人等。还要有一定的知识基础，尤其是数学。我们作战的时候都要测地形，要运用数学、三角几何、画图等。对于炮兵来说，这些都很重要，不然就不能把炮打到敌人那里去。炮兵还要沉着，就是说炮弹打来的时候也不要怕。

我们就是这样一直生活到毕业，差不多用了半年多的时间。尽管那个时候黄埔军校的生活是这样的艰苦，但我们很努力去接受，天天练习，我们都没有怨言。因为我们是要为国家去战斗。

三个月后，中尉降为少尉

我是 1939 年入学，1940 年 4 月 1 日毕业的，一共一年多的时间。毕业的时候，我们第一批 1000 多人在宜山分发，其中有 100 多人分到第三战区，包括我们三个炮兵。第三战区当时在江西上饶，司令长官是顾祝同。他对我们很好，马上就晋升我们当中尉，送到第三分校。

当时，第三分校刚刚成立，主任为吕济①，地点是在江西瑞金，共产党的发源地。没过多久，吕济就在第四分校找

① 吕济（1892—1956），山东清平人，保定陆军军官第六期毕业。1938 年 6 月，奉调江西瑞金筹办中央陆军军官学校第三分校，并被任命为主任。经过两个月的紧张筹办，分校于同年 9 月 14 日正式成立。

了他的同乡张新斋，把张新斋调到第三分校当副主任。张新斋是我们原来受训时的科长，当过我们的教官。他刚到第三分校，就发现我们三个人一毕业就当中尉，不合理，便把我们降为少尉。所以，我们当了不到 3 个月中尉就降为少尉了。我们都没有意见，因为我们也知道那是不合理的。后来，因为第三分校各种设备不齐全，人力又不足，没有办炮兵，我们三个人发挥不了作用，他就送我们到贵州都匀炮兵学校①再受训。

坐军车到都匀，一分钱都不用花

到贵州的路途遥远，我身上的盘缠不够，于是就想法子让军车送我去。在衡阳车站的一个小饭馆里，我遇上一个老妇人。她是一个小食品店的老板，看见我这个年轻军人这么有心去读书，就帮我找去都匀的军车。最后，由那些军车一个带一个，一个交代一个，把我送到了都匀。一分钱都不用花，反而有时还吃他们的，他们对我这个年轻的军官很好。现在回想起来，我们抗战的时候，老百姓对于军人都是很崇拜的。

当我到达都匀时，已经一个多月了。炮校的主任史文桂②说我迟到，不便收录。那时，我没有职业又没有书读，很苦恼，就在都匀住了 3 天。后来，我想起了原来在第四

---

① 1937 年冬日本占领南京前夕，军委会指令南京炮兵学校迁住湖南零陵。迁零陵后不到两年，日军南侵，学校迁到广西鹿寨。1939 年 1 月，国民党南京炮兵学校除留学员队一部在鹿寨外，其余向贵州都匀迁移。同年 9 月，教育长邹作华调任军令部炮兵指挥官，史文桂接任教育长。日军转而西侵后，学校又迁到贵州开阳。

② 史文桂的职务应为教育长。史文桂（1896—?），安徽合肥人，保定陆军军官学校第八期炮科毕业。1926 年冬起，历任黄埔军校第四期中校兵器教官、炮科主任教官等。抗日战争全面爆发后，任重炮第 7 旅旅长、第五战区司令长官部少将炮兵指挥官、南京炮兵学校教育长等。1944 年，日军进攻贵州都匀时，史文桂因炮校迁址行动迟缓而被撤职。

分校一起读书的连长王大财。那时候第四分校已经搬到贵州独山了，在都匀南方60公里的地方。我就由都匀坐车到独山找到了王大财，他就把我安排在教育处，临时当附员，就是等候工作的意思，不是真正的职员。我心里想，我现在考不到第六期，等明年第七期开学的时候，我不就可以去了吗？就这样，我就在那里当附员，常常看报纸，等待消息。

被第四分校通缉

第二年的4月，炮兵学校开始召集普通科第七期。我就跟第四分校的主任韩汉英（他对我很好）说："上次我到炮校过了期，所以在你这里临时当附员，现在又招考了，你可不可以送我去？"但参谋处处长不同意。我心里想："你不送我，我自己去。"年轻人就是爱冒险的。

结果，我没有告诉主任，自己偷偷地跑到炮兵学校去，拿着第三分校旧的保送书，找到史文桂。我说："上次你不收我，现在我又来了。"他被我读书的热情感动，最终接收了我。但是第四分校说我跑掉，便在《新军日报》① 上通缉我。

这消息传到炮兵学校，我心里很难受，该怎么办？它要通缉我，我读不成书，还要犯罪。我只好把报纸拿给炮兵学校的教育长史文桂看。他让我继续在这里念书，给我办理相关手续。然后，他写一封公函给第四分校韩汉英主任，说

① 《新军日报》是中央陆军军官学校第四分校所办，原在广西宜山发行，1939年迁入独山。翌年6月10日，在独山县登记申请继续发行。发行人兼社长是军校第四分校主任韩汉英。1945年夏，《新军日报》因军校奉命撤销而停刊。

道："该员上次是因为迟到，我没有接收他。现在他又来，他很有心学习，还有保送书。所以，请第四分校另外再发一份保送书，我们照样给他薪水，照样保持这个职务、资历。"这件事情后来顺利解决，真是我人生中第一件快事。

有两把佩剑

炮兵学校专门训练两种炮兵人才，一种叫做高等科，一种叫做普通科。高等科即研究炮兵，是研究人员，要有大学程度才能够进去；普通科是研究炮兵理论，即黄埔军校毕业以后，到那里进一步学习炮兵理论知识、火炮的制造等。我当时读的是普通科，教我们的教官全是大学教授，学数学时要学微积分。

毕业的时候，白崇禧到炮兵学校视察，我们就顺便行毕业礼。因为白崇禧要颁发奖牌，所以学校指定一个成绩好、品性不错的学员去拿，他叫戴师章，是黄埔军校第十二期的。我们大家都没有话说，因为人家都承认他是成绩最好的。

毕业的时候，炮兵学校给我发了一把佩剑留念。我之前在黄埔军校已经有了一把，凡是在黄埔军校毕业的都有一把佩剑，所以我有两把佩剑。两把佩剑都是一样的，外面写着"校长蒋中正赠"，里面写着"成功成仁"。后来，我从保山出国打仗的时候，把两把佩剑和很多东西都交给了我的好朋友，叫王文荣的老百姓保管。结果等我打完仗回来，听说他被飞机炸死了，我的东西当然也没有了。

因为一封信，“逃”到前方打仗

在我毕业前一个月，韩汉英想派我到第四分校一个练习大队当炮兵连的中尉连副。这个机会对我来说当然很好，所以毕业后我在练习大队炮兵连当了3个月连副。

那个时候刚好是清明前后，贵州人有一个风俗，清明时候很喜欢请人家上坟，就是请客人到坟上去吃喝，喝白酒，吃云南盐酸（独山盐酸，很出名的），大鱼大肉的请我们吃。我那个时候是不会喝酒的，结果喝醉了，被士兵抬回去了。3个月以后的一天，有一个叫刘文雄①的同学写信跟我说在学校当教官不用去打仗，天天吃吃喝喝是很可耻的，应该到部队去。我给他“刺激”了，感觉我不应该在学校里享福，当军人就是要打仗，现在在学校当教官会给人留下怕死的印象。

后来，他经过独山的时候，说他一个朋友认识第200师师长戴安澜，想介绍我过去，说这个部队很快要出国打仗。我想要学校调我去是不可能的，我已经要求过学校给我读书，现在又说要到部队，职务是不可以随便调的。我便想了一个办法，叫我哥哥写一封信到学校说我要结婚。我便请了一个月婚假，然后就“逃”到第200师。

我一生最要紧便在这个地方，就是“逃跑”到了前方。后来，我打完仗给哥哥回了信，我哥哥还把这封信放在《银行月刊》里登出来。这封信我一直保留着，很多人不会欣赏这封信。这是我由后方“潜逃”到前方的一份证明，一封入

---

① 陆嘉昌在《南方都市报》（2014年1月10日）一篇报道中，提到此同学为黄埔军校同学黄景棠，广东海康（今雷州）人，后牺牲于抗日战场。

缅杀敌的家书，真心真意地去打仗的一份最好的证明。

我一生可以说是对得起国家的。但我很对不起第四分校韩汉英主任，我在他手里“逃亡”两次，一次到学校念书，一次“逃”到前线。那时年轻胆子大，想到就去干，认为对的就去做，不会想到后果。其实，后果是很严重的，我是“弃师潜逃”啊，如果不是真正跑到前方打仗，那抓回来是要被枪毙的。

鄂克春之役，初上战场

1942年，我跟着第200师进入缅甸，任第200师第600团第1营上尉副营长。第200师被敌人包围后，我们跑到野人山辗转三个月才回到昆明，后来我到了新编第38师。

我第一次上战场，就是攻打阿克春[①]这个地方。我虽然是炮兵出身，但第1营是步兵部队，营长是叫吴志坚，还有一个团副叫赵立斌。他们两个人都很有作战经验，就被派来守前线阵地。我跟着他们在这里死守了3天，保护后面同古的部队。

阿克春战役打得很厉害，打了三天仗。我们每一个步兵连有9挺机枪，一个步兵营就有27挺机枪，配有27个堡垒，一个堡垒配有1挺机枪。我们的工事做得很好，还挂着很多障碍物，所以敌人没法靠近。

在战斗中，我们死了两名排长，伤了三名排长。我们营

---

① 应为鄂克春。鄂克春（即屋敦）在同古南10千米处的一个村庄，旁边为坦塔宾村。1942年3月，第200师前哨部队后撤到东吁以南的鄂克春布防。后在日军攻势下，师长戴安澜调整部署，将鄂克春、坦塔宾前进阵地放弃，集结该师主力保卫同古。

本来差不多有1000人，后来剩下不到五六百人，两名连长负伤，一个阵亡。第1连连长叫做万剑勋①的，在同古战役时也给枪榴弹炸死了。我们想把他的尸体拖回来都不行，因为那是机关枪封锁的地方，任何人跑不出去。一经过那个地点，敌人的机关枪就扫过来，所以只能用土盖住他。记得鲁迅先生说过："真的勇士敢于直面惨淡的人生，正视淋漓的鲜血。"打仗就是这样。

阿克春战役打完后，我们就回同古。到了同古后，我们马上就做工事。那里有现成的枕木，四四方方的，不用切割，很整齐的，刚刚好。我们的工事做得非常好。在同古作战12天以后，第1连连长万剑勋牺牲了，要我去任第1连连长。当时，这个连的连长、排长都没有了，只剩下班长。因为班长都是士兵，不是军官，没有办法领导一连人。明知不好干，我还是去了。我直接领导6名班长，就等于我只当排长。可这没有关系，只要能够打仗就行。当了两天连长以后，就不用我再当了。因为蒋介石命令撤退，我带着6个班掩护第200师撤退。我们不甘心啊，打胜仗了，上级还命令我们走？打胜仗为什么还要退却？战胜了还要逃亡，是最可悲的事情。

戴师长的死，我最清楚

戴师长到底是怎么死的，从来没有人讲清楚，我想就只

---

① 据陆嘉昌回忆，第600团第1营中，3名排长阵亡，3名连长负伤。撤回同古时，只有第1连连长安好。在老人的一份战地家书里提到，在29日上午，第1连连长被枪榴弹打中头部而阵亡。"脑浆出来了，马上死掉，话都没有讲一句。他留下老婆和儿子在保山。留守的时候，交代那里的云南人，帮忙照看他的妻儿。我只记得他叫万建勋。"

有我最清楚了，因为那时我距离他最近。当时是这样子的，同古一战后，因为要掩护英国人撤退，我们全师进入了敌人的大包围圈。敌人把我们包围在缅甸的中部，我们没有办法补充子弹，没有办法补充粮食，通讯也断了，我们只有上山逃亡。

在大山里，我们白天休息、找路线，晚上就想办法突围。因为晚上森林里头是看不见的，伸手看不见五指。森林里光线进不来，我们只有一个士兵跟着一个士兵这样跟着走。有时候他们跟不上，就叫他们把那个绑腿拿下来，绑着自己的腰，另一头绑着前边那个人的腰，他走你就走，他不走你就停。跟着太紧又不行，离着太远就看不见了，最多两三个人的距离就已经看不见了。

在缅甸中部的大森林走了 3 个月后返回中国，这 3 个月死了很多人。我们走了两条公路，要经过第三条公路才能回到中国。在通过第三条公路的时候，由营长吴志坚带两个连的先头部队先到公路上守住，看看有没有敌人来追我们，然后再到对面那座大山。

当我们下了公路以后，敌人发现了。敌人就用机关枪向我们扫射。在短兵相接的过程中，戴安澜师部有副官、卫士、翻译官，还有负责带路的土人，很多人纷纷负伤。突然，我们听到有人喊："师长负伤了！"① 但因为是晚上，森林里头一片漆黑，没有光线，只听见声音。当时混乱得很，大家只好想办法把师长抬回到原来出发的地方。

当时我们师部有一个当了十几年的号兵，他曾吃过一个

① 在一次口述采访中，陆嘉昌回忆道："我们正穿越南坎到八莫的第三条公路，戴师长通过山腰时，身中 5 枪（一说 7 枪）。当时我在他身后，相隔 10 个人……"

土匪的人心。事情是这样的，我们没有到缅甸之前，在昆明附近30公里左右的安宁集训。在这里，戴师长枪毙了3个人。其中，有一个当官的是中校科长，之前逃亡跑到西南运输处去当大队长；一个就是土匪，是昆明一个县政府交给我们的，说这个土匪从前是我们师的兵，出去当了土匪；还有一个就是逃兵，逃兵是第一次逃跑，按惯例来说是当了两次逃兵才会被枪毙。戴师长集合我们师部的官长看着，说把这三个人枪毙，结果一下子开了3枪。那个科长死了，土匪也死了，那个兵没有死，本来也没有打算把他枪毙，因为他是第一次逃跑。后来，师长说："当兵的第一次逃亡，我不枪毙，不过你们要认识，作战之前逃亡是犯法的，你们不要逃亡。"算是警告全师官兵的意思。

为了把师长带回原来的地方，大家正在想办法。这时，那个号兵说他有两个手榴弹，将一个手榴弹向公路边甩出去。敌人知道我们这里还是有反抗力量，机关枪就不敢射下来了。其实，我们是在突围时偶然碰上了他们的巡逻车，他们不是有计划袭击我们。如果真正攻击我们，还不止伤亡师长这么简单。最后，那天晚上的突围没有成功。戴师长曾经讲过："我要突围不成功，你们就不用去；我要突围成功了，你们拼命也要过。"

戴师长对我很好。出发之前一个月，他就派我到第1营当副营长。本来我很年轻，也没打过仗。他对我说："小老弟，军人事业是在战场，我现在要派你到第1营去当副营长。我知道你不是步兵，但是你要去练习一下。你跟着吴志坚和赵立斌，他们两个人都很有经验的，你跟他们可以学会很多东西。"我知道他想栽培我。他是军校第三期的，我是军校第十四期的，他一直喊我"小老弟"。

依靠勤务兵，穿越野人山

我是幸运的，没有受伤。我们回到了出发点后，研究再次突围方案，包括路线和打法。结果三天以后，我们突围成功，不到半个钟头就过了公路，到了对面的大山里头。这座大山就在密支那的北部，野人山的边缘，我们在那里度过最艰苦的两个月。

野人山没有吃的，没有粮食，我们的子弹也没有了，通信完全断绝。整个师的人员剩下2000多人，每个部队都分开一组一组，每一个小组自己去找饭吃，大家各自为政，三三五五，根本就不像队伍。在这种环境下，大家只能是尽量去维持生命。我是副营长，我们营部还有一个勤务兵、一个兽医官，我们三个人都是单独出去找东西吃。

当时，我依靠一个叫吴礼东的勤务兵。因为我刚刚出来打仗，20多岁，很年轻，也不懂事。吴礼东是湖南人，是农民，非常好的一个人。他有办法到处去找食物，哪怕是谷子也去找一点，谷子拿回来以后就把它舂成米。当大队伍休息的时候，他就把帽子放下来，挖个洞，帽子放下去，把谷子倒到帽子里，用木棍子舂谷子。从早上到晚上，谷子才舂一半，还有一半是谷子，硬得很，没有办法吃。

有一次，我们晚上到一个地点集合。那是老百姓的草房，上边住人，下边是住牛马鸡鸭的，养畜牲用的。大队伍到了以后，连住畜牲的地方都住满人。我们三个人没办法进去，只好在屋檐底下住。结果，吴礼东睡到半夜，突然听到"吱吱吱吱"的响声。他起来一看，原来屋檐底下有3只鸡。他一下子抓了3只鸡，我们三个人吃了一个礼拜。我们就这样坚持着，只能够过一天算一天。

山上的老百姓都是当地的土人。他们存的粮食也不多，部队这么多人过去，粮食一下子都“抢光”了。你可以说是“抢”，因为老百姓都不在，想给钱都没法给。有一次，我们发现土人养的一只猪，到处乱撞，便开枪打它。打了好几枪都没打着，刚好有一个土人从外面跑来，还帮我们开枪把猪打死。结果，一只猪就够我们维持几天的生命。

大山里每天都下雨。我没有雨衣，吴礼东给我捡了英国人的一件厚呢子大衣，尽管天气很热，我还是穿着它，可以挡雨。那件呢子大衣是羊毛做的，还有吸水的功能，我就靠那件呢子大衣挡风遮雨。后来回到昆明，我就把它卖掉了，还很值钱的。我当时穿的是胶鞋，穿烂后，跟一个兵买了一双草鞋，要40块钱。草鞋我穿不习惯，加上雨水多，我的脚一直发炎溃疡，回到腾冲以后才把脚治好。

曹涧的土司想收编我们

到了腾冲以后，我们先到腾冲附近的一个叫曹涧的地方。这里是土司的地方。整条坝子，就是两个大山中间的平原，每一个平原就有一个土司。这个土司好像当皇帝一样，很有钱，有很多鸦片烟。我们队伍到了那以后，土司很优待我们，给我们吃饭，杀猪吃肉。还和我们说，只要拿来一支枪就可以当他的排长。几个月来，我们没有食物吃，连命几乎都没有了，现在忽然间好起来了，给枪就可以当官。比如你是当少尉的，给你当上尉。而且他的女儿多得很，还可以许配一个女儿给你。当了他的官，当了他的女婿，就不能离开这里。他的人很厉害，要抓你，比你还快，没有一个跑得掉。

后来我们没有当他的官，在他那里享受了几天就回保山。我们整个师2000多人，没有散掉，还是有建制的部队，整个部队还有人管，有团长、营长、连长。在保山休息一段时间后，我们就到昆明北边的沾益去整训了。

新编第38师炮兵第3连连长

那个时候，我们回去就好像要饭一样。吃得也不好，当一个上尉，政府才给80块钱。虽然米、柴火是国家给的，但那点钱连买菜都不够用，要师部补贴钱才行。

黄埔军校第十五期的王贺东，我跟他两个人都在参谋处。他认识一个朋友，说可以把我们两个人带到新编第38师，介绍我们见孙立人。孙立人当时刚刚到印度，有美国帮他整训部队，在印度的兰姆伽，主要靠美国供给武器，他让我们在那里学习。由于刚开始训练需要补充兵源，要抓很多兵和招很多干部。所以，我们两个就坐飞机到了印度。

新编第38师原先就是税警总团①，根本没有炮兵的。现在，他们要组建三个炮兵营，我们两个是炮兵人才，刚好可以派上用场。一年后，孙立人把我调到炮兵第2营，当营副。营副不是重要职务，但是可以当教官。因为我是炮兵，而且是炮兵学校出来的，可以帮他训练士兵。

后来，我又被调到参谋处，接着又到炮兵指挥组，最后前方紧急了就调我到第3连打仗。因为当时战场上完全是步兵调过来的长官和士兵，没有学过炮兵的知识，原先的炮兵

① 新编第38师隶属于第66军，前身为财政部所辖之盐务总局缉私总队（后改为税警总团）。1938年3月成立后，由孙立人担任总队长于都匀整训，兵源则是从淞沪会战后未被黄杰吸收的原税警总团伤愈兵组成，武装则是由财政部拨发。在第一次中国远征军作战失败后，撤退至印度整训，后改隶于孙立人的新编第1军。

第1营第3连的连长也是个大老粗。一到打仗的时候，就发现炮兵起不到作用，因为要把炮弹很准确地射到敌人那里去，需要数学常识的，他们都不懂。所以，就调我去前线当连长了。

新平阳整训后，我们打到南坎

在我们反攻缅甸的时候，在孟拱河谷和孟关河谷有个地方叫新平洋[①]。新平洋是大山之下的一个小城，通过新平洋出去，就是孟关河谷。这个河谷其实是一个山谷，水涨就是一片汪洋大海，水一下来就是一块烂泥地。在这里这仗，非常艰苦。我们穿着马靴走路，一天到晚都是湿的。幸好美军发羊毛袜给我们，羊毛袜是防湿的，不怕潮湿。羊毛袜穿在里头，皮鞋穿外面，代替水靴，干旱可以穿，下水也可以穿。

当时，我作为第1营第3连连长，带着这个连在这个孟关河谷附近整训了3个月，把炮兵的常识教给士兵。我们使用的武器是美国的榴弹炮，75厘米口径，射程达到10公里。除了榴弹炮，还有就是山炮。那个地方根本用不上机械化，都是烂泥巴，路又不通，所以不适合用炮。本来新编第38师有3个炮兵营，第3炮兵营就有105榴弹炮，都还没有拿到前方去用过。其他两个营是山炮营，只能用山炮打击敌人。

我的一个连有两个排，100多人，有4门炮，有100匹

---

① 新平洋又称新背洋，中华人民共和国成立后出版地图上正规译法为欣贝延，原属中国云南省，由于云南省多纵谷地形，云南马帮迁移至此，认为是新的平原而得名。其呈长条状扼胡康河谷出口，由塔奈河流经，现属缅甸北部克钦邦所辖。

骡马，还有观测员、通信员等。我们当炮兵是要测量的，要看准目标，要调动方向距离。不是说简单打一枪就算了，要调得很准才可以命中。我们还要步炮联合，就是当炮兵射击把敌人压制的时候，步兵就冲锋攻击敌人。就这样，每天进展1000米，每天占领1000米的土地，很快就迂回到主阵地了。结果，我们迂回成功一直打到孟关河谷。后来，又把我们炮兵连调到八莫，攻打八莫半个月，围城半个月。打完八莫以后，又把我们调到南坎。

孙立人不懂炮兵

我们到南坎的时候，孙立人派一个步兵连保护我们一个炮兵连，这根本就不够。到了南坎，我们选择南巴卡作为我们的炮阵地，并且和步兵配合，试射了14个目标，阻击敌人从龙陵、腾冲退却下来的大部队，包括坦克、火炮及骡马部队等。当时，中美联合的指挥部也派了美国的第5332步兵旅，配有16门火炮，一天到晚不停射击敌人，目的就是拦截敌人。我们炮兵选择的14个目标，都是公路的交叉点，桥梁、高山的转接点，敌人很难通过。

记得第一天，敌人袭击我们的时候，新编第38师步兵连的连长孙强，他负责保护我们这个炮兵阵地。第一天，他打死了敌人的一个中尉，后来我们说兵力不够，要求第12团团长彭克立[①]派人，彭说他也没有人了。第二天敌人又来，

① 彭克立应为第114团上校团长，而非第12团团长。彭克立（1910—2003），曾用名彭胜，湖南望城人。1927年5月，考取第4集团军教导团学生队。1936年10月，选送洛阳中央军校受训。1942年，以新编第38师第114团第1营营长身份入缅作战。1944年，升任新编第38师第114团上校团长。1947年，升任新编第38师少将副师长。1948年，在长春和平解放中发挥重要作用。

结果我的阵地给敌人毁坏了两门炮，死了十几个弟兄。因为我们的炮兵没有武器，只有炮，其他的武器只有4挺机枪，没有子弹。新编第1军军长孙立人给我们的武器完全是财政部在英国订的武器，跟中国的武器不同，它的子弹也不相同。全世界的武器每个国家不相同的，不能够互用。他不应该配备这个武器给炮兵。

我认为这是上级指挥官不对的地方。他们应该要保护炮兵，让炮兵能够发射炮弹出去才是最要紧的。而且，孙立人没有学过步炮联合。我们黄埔军校毕业的时候，每人发一本书，叫做《步炮联合之指挥》，图文并茂，画得很好，并说明每一个兵种的性能。比如说我们炮兵的性能就是发射炮弹，而不是利用枪打敌人。步兵应该好好保护炮兵阵地，我们炮兵才能发射炮弹。孙立人不懂用炮兵，团长彭克立也不懂用炮兵。新编第38师也不是真正打仗的部队，临时由蒋介石把税警总团编为新编第38师，没有受过训练就到前方去打仗，这是错误的。

军事法庭对我的“审判”

后来，孙立人认为我有错，把我关禁闭，要进行军事审判。他说：“为什么你会把炮丢掉，你当时的位置在哪里?”我说：“我一点都没有错!”审判由参谋长张炳贤负责，他也是炮兵出身的，他问我当时的位置在哪里。我说：“我在黄埔军校和炮兵学校念书时，炮兵里头有一条条文讲：炮兵连长在战时的位置应该在观测所，不是在炮兵阵地。就是说连长在前方观测敌人，靠电话传达给连副，发射炮弹去打敌人。这一次炮阵地受袭击，我的位置在观测所是对的，我没有错。”

但是，我的营长叫王其人的，他写个报告告诉孙立人，说应该把我枪毙。他想枪毙我，为什么呢？因为他怕我抢他的营长位置。我是炮兵学校第七期出来的，老资格。他怕我在部队里面高过他，所以建议孙立人把我和连副都枪毙。这根本就是错的！团长彭克立也为我说话，认为我最大处罚也就是行政处分，不应该是刑事处分。后来，军事法庭作出审判，6 个人都受处罚，有 3 个降级的，包括我、连副及步兵连连长孙强，营长记大过。我认为孙立人处置不对，他当一个中将师长都没有这个常识，不懂得怎么用兵。

从部队离开的时候也是中尉

我降级后调回军部当附员，跟着军部坐飞机回南宁。在南宁坐船准备跟部队到广州湾①打击敌人，但是到了贵县②，船停了下来。那天晚上，电务师有一个职员，跟我们很好的，忽然间就跑到我们那里去，说："敌人投降了，我们胜利了！"当时我们很开心，大家都拿枪向天打空枪来表示庆祝。

我们的船过了几天继续向广州前进，准备回去接收广州。到了广州，我们就住在沙面领事馆的房子里，那时候军部也在那里。我调到军务处当中尉科员，降了级。后来，又把我调去接收日军的汽车修理厂。我当时的事务很多，在军务处管汽车调配、汽车厂修理和接收敌伪汽车，一身负三

① 广州湾是广东省湛江市的旧称，前身是法国租借地。此名称形成于明清时期，据考证因南三岛有“广州湾”村坊而得名。1943 年，广州湾为日军占领。1945 年抗战胜利，广州湾回归，从此定名为“湛江”。

② 贵县即现在的广西壮族自治区贵港市。

责，一天到晚开着车两头跑。因为我很熟悉广州，所以军务处李济科长调我专门管汽车。

后来我母亲从重庆回到广州，她不赞成我到东北去打内战，叫我不要去。所以，我就想办法跟人事处的处长和科长搞好关系，一天到晚请他们喝茶，帮他们做事情。后来，趁着孙立人到欧洲去旅行的时机，我以回家照顾老母亲为理由请长假，就是不当军人了。我把这个报告递给副军长，副军长叫做贾幼慧①，他是代理军长，不清楚我的底细，对军队的情况也不是很熟悉。靠着人事处处长和科长的批呈，他认为我可以请长假，就这样我离开了部队。我从军的生涯，从老百姓到当军人的时候是中尉，从部队离开的时候也是中尉。

① 贾幼慧（1902—1965），陕西韩城人，毕业于清华大学、美国西点军校。1933年后，历任财政部税警团营长、团长。1945年，任新编第1军副军长。同年秋，奉令移驻广州，负责广州方面日军投降事宜。1947年，随孙立人到台湾。

读两次军校，两次担任中国远征军的电台台长

采访者：李岚、陈何毅

整理者：陈何毅

采访时间：2013 年 4 月

采访地点：浙江省永康市徐新容家中

讲述者简介：徐新容，曾用名徐逸容，1918 年出生，浙江永康人。1937 年始，先后考入黄埔军校第十四期、第十七期通信兵科。毕业后，分配到中国远征军通信兵第 6 团第 2 营任少尉报务员，入缅参战后升任中尉班长。滇西反攻开始后，调到云南楚雄的兵站总监部任职少校科员。抗战胜利后，任通信兵独立第 3 营上尉副连长。1947 年，调到陆军通信兵学校军官训练班第二队，任区队长兼教官。中华人民共和国成立前夕，回到家乡永康。

采访手记：徐新容很和善，身体好，记忆力也好，兴致勃勃地跟我们聊了 3 个多小时，部队的番号，长官、战友的姓名都记得很清楚，经历的事情也能细致地讲述。也许这段

经历实在太刻骨铭心，太难以忘怀，每个老兵一说起都会滔滔不绝，徐新容老人也不例外。随着他的叙述，这些“陈年旧事”依稀展现在我们眼前，令我们几有身临其境之感。他还给我们演示了电报台的工作情形，虽时隔多年，操作仍然极为熟练。

当老人说到惠通桥被炸时，自己过了桥但部下没能过来，后来得知没能过桥的1000多名中国军民都被日军乱枪扫射而死的时候，老人哽咽了……几十年来深藏心底的那份无奈和内疚从未消退，也许这份无奈和内疚将会伴随老人走完余生，也许在某天某个地方听到昔日部下安好的消息才能让老人释怀。

考入有无线电教导大队

1937年7月，我和几个同学一起去南京考学校，黄埔军校第十四期初试录取了我。日军的飞机轰炸南京后，学校包了条船把初试录取的学生送到武汉。到了武昌，住在营房里等着复试。我闲着没事干就去逛街，碰到一个同乡李宝庠①。他是黄埔军校第八期的学生，代表通信兵团学校来招生。

当时全国只有一个通信兵团，通信兵比较稀缺。他跟我说通信兵团学校的老师是德国人，机器也是德国的。必修课有内燃机、电机工程、电池学、有线电、无线电等，学制3年，资格跟黄埔军校一样。我本来就喜欢数理化，所以听了

① 在一次采访中，徐新容称自己的这位同学为李宝祥，在通信兵有无线电教导学校当副队长。

很心动，就去考了。一连考了3天，我和另外一个同学都考上了。直接被送到湖南醴陵的通信兵有无线电教导大队学校学习。这个学校原来在南京镇江，后来搬到湖南醴陵，后来又搬到常德。

到学校头6个月是入伍训练，然后参加考试，我考到无线电队。上课的时候，老师在上面敲打发报机，我们在座位上就可以收，同学之间也可以互相收发电报。练习的时候是收发英文字母、阿拉伯数字。一般是以收为主，要求每分钟收140个单字以上。数字1代码是“嘀嗒”，2是“嘀嘀嗒”，A是“嘀嗒”，B是“嗒嘀嘀嘀”。电视剧里的发报不是真的发报，真正的发报我们一听就能听出来。

毕业后，配属到第32集团军[①]

随着日军占领的地方多了，部队的有线电和无线电报务员紧缺。我们就全天赶课程，把学习时间压缩。本来是3年的课程，一年半就算毕业了。1938年冬，就把我们派到部队上去了。

我们这批同学一共有五六百人，被分派到全国各地。我被派到安徽第32集团军通讯兵团第1营第4排第3班，刚开始当准尉见习，3个月以后就升了少尉。第32集团军的长官司令是上官云相。一个电台规定是4名报务员加上1名台长，一共5个人。我的台长是教练所第一期的上尉，老资格，所以经常不上班；有教练所第五期的中尉报务员李振

① 1938年6月24日，第32集团军奉令组建，首任总司令由抗日战争第三战区副司令长官上官云相兼任，下辖夏楚中的第79军、刘多荃的第49军和王东原的第73军，属第三战区指挥管辖，驻防安徽、江西、浙江一线。

澍；有教导大队第三期的河南人杨琳中尉；还有教导大队第八期的浙江人石简行。

我们通信兵团是通信部队，区别于部队通信。军、师里的通信营属于部队通信，我们是属于通信部队，整个部队都是搞通信的。当时有规定，我们通信部队只为军团以上的单位工作。我们的粮食、工资、人员都归通信部队管理，跟军团没关系。所以，我们只是配属在第 32 集团军工作。

考入军校第十七期，从江西徒步到贵州

1939 年准备反攻南京时，就把我们总部从安徽徽州调往江西广德。当时为了打南昌，有十几个师驻扎在江西。我们的电台工作非常繁忙，整晚整晚的工作。电动的机器用坏了，就用手摇发电。我后来又被调到上饶第三战区长官部，驻地在周家墩。

这个时候，上面来了通知，说我们这些人学习时间不够，需要带薪补训，这次补训将会被归入中央军校第十八期，我当时就觉得吃亏了。此时，碰巧在贵州麻江的通信兵学校附设的中央陆军军官学校第十七期来上饶招生，于是我就去报考。考上后，我从江西上饶徒步行军 40 多天到了贵州麻江。到学校后，身上都长虱子了。在这里，我进了通信兵科，学习有线电、无线电、有线电报、手旗通信等科目。别人都是考一次，读一次军校，我是考两次，读两次军校。

随通信兵第 6 团入缅作战

1941 年冬，我们学校派包括我在内的 15 个同学，到中

央驻云南的通信兵第6团。我在第3营第12连第4班当少尉报务员，负责驻滇参谋团的通信工作。

当时，我们是按照德国的“四四制”，一个营4个连，一个连有4个排，一个排有4个班，一个无线电班就是1个电台。所以，我们一个连就有16个电台。一个电台有4名报务员、1名班长，还有十五六名士兵。报务员只负责收发电报，其他的什么都不管。士兵负责登记、保卫、派送的工作。比如上级下命令要与某个师团的某个电台收发电报，那我们就进行收发工作。收发前后，士兵要负责登记，什么时间收到，什么时候发出去。电报收下来后还要送到译电室。无线电是保密的单位，怕有人破坏。士兵除了送电报的工作外，还要负责保护电台的安全。我们当时用的是德国人电动的机器，打仗的时候没有电就只能自己发电。发电、电池和充电机的管理都是由士兵完成，所以每个人都有各自的工作。

因火灾被关禁闭

通信部队进入缅甸的时候，我刚从报务员升上去当中尉班长。我们坐车从云南昆明出发，经过畹町到达缅甸腊戍，住进英缅人的营房。住在这里的英缅部队是雇佣兵，他们把孩子、老婆和父母都带在身边。所以虽然只有20多个兵，但有四五十人住在军营。那些营房也不会太高，高的房子的房顶都是铁皮的。因为那里的气候不好，一会儿下雨，一会儿下冰雹。我们营房的房顶都是用茅草盖起来的，我是住第一个房子，第五个房子是负责有线电话的。住进营房后，我就马上开始通信工作，负责昆明行营、龙云指挥部、重庆统帅部与下面军、师的通信联络工作。通信工作一般从中午开始，到下午3点钟左右。

有一天，我正在收发电报。突然听到士兵说："着火啦！"跑出去一看，房顶的茅草被做饭的火星飞上去点着了，本来想用水去灭火，但是几个印度籍浪人拿了几根棍子到处捅，这样一捅加上风势，火就更大。我看情况不妙，马上指挥士兵把电报机等机器从营房里抢救出来，20多间营房都被烧了。我去查看了一下，放粮食、被褥的房子给烧了，幸好放汽油和弹药的房子没有被烧。为了这件事，我跟我们通信连的连长、排长，还有个副营长，都被抓起来关到第5军的卡车上。一关就是五六天，当时心里还觉得挺委屈的。

没日没夜地工作

在同古会战的十多天里，日军飞机每天都来轰炸。我们白天跑到山上躲警报，晚上信号比较好了，才开始工作，一直工作到天亮。我们班上几个报务员的技术都不太好，所以半数以上的工作都是由我自己完成。我们的机器有大有小，包括收发报机。我就睡在机器旁边，半梦半醒地听着报务员的发报。一发现他们没打好的，就自己上。这样的工作状态持续了40天。

第200师从同古撤出来以后，指挥部集结部队在曼德勒与敌决战。通信兵第6团在缅甸有好几个电台，我这个电台被点名留在参谋团，其他的都下放了。有的到第5军，有的到长官部，有的到曼德勒。与昆明、重庆以及下放军、师的电报联络工作，都归我这个电台负责。由于只剩下我一个电台了，所以电报就更多了。每天都是没日没夜地工作，当时我还是年轻，身体还能扛得住。

当时，日本人的共同社每天都会发布新闻。我安排少尉报务员毛步崧每天抄录新闻，上午一个钟头，下午一个钟头。这个人后来到美国留学去了，我一直以为他死了，到了四五十年后才知道他没有死。

我们的每个电报都有记号，看到记号就知道是什么级别。比如：十万火急——3676（急），看到这个记号就要特别注意了，是加急文件，一定要赶紧发出去。每份电报都要电报员所谓的签名盖章，每个报务员都会有一个签名代号。比如“QSL”代表一个签名，用我们的专业术语，“哒哒嘀哒嘀嘀嘀，嘀哒嘀嘀”，表示我给这份电报签名盖章了。每份电报都必须相当严谨，不能错发漏发。发错一个字都不行，那可是要杀头的。

撤退时，亲见日本的毒气弹

由于英军的配合不力，我军节节败退。有一天下午3点多，参谋团的沈定参谋来电话说：“小徐，现在战备行动，你们马上收拾好东西，到参谋团住所的停车场上车。”战备行动就是平时已经有一套紧急预案，在紧急时刻每个人就负责收拾一样东西，拿起来就可以走。他还很急地跟我说：“现在情况不妙，你不来，我就不管你了。”我一听他这样说，马上收拾好东西赶到停车场上车。就这样我们从腊戍，经过畹町、遮放、芒市、龙陵一路撤退回来。在龙陵住在一个教堂里，电台就设在教堂里面。

当天上午，日军的飞机来轰炸，我们拿起重要的东西就往山上躲。在山上看到飞机扔下蓝色长筒形的炸弹，跟平时黑色的炸弹不一样，而且下来的时候也没有爆炸。当时有些人是有防毒面具的，我们是没有的，老百姓也是没有。他们就慌了，不知道该怎么办。我们就叫他们把手帕之类的东西拿出来，沾点泥巴水或者沾点自己的尿，捂在自己的鼻子和嘴巴上，还要不能迎着风走。下山回城的路上，看到逃难回来的华侨吸进了毒气，死状非常恐怖。后来才知道，那个是霍乱菌的毒气弹。

我们回到教堂继续工作，没有接到命令是不能走的。当时的电报很多，参谋团因为没有架电话线，所以没有电话。中午 12 点左右，参谋团写了一张条子，内容是命令我中午 1 点钟撤离，让译电员交给我的卡车司机。他拿到条子后没有马上交给我，听说是被邻居的大妈拉住了，说自己在昆明有个亲戚，要他把女儿带到亲戚家，路上要是两人都同意的话就结婚。结果，等条子交到我手上的时候已经是下午 3 点多了。当时已经听到枪炮声，我安慰部下说："不要慌，打仗总会有枪炮声的，收拾好我们自己的东西就可以了。"收拾好后，我们上车往城外走，一路上都是逃难者掉落的行李。我们一路开，一路搬，花了很长的时间才到北门。出城没多久，龙陵车站就烧起来了。由于车站那有个油库，所以火烧得特别厉害，火光冲天。

目睹惠通桥被炸

行进中，我们车子的前轮坏了。幸亏车上有备用轮胎和工具，我们大家合力就把轮胎换了。然后就继续往前走。龙陵和惠通桥之间，也就六七十公里。但我们从下午出发，到第二天快天亮了才到惠通桥桥头。惠通桥是怒江上的一座吊桥，铁索吊着两边山头。当时桥上有宪兵守着，但还可以通行。快到惠通桥的时候有几个很陡的坡，很多车子都过不去，停在了路中间，搞得后边的车子都走不了。大家都觉得这样等不是办法。路上有不少部队的车，车上的兵都是有枪的。很多士兵拿起武器，临时组织起一个"护车队"，保护道路畅通。路上的车大部分都是华侨的，"护车队"指挥哪个车靠左哪个靠右。要是停在路中间又不能动的车，就直接推下山。我是通信班的头头，也带头参加临时"护车队"，有一辆车是我推下山的。

离惠通桥两三公里的地方，又开始堵车了。我奉通信指挥官尚公正（浙江缙云人）口谕，和几个体格好的兵一起到桥头看看情况。一路走到惠通桥桥头，估计桥两岸的车辆不会少于2000辆。里面有军车，但大部分都是逃难的私家车。可以想象一下，如果一辆车一个人，起码有2000多人堵在那里。我们过桥后，准备找参谋团的团长、副官解决我们的问题。我看到交通部部长俞飞鹏在那，听说参谋团的团长林蔚、参谋长萧毅肃、工兵指挥官马崇六①都在，但是我没有找到。准备往回走，宪兵不让我们回去，说上级有命令，惠通桥只准进不准出。我们就只好坐在旁边等，一等就是一两个小时。

这个时候，有几个上身穿西装，下身穿军服，看起来不三不四的人硬是要过桥。原来他们是在龙陵做鸦片烟生意的，身上还带着枪。宪兵不让他们过桥，为弹压他们，就拔枪向天空放了两枪。这下就糟糕了，对岸乔装成华侨混在人群里的鬼子便衣队，听到枪声以为暴露了。把小钢炮、轻机枪从伪装卡车里面拉下来，向我们这边开火。他们只打公

① 马崇六（1902—1998），云南大理人，云南讲武堂第十五期毕业。1937年抗战全面爆发后，历任国民革命军陆军总司令部工兵指挥官，后被委任为国民革命军远征军全国工兵总指挥。1942年5月，日军企图偷袭惠通桥，关键时刻果断指挥炸断惠通桥，使形势转危为安。

路，想着破坏公路后，我们就撤退不了了。日本的便衣队有20人左右，准备要冲过桥来。这个时候，听到有人喊："炸了！炸了！"惠通桥"砰"的一声，就被炸了，日本的便衣队就过不来了。当时混乱得很，炸药应该是预先埋好的，马崇六是负责炸桥工兵指挥官。但是怎么炸的，我就没看见了。

保护密码本有功，奖励800法币

第二天，我到了保山收容所。我的机器、物品都没有了，连自己的衣物鞋袜都没了。幸好我的密码本还在，密码本对于一个电报员来说就等于士兵的枪。人在本子在，绝对不能丢。在收容所等了两天，都没有等到我的部下。只听到一个消息，日本人在惠通桥桥头抓了1000多人，让他们都跪在地上用机枪扫射，1000多人都死了。知道这个消息后，我心里很难受。

没过几天，听到日本人过来的消息，大家都很慌张地往外走。结果第二天，发现情报是假的，有个车子就把我们接回了保山。在路上看到满地都是尸体，那些尸体都是中了日本人的霍乱毒气弹，全身发紫，手脚发肿，把衣服都撑破了。60公里的路上本来有很多流动食品小摊，那时都没有了。后来，我们回到保山又住了10多天。上面有批钱发下来，说是奖励林蔚和萧毅肃炸掉惠通桥的奖金，发到我这是800法币。

我所了解到的赴印远征军情况

关于赴印的中国远征军，我听说了一些情况。他们是从云南坐飞机到印度，上飞机的时候穿得是棉衣，下飞机时天气很热，把衣服一脱往旁边一扔，就汽油一洒全部烧掉。后来觉得把衣服烧掉很浪费，就把衣服脱掉了光着膀子上飞机。结果飞机经过“驼峰航线”的时候很冷，很多人都冻病了，有的还冻晕了。美国人就以为我们把身体不好、生病的兵送去，所以派医生在云南上飞机之前给士兵体检，合格的就在手腕上盖章后就可以上飞机。

当时是“十万知识青年从军”，有的身体不太好的，就自己找个芋头挑个章盖在手腕上就可以过关了。飞机场的警卫连连长是浙江缙云人章公武，黄埔军校第十四期的，参加过淞沪抗战，跟我是永康中学同学。那个时候驻印军是没有人贪污的，人员都是满编，只会多不会少。

滇西反攻中的电台战

我回到昆明通信兵第6团报到后，继续负责电台工作，具体点就是，我在西南行营龙云指挥部通信兵第6团第12连第4班。我们一个连16个电台，也就是16个班。第1、第2班的班长可当上尉，第3、第4班的班长最高可以当中尉，第5、第6、第9、第10、第13、第14班的班长都可以当上尉，所以我还是中尉班长。当时德国人的机器有5W、15W、50W三种，在缅甸用的是15W的机器，回到昆明后就用上了50W的德国机器。工作了一年后，由于我的工作表现不错，就把我调到大理的第11集团军宋希濂的部队，取代原来的班长，他是黄埔军校第十四期的，电台工作搞得不好。

1943年反攻时，远征军司令长官部搬到云南楚雄，我被调到楚雄兵站总监部当少校科员，兵站司令是司可庄[1]。宋美龄访美后，司令长官部从楚雄推进到保山。我们两个集团军开始反攻滕冲、松山。在攻打阵地的时候，通信兵是不用去的。但是攻下来以后，我们有时候就要去。由于我们是负责管理器材补充、使用的工作，所以不用去阵地。这时，我们已经改用美式器材了。

我们的部队渡过怒江后，攻打腾冲十多天都没攻下来。卫立煌觉得奇怪，为什么日本人好像知道我们要怎样打似的。于是，紧急召集指挥官开会，才发现原来有一男一女两个报务员坐美军飞机去游击区的时候，错误降落在日军机场，被日军抓住杀害了，报务员的密码本落在日军手里。日本人在芒市、遮放的司令部设置了一个专门收集电台信号的电台，检测我们电台的信号，利用那个密码本破译我们的电报。卫立煌知道后，没有请示上峰，就直接命令部队先放弃腾冲，调过来从龙陵攻打松山。

抗战胜利后，各奔前程

1945 年，盟军收复仰光后，新编第 1 军就被调回国，我亦回到通信兵独立第 3 营，当上尉副连长。随着中国远征军大捷，远征军司令长官部成为历史，直属各单位科室人员各奔前程。1946 年夏，我随部队辗转上海、济南、南京等。1947 年，调到陆军通信兵学校军官训练班第二队，当区队长兼教官。

① 司可庄（1892—1993），河北迁安人。1914 年年底，毕业于保定陆军军官学校炮兵科第二期。1943 年，任中国远征军司令长官部副总参谋长。1944 年，任中国远征军兵站总监、后勤司令部司令等。

当时想调去学校不容易，一般都是毕业后留校。因为这个学校的教育长是曾教我代数、几何的教官，湖南人李昌来①。他是黄埔军校第六期的，湖南大学毕业，公费去英国留学，抗战时期一直在美国工作。抗战胜利后，回来当这个学校的教育长。他就把我们这几个当年学习成绩比较好的，调到学校来当教官。当时我想考陆军大学，考陆大有三个先决条件：一是要在前方打仗带过兵；二是坐过办公室；三是在军事学校带过学生。毕业后，一般都是师里的参谋长，好点的都是副师长。中华人民共和国成立前，我回永康休假探亲。其间，学校打电话通知我去台湾。考虑再三，我还是选择留在永康。

① 李昌来（1909—1995），湖南平江人。1926 年 10 月，南京中央军校第六期毕业。后历任陆军通信兵学校少将校长、国民政府国防部少将科学研究委员等。

我见证了第66军从恢复到撤销

采访者： 李岚、苏爱荣

整理者： 钟祥宇、张长龙

采访时间： 2012年8月

采访地点： 四川省

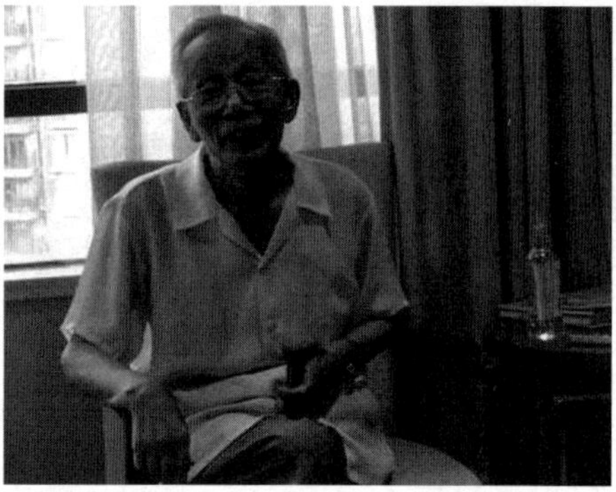

讲述者简介： 杨光熹，1924年出生，重庆南川人。1941年11月，加入第66军，并随部队编入中国远征军入缅作战。1942年回国后，进入后来并入黄埔军校系统的“滇西战时工作干部训练团”① （简称“干训团”）第二期学习。1943年毕业后，先后在滇康缅边境特别游击区政务室、第2军政治部工作。1949年，在成都参加起义。

① “滇西战时工作干部训练团”简称为“干训团”。文中所出现的“战干团”是“国民政府军事委员会战时工作干部训练团”的简称，它是抗日战争时期国民党中央所开办的一个大型军事、政治训练机构，共设4个团，均由蒋介石自任团长。而干训团则是由宋希濂成立于1942年8月，地点在云南大理三塔寺。1943年5月，由于“军事委员会驻滇干部训练团”（简称“驻滇干训团”）在昆明成立，干训团改名为“驻滇干训团大理分团”。其先后办了两期，至1945年3月结束。

采访手记：杨光熹是17岁时参军，在第66军军部参谋处电务室里做收发电报的工作。1942年3月，随部队进入缅甸作战。兵败之后，沿着铁轨走回国内，在路上还见到拿着缅刀的土人，老人说现在想起来都仍觉得害怕，不知自己当时是怎么回来的。

1942年部队撤回国内后，老人目睹了第66军从恢复到撤销的过程，连撤销番号的电文也是他翻译的。此后老人被推荐到后来并入到黄埔军校系统的干训团第二期学习。之后，到了特别游击区第2区司令部政务室，专门做地方的行政事务。老人一直强调，虽然自己所在的特别游击区没有直接上战场杀敌，但基本上也算是第一线的，只是大家位置不一样。

两次轰炸后，我弃学加入第66军

我的老家在现在重庆的南川区，过去叫南川县。1939年，我在读初中的时候，日本人认为南川是中国的航空基地，就把它作为轰炸重点。1939年的10月13日和11月①，日军两次进行全城轰炸，爆炸弹、燃烧弹，把全城都给烧光了。我家也不可幸免地被炸毁了。我还记得第一次轰炸后，看到同学、邻居被炸死的惨状。被炸死的那个同学姓谭，他死后的脸是煞白的。邻居有一个男的刺绣工，烧得只剩半截

---

① 据史料记载，南川县城总共遭到日军5次全城轰炸，其中第一次是在1939年10月13日正午11时50分至12时10分，日本飞机首次轰炸南川县城，造成了建县以来的最大损失。县城被炸后，270多户、1000余人无家可归，2000多人无法生活；第二次是在1939年12月19日午后2时许。

尸体了。第二次轰炸那次，我记得弹坑起码得有好几丈直径。

当时，从思想上来说，我对日本人肯定是恨的。再加上我们在学校的时候，有一个很有名的文艺人士叫洪深，还有一个搞音乐的叫赵启海①。他们带着被俘后参加反战同盟的日本人到学校来宣传抗日，这些日本人表示他们也反对日本军国主义。所以，我在初中毕业以后，就没考学校，在1941年11月，通过亲戚介绍参加部队。部队当时驻扎在现在的重庆綦江区，那时候叫綦江县。

我加入的是第66军②，它的前身叫国民党军政部第二补充兵训练处（简称“第二补训处”），大概在我参加部队两个月后，就改编成第66军了，当时的军长叫张轸。每一次早上升旗典礼，军官排队听军长讲话，因为我个子小排在最末尾，他每次都喊我“小孩子”。因为我是学生，在部队里相对来说算有一点文化，而且我小时候在家练字练得还可以，所以把我留在第66军参谋处，写字、刻蜡版，因为那个时候没有现在的打印、复印，主要是靠手写。

随第66军编入第一路中国远征军

当时远征缅甸的情况是这样的，美国方面是史迪威指挥

---

① 赵启海（1914—2002），江苏徐州人。1938年4月，在国民政府军事委员会政治部第三厅郭沫若、田汉和洪深领导下的艺术宣传处美术音乐科，从事抗日宣传和训练演剧队的歌咏等工作。曾与冼星海词曲合作抗战歌曲《到敌人后方去》《祖国的孩子们》等。

② 在国民革命军的编制序列中，历史上曾先后出现过3个第66军。其中，1942年3月，以国民党军政部第二补充兵训练处（简称“第二补训处”）改编成第66军，张轸为军长，辖新编第28师、新编第38、新编第39师。该军编成后即编入中国远征军参加作战。

同盟军，英国的将军不记得了。英缅联军在缅甸根本打不了仗。英国那些将军都是勋爵，指挥缅甸人打仗，缅甸人不可能真心实意地听他的。加上日本人在缅甸经营很多年，培养了很多缅奸，就像汉奸汪精卫那些。日本人十多年前就把据点、道路，都调查得清清楚楚，日本人用心很早、很深的。所以，缅甸的仗就不好打了，英国人要求中国远征军入缅。当时第一批有 3 个军，第 66、第 5、第 6 军。

第 66 军是最早进入缅甸的，但还是晚了。因为英国人没心思在缅甸打仗，比如说我们去接防英国人守的一个飞机场，结果我们部队还没到，他们就撤走了。他们无心在缅甸久留，想往印度那边撤。弄得当时中国人都不愿意去，像杜聿明，认为英国人把烂摊子交给我们干什么。于是英国派代表找蒋介石，最后是蒋介石下令这 3 个军去缅甸。但是已经晚了，战局无法挽回了。

我们这边司令长官叫罗卓英。还有一个副司令长官黄琪翔，他是农工民主党的发起人，参谋团团长叫林蔚，第 66 军军长叫张轸。张轸这个人还是很行的，做过黄埔军校的战术教官，日本士官学校留学时，和蒋介石是同学。第 66 军下面所辖的 3 个师，一个是新编第 38 师，师长孙立人，美国弗吉尼亚军校毕业的；一个是新编第 39 师，师长官全斌，四川人，兼任第 66 军的副军长，都是很强的部队；还有预备第 2 师，师长陈明仁。①

沿着铁轨走回国

大概到了 1941 年 12 月初，我所在的部队就开拔到贵州

① 应为新编第 28 师，师长刘伯龙（1942 年 11 月后，李士奇继任师长）。

普安。驻扎了几个月，又从贵州出发，经过云南昆明，直接进入缅甸。我是1924年出生的，那时我才17岁，军衔是最低的，叫做准尉，少尉下面的。在普安的时候，张军长给我升了一级，成少尉了。没过多久，又把我调去做译电员。从参加部队到后来起义，我一直在司令部工作，没到过第一线，但是战役我都是参加了的。

到了缅甸以后，军部设在腊戍。之后，司令部计划从腊戍坐火车到曼德勒，曼德勒是个比较大的城市。半途中，日本飞机来了，把铁路炸断了，我们就没到曼德勒了。从那以后，军部和下面的几个师联系就断了，指挥系统瘫痪，这时向前行进也不行了。没办法，一部分人撤回国内①。撤退的时候很惨，都是打乱了各走各的。我只知道沿着铁轨走，不敢走小路。路上我见到有缅甸的土人，用缅刀的，现在想起来也还都害怕，不知当时是怎么回来的。

回到国境内，就有汽车了，都是军车、商车之类，只有一条单行道可以走。大家都是一个方向，朝国内走。汽车不是有组织的，当时不管什么车就翻上去。那时候很乱，你能够搭上车就不错了。

第66军，从恢复到撤销

我走了两三天就上了车，到了云南保山。保山是滇西的战略重镇，在澜沧江的这一面。日本人从缅甸和云南接界的龙陵、腾冲这几个县打过来了，到了保山的惠通桥。因为惠

① 第66军在首次入缅会战中失利后，新编第38师师长孙立人率其残部退往印度，张轸指挥新编第28师、新编第29师归国，在滇缅公路上几乎没有进行任何抵抗，被日军完全打散。

通桥被我们炸断了，所以就把日本人拦在了江的那一面。当时有人收容①，把人聚集在一起。军部又恢复了，驻扎在云南祥云县。

我调到新成立的第 66 军机要室。机要室除了译电以外，还要管军长张轸私人的函电，就像秘书一样，还管军部的大印。因为我年轻、单纯、可靠，军长就把签章交给我管。军部八大处的文件，上报的、下发的，都要盖关防，要我的签章，还要军长、副军长的签章。

1942 年下半年，我译了一个发南京来的电报，电报大意说：因为第 66 军下面 3 个师都在缅甸往印度跑了，只有空架子，就把番号撤销了。这个电报是我收的，机要室的主任是上校，他不敢给军长送过去，就让我去。军长对这个消息肯定有反应，修养不好的就会发脾气。军长看到是我送的，也不好说啥，我也不说话，因为地位相差太远了，他是中将。第 66 军就撤销了，但善后的工作还是要做完。

报考滇西干训团

就在那个时候，我在祥云看到了滇西干训团的招生广告。招生条件有年龄、学历之类限制。像年龄要求 20 岁以下，学历要初中以上。要考试，数理化都要考，还要体检，但是要求不是很严格。因为是战时干部工作训练班，愿意参加抗日工作是主要的。

---

① 第 66 军残部归国时，大多数都几十人或三五人一群，沿着滇缅路两侧向东溃逃，更有甚者，他们还沿途抢劫，弄得鸡犬不宁。于是，宋希濂派人在下关、永平、保山一带收容他们。至 1942 年 6 月底，总共收集张轸残部人员 5000 多人。后来，第 66 军被撤销番号后，这些人归入第 71 军。

我当时就想，我参加部队，老在司令部工作也没什么意思，就想去打日本人。滇西干训团是培养基层指挥员的，起码是排长，我就去报考了。结果考取干训团第二期，后来改成驻滇干训团大理分团。当时干训团第一期招1000多人，第二期也招1000多人。

第66军回国后，属于第11集团军的建制，是宋希濂领导的。第66军结束的时候，宋希濂要召见中尉以上的军官，安抚大家，征求意见。我那时候已经是中尉了。召见的时候，他看到我的名字，就问我："你愿不愿意到滇西干训团军官队去？"当时他不知道我已经考了，我就跟他说："我已经考了那个学生总队，我想以后还是到部队去带兵。"宋希濂说："可以。"我对他印象很深，儒将风度，很年轻。

合成军校的第十九期

入校后，我们主要是学习军事科目，就按照中央军校办学的模式。团长当时是蒋介石，副团长是龙云、李根源。李根源当时担任云贵监察使，他很有名，是老同盟会会员，曾做过孙中山的卫士。教育长是宋希濂，副教育长叫董仲篪，是黄埔军校第三期的。①

干训团有3个大队，我是在第一大队。第一大队的大队长是黄埔军校第七期的，湖南桃源人，叫余自述。下面一个大队相当于一个营，大队下面是中队，一个中队100多人。中队下面是区队，区队下面就是班。滇西干训团还有女生

① 董仲篪应为黄埔军校第四期毕业。董仲篪，湖南宁乡人，黄埔军校第四期政治科毕业。1938年，任中央陆军军官学校第七分校学生总队上校大队长。1941年，任第11集团军总部少将高参，次年任滇西干部训练团教育长。

队，我记得有个女同学，和一个少将结婚了。那少将年纪很大了，我去昆明学习的时候，还专门去看她。还有一个外语队，外语实际上就是专门学情报，当然那时候是针对日本人，不是针对共产党。还有军官队，军官只要学两三个月。都是原来的军官，就是过渡一段时间，再调到部队继续工作。但是我们作为学生，在社会上招的，毕业以后就要重新分配工作。

干训团的生活很艰苦。发布衣服，就是刚抗战的时候，战士穿的那种军服，很简单。连鞋子也没有，穿草鞋。好像还有一个布标，写着干训团名字。没有领章，不像中央军校那么正规。后面有发同学录，记得中央电视台第四频道在纪念抗战胜利 60 周年时有一个片子，讲滇西干训团，把我们的同学录放出来了。我看到那个同学录，发现其中两个同学，一个现在是黄埔同学会的会长，在云南腾冲，是教师；还有一个在台湾桃园。都是第二期的，现在人在不在就不知道了。

我们学了大概一年，1943 年毕业了。主要分配到两个部队：一个在第 11 集团军；一个在第 20 集团军，司令叫霍揆彰。我们的毕业证是滇西干训团的，和军校一样。有纪念章，仿照中央军校的毕业章的样式。因为那时条件太艰苦了，所以没有发毕业配剑。后来有同学告诉我，干训团第一期合成军校的第十九期，第二期合成军校的第二十期，但是没有得到证实。毕业过后，各个人都匆匆忙忙离开部队，绝大部分到了一线，学生和团部没什么联系了。

毕业后，到特别游击区搞宣传

学校有教务处，毕业的时候哪个单位来要人，它可以做决定，分配由不得你。毕业分配的时候，我算是特殊的，因为我在军队工作过，也有军衔了，只想着毕业赶紧去一线部队。

当时宋希濂为了准备滇西反攻，搞了一个滇康缅边境特别游击区。为什么要办呢？因为当时缅甸和中国的边境线很长，有很多无人区。日本人就想从边境渗透进来。宋希濂很厉害，发现了这一点，要教务处要调一些学生过去。特别游击区有个政务室，专门做地方的行政事务，动员少数民族参加抗战的工作。我在学习期间参加论文比赛获得第一名，他们觉得我可以搞搞文字宣传工作，就把我选上了。

就这样，我到了特别游击区第2区司令部政务室，做股员。后面准备反攻，要选一些当地的知识青年或者懂得当地语言的人，我就和这些同学一起，到各个村寨搞动员宣传工作，为后面的滇西反攻做了基础工作。

我在那个游击区搞了好几个月，直到游击区被撤销。然后，我被安排在第11集团军总部的政治部，那时候叫政工队，相当于现在的文工团，搞宣传工作，主要是演戏，演京剧、演话剧。我们在洱海附近的几个县演戏，都是进步的戏。

滇西反攻时，已经有了美军的支援

滇西反攻时，我参加了。我还是在司令部政工队，司令部在保山附近，司令是宋希濂，我和他接触很少。记得在大理的时候，他来和我们讲话，我做记录。在干训团时，他在大理的点苍山，我给他站过岗，他来的时候领导我们爬山。

我们反攻时，已经有了美军的支援。像第2军，武器全部是美国提供的。步枪都是连发的，有弹夹，可以打4发，后面又有卡宾枪之类的。军服也改成美式的，和国民党军服不一样，是翻领的（国民党原来是方领，只有领章，是长方形的），肩章、领章也不一样。比如军队的尉官，就是两个步枪，肩上一杠是少尉，两杠是中尉，三杠是上尉；校官是梅花，少校1个，中校2个，上校3个；将级两边是金色梅花，肩上是金色的五星，少将1个，中将2个，上将3个。军服不是美国发的，是部队集体去买，在裁缝店量身定做的。军服的式样是美国式的，尉官是蓝色的，校官是黄色的袖子，将官是红色的条条。

美国对第11集团军的援助究竟有多大，我没怎么注意。但是在国内，应该没有美国的粮食。有些军事物资，像汽车什么的，都是美国的多，司机都是黑人。我们住在贵州普安的时候，经常看到黑人和大卡车，公路很险要，经常翻车。第11集团军军部和美军的交往不多，他们主要是和远征军参谋团交流，直接到部队来很少。

滇西反攻时，我们有很多同学在一线牺牲了。我不在第一线。但是我所在的部队参加了战斗，比如在特别游击区，如果说日本人从中缅边境渗透进来，就不得了。可以说，我们基本上也算是第一线的，只是大家位置不一样。

搞政工的不都是特务

没过多久，上面从军队中尉到中校里面挑选，比较优秀的军官，去昆明驻滇干训团学习几个月，我就又去那边学习了。学习科目比较专业了，叫军队党务。实际上，国民党的军队党务，后面人都不相信，我在第二军的时候，我们那个管党纪的还不是国民党员。其实，那时候党员都是集体参加的，根本不知道自己参加了，也不用填表什么的，不像后来电影里面说的，国民党搞政工的都是特务，根本不是那一回事。

学习回来以后，那时候没有仗打了。我从总部调到第11集团军属下的第2军的政治部，驻扎在云南大理。后来，我们经过湖南到武汉，再到苏北徐州一带，后来就进入山东。快解放的时候，我那个部队被解放军赶到西南，就在成都起义了。

邱清泉对我像亲人一样

采访者：李岚、白廷兵

整理者：冯惠

采访时间：2012 年 9 月 20 日

采访地点：广东省阳江市郑信桓家中

讲述者简介：郑信桓，1921 年出生，广东阳江人。1938 年，考入黄埔军校西安第七分校第十七期机械化步兵大队。毕业后，随第 200 师奔赴缅甸战场，负责保护 3000 多名华侨撤退。在滇西反攻中，担任第 5 军军长邱清泉的侍从副官兼卫士排排长，曾以第 600 团第 1 连连长身份参加龙陵战役。抗战胜利后，历任邱清泉的警卫连连长、警卫营营长等职，曾参加淮海战役。

采访手记：采访时，郑信桓讲的是普通话，声音非常洪亮，思维也很敏捷。他在 2011 年曾上过凤凰卫视的《冷暖人生》专题节目，自己也写有多篇回忆录和回忆性文章。所以，他对我们的采访可以说是驾轻就熟。郑信桓的经历非常传奇，他曾经在邱清泉身边待了多年，与邱清泉亲如父子，因此阅历非常丰富，对许多重大的历史事件都有耳闻或参与，如淮海战役时担任突围任务等。

我们还见到了郑信桓老人的老伴，她是山东人。郑信桓老人也一直在说山东人好，很感激那些山东老乡在战场上对他的照顾。背后的缘由很大一部分是在淮海战役中，有一个山东籍的警卫员，曾为保护他而被炸死了。所以，老人说他这辈子一直无法忘记山东人的救命之恩，后来和山东人结婚也是因为感恩于山东人。

读书时加入共产党

我在读书的时候就参加了共产党。毕业的时候被发现了，我就跑到阳江、阳春交界处，号召了几百个群众把阳春大山占领了。后来，我带着这些人向东走到了高州县。第七区行政专员、原第19路军的师长张炎①把我们收留了。张炎带着我们暗中准备造反，反对国民党。后来国民党派部队"围剿"我们，我们被赶到越南，然后从越南又被赶回湛江。我们在湛江被围了一个月，吃的都没有了。中央命令张炎去重庆，他不得不去，叫我们各自回家。那时我们阳江老乡有

① 张炎（1902—1945），广东吴川人，第19路军爱国将领。早年投身粤军，后参加东征、北伐、中原大战等。1932年淞沪抗战时，以第19路军独立旅旅长身份先后在吴淞、庙行战役中，浴血奋战，重创日军。1938年10月，接任广东省第11区游击司令，司令部设在高州观音山。1939年3月，任广东省第七区行政督察专员兼保安司令，5月任第四战区南路特别守备司令部副司令。其间，他依靠共产党员和进步人士，培养一批军事、政治干部，使高州六属出现了团结抗日的新局面。

二十几个人，半夜就离开了，从湛江南部过河回到阳江。阳江县政府的那个师长，我读中学时做过我们的主任，他是专管这个的，就把我逮住关起来。于是，我十几岁就坐牢了。

在牢里，那些犯人看我那么小，就问我为啥进来的。我也不说是共产党，他们也没搜我的身。估计他们认为我年纪小，不会参加共产党。实际上我早就参加了共产党，党证在我屁股底下。三天后，他们就把我放了，还说道："你说出来谁是共产党，就可以去小学当老师。"他们放我出来后，我就跑了。

为到延安报考黄埔军校

我被放出来后，听说黄埔军校西安第七分校在韶关招考，就到韶关考军校。当时考军校的大多是中山大学的学生。因为广州已经被日本人占领，学校要搬家了，没地方去，所以他们就考了黄埔军校。浙江、湖南、江西等地方也有人到韶关报考。

考试时有文化考试，也有体检。当时军校只招高中生，我是初中毕业，个头也矮小，便找了领导、医官帮忙。领导觉得我年纪虽小，但有志气就帮我，我就顺利通过考试。其实，当时我考军校的目的是想通过西安去延安。

我们从韶关到湖南衡阳集中，然后到桂林，再从桂林到柳州。到了柳州之后，一路向北，到贵州之后开始编队，再到重庆。在重庆待了一个月，我们接到了西安军校的通知，便经汶川到汉中。本来从汉中翻过秦岭就是西安了，但是又突然接到通知，说我们这一批人思想不正确，不能到西安，让我们转道去甘肃省会兰州。我们走了那么多天竟然要去兰州，很多同学觉得被骗了。

被迫去蒙古

当时，上面觉得我们这些广东人不行，还说广东那边来电话，说我们当中大多人思想不正确，把我们调到蒙古分界线处看管。那时候外蒙古还没有独立，我们在那整整待了一年，一个班放一个蒙古兵把我们管住了。

蒙古的生活很困难，我们谁也不敢动，老老实实的。我那时候小，他们就要我骑马。我跟着那个马走了 10 米，然后跟着马屁股就跳上去了。蒙古人倒惊讶了，从那次以后他们就不敢轻看我了。本来我是想利用这个机会去延安读抗大的，我有抗大通知书的证明，但是到了蒙古就没有想法了。既然是为了抗战，不管是什么地方，能抗战就成了，我就把那个证明给撕掉了。

重回西安分校

那时胡宗南兼任第七分校的校长，他通知叫我们这些人回西安，于是我们就走路回了西安。在西安南边，靠着终南山那个地方入学。学校把我们这批广东人编队，分炮兵、通信兵、机械化步兵等，我就分到机械化步兵大队。我们的教官大多是保定军校毕业的，但学校真正掌权的都是黄埔军校第一期和第二期毕业的。

军校的生活很苦，粮食是定量的。一天四五两面，我是不够吃的，后来每人多了一个馒头。那些家里有钱的，还能给他们寄东西，我就只能吃定量的。有一次，学校很多人都病了，我每天负责给他们送饭，每次送剩半桶就归我了。我一生不抽烟、不喝酒，身体很好，就是吃得多，同学都说我是吃货。

我在西安分校待了3年。第二年的时候，白崇禧说这我们一批人很坏，说大多数人参加共产党，所以要组织考试，如考试不合格，有问题的就抓出来。

辗转入缅，保护华侨撤退

毕业以后，军校准备安排100名男同学、100名女同学到新疆。那时候，我想到了新疆以后就在那里结婚，一辈子不回广东了。当我到了新疆和甘肃交界地的时候，突然通知说杜聿明在缅甸同日本人打仗，需要100名广东的学生到缅甸支援。因此，我没有到新疆，而是从西安坐车到四川，经重庆到昆明再到缅甸。

当时，杜聿明部已经退到野人山了。我们到师部报到，接见我们的是戴安澜师长，他说："你们是学生，没有打过仗，我们部队已经撤退了，总部也撤退到野人山了，你们就负责保护3000名华侨撤退吧。"

撤退回国的日子特别艰苦。我们白天稍微休息，夜晚在大山里行走，看不到天，没有吃的，时间也不知道。因为蚂蟥吃人，我们睡觉也不敢睡到地上，只能靠在树上睡。

我们保护着华侨，在后面跟着走。但是路程这么远，华侨有2/3都跟不了。他们半路死的也有，跟不上的也有，年纪小的父母也管不了。军长杜聿明被抬着走，戴安澜掩护，谁也指挥不了队伍。后来，杜聿明坐飞机回去了，一个军就散了，剩下的由缅甸当地向导带着走。我们不敢住在庙里头，庙里全是日本人。日本人很早就潜入缅甸，把佛寺中的和尚给杀了，然后假扮缅甸人。过去军队最喜欢住庙里，被杀过两次之后才知道这些寺庙是日本人控制的。

快到国界线的时候，我们中了日本人的埋伏。戴安澜师长被机枪打伤了，身受重伤。两名团长和副团长都死了，只剩一名副师长，一个团就剩一个半营了。我们一直抬着戴安澜师长到了河边，过了河就是中国境内了。到了河边，戴安澜师长知道自己撑不住了，交代副师长带着部队回到昆明。我们抬着戴安澜师长的遗体到昆明一个县的时候，一个六七十岁的老华侨，把准备给自己的棺材拿出来安葬戴师长。

敢和邱清泉叫板

邱清泉原来是西安第七分校的副主任，在军校的时候，他就对我有印象。在第七分校时，我年纪最小，有一次他看到我，以为我是小孩。他穿得很朴素，问我："你的队长呢?"我还以为他是个普通军官，就跟他开起了玩笑。结果队长向他报告，才知道原来是主任。他不摆架子，也没卫兵跟着，书也是一天都不离手。

杜聿明从缅甸回来后升任了远征军总司令[①]，邱清泉接任第5军军长。他从第七分校要100名学生过去，包括几十名步兵、炮兵、骑兵、通信兵。我们跑了三个月到昆明，见了邱清泉。他把我们集中起来排队点名，点到我的时候说："你不就是那个队的那个人么?"我说："是的!"这挑起了他的记忆。

邱清泉是留学回国的，上海大学毕业。毕业以后考了黄埔军校，懂的东西比较多。我那时是年纪最小的，1.63米，个子矮小，初生牛犊不怕虎。也不知道军长到底是多大的官

① 郑信桓关于此处的记忆有误。杜聿明率第5军残部回国后，蒋介石未对他进行处分，反而升为第5集团军总司令兼昆明防守总司令。

职，什么都不怕。他给我们讲了一个月的课，每次讲课问到我的时候，我怎么想就怎么答。演习的时候，他希望我按照他的作战方针去打仗，但是我每次都按照学校教的来，和他之间的争论也多。其他的同学都是大学毕业，年纪大些，他们说我胆子真大，敢和长官叫板。

有一次演习，他叫我当师长，他当日本的指挥官，指挥扮演日本人的学生围着我们打。他想看看我们每个同学的胆量如何，希望我按照他那个讲法来打。但是我不肯，也不管他是否发脾气，我就按照自己的想法来打。他就说："你的兵都打没了，日本人都把你围着，叫你投降。"我说："军校学的就是宁可牺牲也不能投降。"他说："那现在你的兵全死了，就剩你一个，叫你投降你怎么办?"我说："没有问题!"就装模作样把手榴弹拿出来，说："人在，手榴弹在!中国人万岁!"他说："好呀，你这个家伙够胆量。"从那以后，他就对我有印象了。

像父亲教儿子一样

后来，他让我去他的警卫营第3连当排长。因为年纪小，好多兵对我不服气。但我没当兵前在学校学了很多东西，就把学到的知识教给他们。因此新兵就服我，但老兵没读过什么书，没把我当一回事。后来，有一个兵冻死了，本来冻死了就该把他埋了。那些兵就装模作样，故意拿捏我，我就抬着那个尸体去埋了。那些家伙看我不是好欺负的，就跟着我一道去埋尸体，后面就服了。

过了两个月，军长把我调到军部当警卫员。凡是有谁要见他，必须经过我检查。某个处的处长来了，我就喊一声："某某处长到!"其他的人来找，我就让他们登记，然后拿给他看，他同意之后，才可以进来。邱军长平时是在办公室睡觉，周六才回家，他走后就叫我到他床上休息。周一、周三、周五，他教我英语；周二、周四、周六，就教我战术方略。我一到晚上 11 点就开始打瞌睡，他就跟我讲道理，说不打好基础不行。他很用心教我，像父亲教儿子一样。

后来，我也下了苦工夫，认真学习，办公室没有人的时候我就看书。他看到我看书，就很欣慰。从那以后，他和我的关系就非常好，每天下到部队里头视察带着我，钱也都给我保管。他的儿子想拿钱花，不敢跟他说只好跟我要。但军长不同意给他儿子钱，说给东西就可以了。可见，邱军长对家人的管理非常严格，对我也很信任。后来，我把我参加共产党的事情告诉他，他说这样不行啊，还说"犯错"了改了就好。他既相信我又看重我，所以我也把他当做父亲一样看待。他太太是南京人，觉得我这个广东阳江人比较穷，有点看不起我，所以我和他太太关系不是很好。

目睹松山战役的惨烈

每次重要战役，邱清泉军长都会带上我，因为我是他的警卫员。反攻缅甸的时候，我跟着邱清泉，亲眼目睹战斗的惨烈。

在滇西抗战中，松山战役是最艰苦的攻坚战役之一。日军经过两年多的苦心经营，在松山主峰"子高地"及周边高地都建成了坚固的堡垒群据点。他们的两个团占领了松山，底下掏空沿途埋了地雷。头一次，我们一个师攻上去，把底下炸弹引爆了，导致整个师都损失了。第二次围攻的时候，另一个师的官兵也牺牲了。

后来，我们预备队想办法消灭了山底的日本人。但山顶的日本人，我们还是没有办法。这座山一直攻占不了，我们前头的部队打前面，北面也有一个军向东打。但是这个山攻不下来，我们的辎重部队就没办法增援。

最后，我们的部队采取了坑道作业的方式，从主峰前侧150米开通一条直通山顶的隧道，填塞TNT炸药120箱，约3吨炸药，将其全部炸毁。加上美国空军的援助，山顶的日本人最终投降了。

要求上前线打仗

那时，我看着部队天天都打胜仗，自己还没去过前线，就趁邱清泉睡觉的时候在他面前罗唆。我说考军校目的就是打仗，可要胜利了我还没开枪打仗。他说："你想干吗？跟着我不满意啊，要去打仗！"我就说我就是要打仗，他就气。最后，他还是派我去第600团第1连当了连长。

我去报到时一看，整个连才7个人，其中有一个文书算是代理连长，一个连基本算是打光了。那个代理连长对我说："你还敢来当连长，不怕死啊？"我当时想着能打仗就行，哪里想到生死问题。

我们以少胜多创造了奇迹

上到战场，我们连阵地对面的日本人也是七八个，我们互相不退让，互相对骂。到了晚上，我们不管那么多了，就用机枪扫射，把他们都干掉了。这么大的阵地只有我们8个人，我想明天日本人要是反攻，我们根本守不住。后来，我看到一座尖尖的高山，就让大家把所有子弹搬到山顶上去，8个人就守到那里。手榴弹三个一捆，每人一挺轻机枪，我说:“日本人打上来,我们不用开枪,就放手榴弹。”

那天晚上,日本人总反攻,我们团部都给他们打垮了,团长原来是参谋处的处长,没打过仗,一两千人的团打到就剩两三百个了。但是我这里,敌人有一个营三四百人,离我们还有 40 米,就是上不来,最后我们还消灭了他们 300 多人。天亮了,我们部队组织总反攻,就把他们全消灭了。

战后,杜聿明总司令、邱清泉军长非常气愤,我们等着挨批评。邱清泉军长看到我的时候就说:“你还没死啊!”我说:“越打越精神”。他就问我是怎么打的,我就告诉了他。他们拍拍我说:“这个小鬼真不错。”实际上不是我打死的,是手榴弹把日本人炸死的。因为我们以少胜多创造了奇迹,获得邱清泉的通令嘉奖。

得到邱清泉、杜聿明的器重

从那以后,我就没再参加什么战斗了,一直在邱清泉身边,他把我当亲人一样看待。我同时还负责卫士连、情报连,还负责一个专门搞思想工作的部门。

抗战胜利后,我们回到贵阳,中央派人欢迎我们胜利归来。邱清泉开着小车,我第一个站起来托着军旗。当时全军的单位都知道我,我在军中已经是小有名气了。我们在云南办庆功宴,杜聿明、邱清泉几个主要领导参加,我在旁边保护。邱清泉、杜聿明说要找个年轻的代表,所以就把我推出来了。美国人看到我很佩服,70 多个校官以上的军官向我敬酒。我一辈子没喝过酒,但为祖国的面子,几大杯一下子给我喝完了,直接就倒在地上了。后来,我被抬回去睡了三天,杜聿明和邱清泉都说我这个小鬼不错,不怕牺牲。邱清泉还说以后宴会,我就可以帮他挡酒了。

邱清泉本打算保送我到美国去读西点军校，当时全国只有两个名额，但是我连高中都没读过。他说先把我送到河南大学读三年，回来就去美国读西点军校。可半年后，淮海战役就打起来了。杜聿明看中了我，就对邱军长说把我调过去，所以我后来跟着杜聿明很长时间。我当时是第 5 集团军的团长，兼任杜聿明、邱清泉的警卫营营长。邱清泉升任军团司令的时候，把我带到南京见蒋介石，我站在他的旁边。蒋介石问邱清泉我是谁，邱清泉说是校长的学生。我记得蒋介石当时说我不像军官，因为我从家里出来没有穿军装。

掩护杜聿明、邱清泉突围

淮海战役时，杜聿明是总指挥，邱清泉是第 2 军团的总司令兼副总指挥。每次开会我都在，每个军长、师长，我都有记录，因为警卫团 3 个营都是我负责，我要保护他们。

后来作战失利，我们被解放军围困了两个多月。解放军挖了 4 米宽、4 米深的沟。天又下大雪，大雪盖着屋顶，没有东西吃。全靠白天 100 多架飞机从南京空降大米、馒头，大家都去抢。记得每天天不亮，解放军就放喇叭，说投降有什么好处之类。但因为我是他们的心腹，不能投降，尽管我可以投降，因为我有共产党的底，但我为抗战而来，他们两个看得起我，我不管怎样都得维护他们，得讲道德。

在我们准备突围的时候，飞机来轰炸。邱清泉就把总司令部的指挥权交给我，让我带着人向西北突围，渡过黄河的铁桥，然后把铁桥炸掉。我不知道他们两个往哪个方向走，估计是利用我去西北虚张声势。他们两个走的那个方向没有解放军的主力部队，我派了一个连的人保护他们。后来解放军把第 5 军的军部打垮了，把他们围起来了，但不知道他们两个在掩体底下。傍晚5点多，邱清泉打了个电话给我，叫我把我带领的那个团留下一个营坚守，其他的人不要带任何东西，每一个人带一挺轻机枪就可以了，全部回来。两个营人不少，又都是主要骨干，什么东西都不要，我想不通。邱清泉没有解释，只是说你能把部队空手带来救人，就是你的功劳。我才知道他们被围了。

我到了的时候，第5军能跑的都跑了，只有杜聿明和邱清泉两个在地下掩体里，一个卫士连保护着。解放军也不知道，围着他们的也不是解放军的主力部队。我带着援救的人马过来，占领了那里。我在掩体里一看，长官就剩他们两个人了，其他长官都跑了。警卫连的连长是我在第七分校的同学，我就问他："怎么一回事？"他说："只剩下我一个连的人保护长官了，其他的都跑了。"紧接着我就去见邱清泉。邱清泉对杜聿明说："总司令，走吧，现在不走就没办法了。"杜聿明问我有什么办法，我说："往东北走，没有解放军主力部队，几百挺轻机枪围起来掩护。10个人抬你们一个，保你们突围。"杜聿明还是不肯走，问我能坚持多长时间。我说最多一个小时，超过一个小时就被发现了，大部队打过来我们就完了。杜聿明同意后，我马上安排，10个人抬一个，180多挺轻机枪，都是山东大汉，又都是在缅甸跟着打反攻的部队，布置好后我们准备突围。突围的时候，我在找突破口，突然看见一颗炮弹朝我打来。我旁边一个警卫员是山东人，在反攻缅甸的时候是我下面的一个连长，现在是我的卫士。当炮弹打来的时候，他把我推到马坑里头，炮弹一响把他炸到我背上。他为了保护我被炸死了，这辈子我一直无法忘记他的救命之恩。后来，我和山东人结婚也是因为感恩于山东人。

突围时是晚上，大概半夜1点多，天很黑。但4米多深的沟，还是给我跳过去了。我一跳过去以后，解放军就从坑底下上来了。因为北方是挖地三层，把后面抬着杜聿明和邱清泉的几十个人给拦住了。我在前面不知道，走了一个多小时，就十来个人跟着我。我回头一看，怎么一个领导都没有？我立马跟大家说："我们十几个兵在一起容易给解放军发现，他们机枪一扫，我们就全完了。大家化装逃跑吧，各走各路，咱们南京见。"

我跑进一个村庄，家里条件不好的不敢进去，很有钱的更不敢进去。我找到一家，看见有个小孩，给了他10块钱买东西，他就把他爷爷的帽子、衣服给我。我一化装，加上胡须、头发也长，又用煮饭的米一糊，扮成一个老太爷，弓着背，拿着袋子，让那个小孩在前面走，并叮嘱他如果解放军问到我，你就说我在捡粪就行了。到了津浦路，看到很多解放军在那里抓散兵，我就不敢过去了。调头向南走，跑了500里。在村里买了点破烂衣服，看到有人就装捡粪，一直走到一条大河边，脱了衣服游过河，再把衣服穿上。我上岸以后正好碰到最后一辆撤退的车开走，我就爬上车顶，到南京对岸，我就下来。因为不敢游过河，后来就给点钱给开小船的，把我送到了南京。到南京已经是晚上1点多了，我看到一个哨所就过去报到。当兵的一看到我，就把我推出来，说这里不能要饭。于是，我赶紧跑到一个破烂饭馆，把衣服换了，把胡子剃了，第二天再去报到，他们马上就用汽车把我送到了汉口。这时传来了邱清泉自杀、杜聿明被俘虏的消息。

穿过野人山，我们九死一生

采访者：李岚、白廷兵、李晓湛

整理者：王亚楷、白廷兵

采访时间：2012 年 10 月

采访地点：湖北省武汉市黄陂区大堤村

讲述者简介：王迪先，1920 年 5 月 22 日出生，湖北武汉人。1938 年，考入黄埔军校成都本校第十六期步科。1939 年毕业后，被分配到第 36 军第 96 师，后又加入中国远征军第 5 军第 96 师第 287 团直属迫击炮连，先后任中尉排长、代理连长。曾在平满纳、曼德勒同日军作战，并因掩护大部队撤退有功获得嘉奖，后经野人山回国。

采访手记：王迪先住在武汉市黄陂区大堤村，我们辗转多次才来到这个安静的小村子里。老人已是 90 岁高龄，身体硬朗，家里人说他与人沟通较少，不过跟我们讲述他的那段历史的时候，老人说了好多，也许是有我们这些特殊的“听众”的缘故，因为我们都与“黄埔”有缘。

当初，王迪先之所以报考了黄埔军校，按照他的说法是具有偶然性，“谁先出榜就去谁那里”，如今看来命运有时就因为一个单纯的因素而改变。老人在中国远征军序列中属于第5军第96师，一个在他看来不知名的部队，因为大家更多关注的是第5军中戴安澜的第200师。

王迪先也跟随第5军经历了翻越野人山的残酷，用“九死一生”来概括真不为过。老人对穿越野人山的讲述完整而又具体，里面有许多让我们倍感惊讶的细节，如踏着腐尸的肉泥前行，如在行军中有饿死的也有胀肚死的士兵，等等。不禁让人感叹，那不堪回首的野人山中，埋藏着多少孤独挣扎而逝去的同胞亡灵！

谁先出榜就去谁那里

抗日战争爆发时，我正在学校读书。到了1938年武汉告急，我就离家到了陕西西安。本来我到西安的目的还是想继续读书的，结果到西安一看，形势已经变了。当时各地的青年，包括华北那边的，都到了西安，学生运动高涨，到处宣传抗日救亡。我受他们的熏陶，也决定投笔从戎，就报考黄埔军校。

当时，西安有胡宗南的分校，有黄埔军校成都本校，有八路军的抗大，还有国民党的教导队，都在招收青年入伍。我报名的时候就想哪里先录取我，我就到哪里去。结果，黄埔军校成都本校先出榜，我就到那里。我们这些在西安招收的人，就一起走路去到四川。

到了军校以后，我被分到第十六期第二中队，驻扎在四川的铜梁，一个在重庆附近的地方，而我们总队的其他两个中队是在成都。我们中队全是步科，其他两个中队是步科、骑科、炮科都有。我们一进去就是3个月的入伍期，入伍期满后还有一个甄别考试。这时我们学习的军事课程内容很多，包括战术、射击等，还有出课，出课就是出操。毕业的时候，我们有考试，包括学科考试、出课演练、野外作战的训练等。

按正常来说，军校安排我们学习的时间是两年。结果我们提前一年就毕业了，而其他两个中队学习了3年。这是因为抗日战争时，前线需要输送大批下级干部到战场，我们就把本来两年读的书只用一年就读完了。毕业时，军校发给我们军官的制服，还有同学录，一人一本，还照过一次集体相。

大家只晓得第200师

1939年春节前毕业后，我被分到重庆的第36军第96师，同学一共去了10个人。我们刚下到部队，士兵都不认得，里面的情况也都不熟。分配后不久，我就跟部队出发参加昆仑关战役。我们到达了昆仑关以后进入战场，可是我们没有打，战争就已经胜利了。当时湖南还有战事，我们就转移过去支援。

后来，杜聿明的第200师，还有荣誉1师取得战争的胜利。我们第36军被撤销了①，并入到第5军，编到杜聿明名下。这时的第5军下面有3个师，包括：第200师，师长是戴安澜；新编第22师，师长是廖耀湘；第96师，师长是余

① 第36军前身一部为赣军赖世璜的第4师。1933年9月，第5师和第96师合编为第36军，周浑元、姚纯先后任军长。在桂南会战中，军长姚纯、参谋长郭肃因指挥作战不力，被撤职查办。部队由于伤亡严重，该军番号被撤销，原所属第96师隶属第5军建制。

韶。其中，第200师是杜聿明的嫡系部队，这是他的基本队伍。后来第5军成立之后换装备，杜聿明就把这机械化的装备装在第200师。所以，人家一提到杜聿明就只晓得第200师。像我们第96师，装备就是些普通装备，没有大炮，更没有什么战车，就是步枪、轻机枪、迫击炮之类的普通装备。所以说，我们第96师和新编第22师无论到哪个地方作战都不如别人，因为外面的报道都集中在第200师身上，到缅甸后也是这样。

一开始就处于被动的地位

到1941年年底，我们三个师由湖南、贵州进入云南。到了云南之后正好太平洋战争爆发，日本人基本上把东南亚的小国家都占领了。这个情况在我们进入缅甸之前就已经知道了。面对这种情况，罗斯福、丘吉尔这些首长就决定由中国派遣军队，美国提供物资，英国提供海军。但是英国的丘吉尔这个家伙非常滑头，我们到了缅甸边境的芒市时，我们军官还没得调来，他们就不让我们进去，让我们集结待命在那里等着，一直到日本进攻缅甸仰光告急了，才让我们进去。可是这个时候，我们已经把有利时间错过了，一开始就处于被动的地位。

当时第200师首先到了同古，同古就是仰光过来一点的地方。他们在同古作战的时候，我们第96师就在平满纳构筑阵地，作为第二线阵地，因为当时军部的计划是准备在平满纳作战。我们这时有这么多支部队，我们的右翼是英军，我们的左边是后面的第66军和第6军，还有其他部队紧接到来，整个战线很大一片。结果同古守到一定时间，上面就让第200师突围出来了。

当时战事确实很艰苦，我们在里面守了一个多月，消耗了不少军力。首先是那时候我们没有空军，敌人飞机轰炸我们阵地，整个前线都被炸得到处是坑坑洼洼，我们简单的防御就被摧毁了。那时第66军还没到齐，都是一批一批地投入战斗。这种临时的用兵，兵力是消耗了，但是在战斗中没起到什么作用。

日本轰炸完了以后接着是步兵攻击，英国的军队不战斗就开始后退了。他们一退，日军就占领了他们的阵地，插到了我们的背后，对我们形成了包围。虽然我们的军备补给不行，但是我们的士气好，中国人能坚持抗战，就是凭着这个信心，都有牺牲的决心。战斗中，我们前面的阵地被日军占领了，我们就再夺回来，像这样的战斗我们经过了半个多月，才形成对峙的局面。

浴血突围获嘉奖

对峙局面形成后，日军又增加援军，在飞机低空掩护下用步兵攻击。前面的飞机在天上进行低空扫射，我们进入阵地后都暴露在阵地上面，这下我们的伤亡就惨重了。就在这种牺牲代价下，我们还坚持了14天。后来阵地不断缩小，到了第14天的黄昏，我们也开始突围。

突围是在深夜的时候，我们派遣小部队从正面出击牵制敌人，掩护大军撤退。到了夜晚，信号枪一开，前面的突击队就开始冲了，枪声、手榴弹的声音、喊杀的声音混杂在一起，声音很大。终于，我们在日军的包围圈中打开了一条道。不过我们伤亡也很大，当时突击队里有我一个同队的同学，叫姚孝清，他那班的士兵一个都没回来，我们的一个团长也阵亡了。

我们突围冲出来以后，先到了平满纳，后来到了曼德勒。上面本来准备把曼德勒作为第三个阵地，继续跟敌人抵抗，结果这个计划破产了。当时在第66军防线那边，日本人派了轻快部队跑到他们的后边，把腊戍占领了。腊戍靠云南很近，这就等于把我们后路掐断了，我们就不能够退回到云南。这样一来，曼德勒也不能守了，包括英国军队，还有我们，再加上难民，都开始逃跑。而跑的方向最好向边境、向北边跑。我们第96师在后面担任后卫，我们一面突围，一面跟敌人且战且走，这个任务很艰巨。第96师本来是一个不出名的师，但在这次撤退中，把这个任务完成得很漂亮，获得了军长的嘉奖。首先，我们部队还保持建制，没有被打烂；其次是我们争取了足够的时间，让大部队能够从容地向印度转移。我们主要是突围的时候伤亡大点，因为敌人用空军扫射造成很大伤亡。

把迫击炮当成平射炮使用

在这期间，我担任迫击炮连的副连长职务。本来迫击炮是小型炮，配属在步兵里，一般一个团一个迫击炮连，一个营一个迫击炮排。我们迫击炮连没有直接面对敌人，因为我们那个迫击炮没有近战的能力。但是我们迫击炮连也出现一个奇迹，就是把迫击炮当成平射炮使用。

本来迫击炮不是平射，而是抛物线射，一般情况下，迫击炮是放在阵地的后面，在阵地前暴露的很少。但是我们连队作战的时候，前面的阵地让敌人占领了，团长下命令，让我们把这个阵地夺回来。这样一来，我们在后面就不方便，瞄准、射击都很困难。这时候我怎么办呢？我就跑到前面阵地去侦察距离，把炮的位置先放好，把我们应该装几多药包都计算好，回来后把这个情况跟士兵交代清楚。然后，士兵在阵地前就把炮架起来，按照原先准备好的发射炮。发射炮以后，我们就撤回来，如果不撤回来，敌人就会反击你。

撤退时，最困难的就是吃

从曼德勒突围后，日军已经把我们退回腊戍的路给掐断了，所以不能向这边走，有的部队像新编第38师就到了印度。戴安澜的部队在我们前面，在密支那被日本占领以后，他趁日本人占领密支那不久，立足不稳，所以他准备强攻，结果成功了，但他本人负伤阵亡了。[①] 杜聿明命令我们部队负责保护军部撤退，刚开始还能按照纪律撤退，但后来越来越乱。在翻越大山的时候，我们军部和我们的汽车、大炮在翻山之前就都销毁了。

在撤退之前，我们每人都尽量带粮食、带东西。我们也没有向导，就是凭个人的方向感，前面有人侦察，有人开路。当时忘了是第487团[②]的副团长还是我们师的副团长，叫漆云鹏[③]，带着一个营在前面开路。遇到上坡的路，他就把路挖成可以一步一步那种。那个地方藤枝满布，我们可以拉着这个藤蔓走。遇到水多的地方，他们会想办法把那个高

---

① 攻克棠吉后，第200师奉命进行战略转移。由于此时日军已先期占领了密支那，切断了第200师原定从八莫经密支那回国的道路，戴安澜不得不率部从缅甸北部的山区里辗转前行。5月16日，第200师在朗科地区遭敌重兵伏击，戴安澜为流弹所伤后牺牲。

② 当时中国远征军作战序列中，并无第487团，而且第96师辖的是第286、第287、第288团。有可能是王迪先把第287团记成了第487团。

③ 据滇缅抗战史专家戈叔亚对漆云鹏的介绍得知，漆云鹏是中国远征军第5军第96师第288团副团长（团长凌则民牺牲后接任团长），湖南人，退休前曾是昆明五华钢窗厂工会主席。

高的树砍倒，放到湖面上，人就由湖面上的树跳过去。我们一天到晚都是步行，一共走了 9 个多月。

后来粮食吃完了，我们就吃那个野菜。刚开始发现野菜会收集起来背着走，后来看到野菜遍地都有，就不背着走了，走到哪个地方就到那里就地吃。那时候不管水好不好，只要是有水就行，用柴火烧水。最困难的就是吃了，我们把带的那个牛杀了炸过也不好吃，因为没得盐，我们当时盐带少了。

那个地方老是下雨，枯树枝蛮多的。有人就把罐头盒子吊到树上，有人挖一个东西吊到树上，有人吊个各式各样的袋袋。那时候彼此照顾对方的也有，但还是各人顾各人的，官顾不得兵，兵也顾不得官。艰难的时候，我们饿死的也有，病死的也有。中间曾经跟重庆的电台联系上了，他们也派空军来空投。但空投的东西很少收到，因为山陡，树又多，到处是湖、涧，掉下去或者挂在树上就找不回来了。

后来快到云南边境的时候，当地人备了干粮送给我们。但他们还要留些在回去的路上吃，所以我们一个人分到几十斤粮那就很不错了。这些干粮救了一些人，但是也死了一些人。因为有些士兵很久没吃到粮了，一看到就抢来吃，一下子吃太多，胀肚就死在那边了。当时我们有四五千人，可是回到中国来的只有一两千人。

穿过野人山，九死一生

我们刚开始撤退的时候还是保持建制，成营、成连、成排地走。慢慢的就有人掉队，掉到后面来，就跟着后面的部队走。掉到后面的就三个一群、五个一组，沿着前面开路的人刻在树上的记号走。

至于晚上睡的地方，那地方竹子很多，我们就用竹子搭成个架子，有水的地方就垫高过水，再铺些叶子在上面。那边芭蕉叶很多，盖上这个睡得会很好，还可以遮雨。但是一到晚上就不行了，那些叶子就卷起来了，流到河里去了。我们每到一个地方休息，搭棚在哪里，都是按照命令要求的。

一次宿营时，士兵们为了照顾我，安置在一个前面人搭的旧棚内休息，棚内尚有一人睡着。第二天早上，我想叫他起来一同走，才发现竟是个死者。当时我也是太累了，睡了一夜都不晓得，后来醒来才发现。

又有一回，我的脚被刺伤了，走得慢一些。天快黑的时候，看不清路了，我就停了下来，靠着树过了一晚。第二天早上起来，天亮了以后再看路的时候，发现好在没往前走，再往前走就要出危险，因为前面在草的掩盖下有个很深的洞，要走过去就掉下去了。所以在这种地方，一定要拿个拐杖先探路，然后才能走的。我们前面开路的人，就是负责做记号的。

整个林子里，我们都没有发现土著人，野人也没有看到过。但是我们在过江的时候是靠当地人帮我们过的，那个江上面是溜索桥，现在已经加了铁桥了，我上次在电视里看到过。那个江好宽，也蛮深，而桥建造的很简单，这边和那边用那个绳子拉得紧紧的。两边是木头的，打个眼吊个绳子，在上面系个绊子，踏脚用，后面加个板子是屁股坐的，两个手就按着，搞到一定高度，把它一放就开始滑。它有一个升弧，一个降弧，中间低，来到中心后，另外一边是升弧，就滑不动了。我们就用两个手按着那个板子，把两手伸直，把前面那个绳子向后拉，身子向前挺，一拉一挺，慢慢地往前走。

当时我跟一个身体好的士兵商量，我说你在前面，我在你后头，你这个坐板和我这个坐板连在一起，我们配合着拉，他同意了。我们各有一个坐板，坐板和坐板之间接着，前面一拉就带动后面的，就这样把我也带着往前走。因为他有力，所以我过得还蛮顺利。到对面以后，后面的人把绳子拉回来，供下面的人使用。

野人山中的生死离别

采访者：李岚、白廷兵、李晓湛

整理者：陈何毅

采访时间：2012 年

采访地点：湖北省武汉市武昌区福利院

讲述者简介：杨立福，1919 年出生，湖北武汉人。1939 年，考入黄埔军校第十六期第二总队步科。1941 年毕业后，分配到新编第 22 师参谋处任参谋。1941 年 10 月，随新编第 22 师入缅作战，后参加在印度兰姆伽的训练。1945 年 9 月 9 日，在南京参加日军受降仪式。1946 年年底，任廖耀湘任司令的第 9 兵团警卫营营长。1948 年，回到家乡武汉，后曾出任武汉黄埔同学会会长。

采访手记：我们去采访杨立福的时候，他正在武汉市武昌区福利院中。后来得知，在 2008 年，因为生活困难，老人才申请住进福利院的，医药费和饭钱都是由国家承担。

老人说起自己从军的那几年，感慨万千。他经历了黄埔军校就学、中国远征军入缅作战、穿越野人山、兰姆伽受训、反攻成功、亲历受降等，可以说是饱经沧桑。其中，令老人印象最深的还是与死神擦肩而过的穿越野人山经历。

老人说在走出国门时，没想到等待他们的会是那么多的灾难和死亡，也没有想到会在异国他乡辗转流落3年。眼睁睁地看着战友一个接一个地死去，那种无奈和痛心是无法用言语来表达的。最后，老人说自己也是幸运的，因为虽然在这些经历中付出了汗水、泪水和热血，但他经历了别人经历不到的磨炼，体会了别人体会不到的感受，见证了别人见证不到的历史。

考入成都中央军校第十六期步科

日军侵华后，到处烧杀奸淫掳掠，无恶不作，气焰十分嚣张。1938年4月，日军进占武汉时，我还是鄂西联中[①]的学生。1939年春天，秉着“国家兴亡，匹夫有责”的信念，我和一批同学投笔从戎，走进了成都中央军校，成为了第十六期步科学员。在军校里，实际负责学校事务的是陈继承[②]

---

① 抗日战争时期，湖北省政府为了抢救战区学校，保存湖北教育的基础力量，将湖北战区各类公私立中等学校合并，组建“湖北联中”，统一迁往鄂西、鄂北后方。

② 陈继承（1893—1971），江苏靖江人。1916年，毕业于保定陆军军官学校第二期步兵科。1924年5月起，历任黄埔军校教授部战术教官、教导团第1团第2营营长、第三期入伍生总队第1营营长等。1937年4月，任南京黄埔军校教育长。抗日战争全面爆发后，负责将中央陆军军官学校本部迁往中国西南，仍任教育长。1942年5月，被免去教育长一职。

和万耀煌①，蒋介石只是个挂名校长，毕业典礼的时候也没来。

我们第十六期有几个总队，分步、骑、炮、工、辎等科。我们所在的是总队，一共有1000多人，按团的编制，团里面有3个营，我们就有3个大队。每个大队有3个中队，等于3个连，每个中队分3个区队，区队再有排。“三三制”，三营三连三排三班，一个班有十五六个人。我们总队都是步科，到了学校以后，要参加编队考试，然后分成3个大队。大队下面还有一、二、三队，是按照成绩的高低来分编的。

军校的生活挺紧张的，不过时间久了就习惯了。每天就是出操、上课、演习，一天24小时都是在军校，只有周末休息的时候才能到成都街上玩一玩。我们学习了一年多就毕业了，也没怎么考试，简单的演习一下就行了。因为抗战需要人，培养一个人不容易，只要能毕业就行了。记得在1940年4月12日，我们有一个毕业典礼。还发了佩剑，跟单剑一样的，有皮带的就挎在皮带上，没有皮带的就不用佩戴。

跟随新编第22师入缅作战

毕业后，我被分配到新编第22师②参谋处工作，师长是廖耀湘。他这个人还是蛮好的，做事比较实在，没什么官架

---

① 万耀煌（1891—1977），湖北黄冈人。先后毕业于保定陆军军官学校第一期、北京陆军大学第五期。1926年后，参加北伐战争、中原大战、淞沪会战等。1938年11月，被任命为陆军大学教育长，在贵州遵义接掌校务，后将陆军大学迁往重庆。1943年5月，调任黄埔军校成都本校教育长。

② 新编第22师成立于1938年，师长邱清泉，隶属于第5军。1940年昆仑关战役中，因邱清泉受重伤，由副师长廖耀湘接替。

子，不会乱发脾气。新编第22师、第200师、第96师这三个师同属于杜聿明任军长的第5军。1939年年底，他们在广西昆仑关那一仗打得漂亮极了，歼灭敌军很多人，取得辉煌的胜利。1940年，新编第22师占据贵州，在守城集训补充兵源。1941年春，我到新编第22师后，就驻扎在贵州娄山，这是贵阳和湖南之间的一个小城市。到了5月份，师部向在安顺的军部靠拢，再向西边移动，通过沾益、曲靖到云南昆明。

1941年12月7日，我们听到户外广播说日本偷袭珍珠港。他们这一举动使得美国措手不及，海军伤亡严重。后来，中、英、美成立中国战区，一起对付日本。于是，中国组成了远征军，准备踏出国门到缅甸远征，对日作战，保护缅甸公路。1942年3月，因为戴安澜的第200师在同古受到敌人的包围，所以我们师接到命令马上进入缅甸，投入了战斗。

缅甸的战场分为东线、中线、西线三线。西线由英国负责，东线和中线由中国负责。东线有第6军和第66军，中线有第5军和新编第38师①。第200师在同古被包围之后，我们师开到斯瓦河阻击敌人的前进。斯瓦河是一条东西向的河流，通过曼德勒到仰光公路。敌人在这个地方前进不了，就偷偷把部队转移到东线，想通过泰缅边境寻找突破口。结果，东线没能把他们挡住，一下子就被他们冲到腊戌。日本人占领腊戌后，接着攻到畹町，后来到惠通桥。中线虽然还是在我们手上，但是曼德勒已经成为一座空城，当地人听说要打仗都跑光了。这个时候，在战略上我们确实存在问题。

① 当时，缅甸盟军的作战区域分为三线。西线是英军，中线是第5军，东线是第6军。第66军是总预备队，其所属新编第38师在中线。

东线远征军受到惨败和重创，中线杜聿明、廖耀湘部队被敌人甩到一边，置之不理，无仗可打。但密支那、八莫等所有通往缅甸、云南的路线被日军割断，不可能原路返回。

野人山中的生离死别

杜聿明为避免和敌人正面冲突，指挥部队进入野人山。本来新编第38师和第5军属于中线的，应该共同进退。据说当时孙立人本来也想接受命令进山，但到野人山一看，觉得进山后的粮食、物资、药品的补给将会很困难。所以，他断然决定带着部队掉头南下，前往印度。

杜聿明带着第5军几万人进入了野人山，其中新编第22师就有七八千人。进山时，在山脚下莫的村[①]把所有的重武器、车辆等都扔掉了，轻装进山。我们没有向导，只是按照定下来的战略部署走。但是山里根本没有路，杜聿明、廖耀湘带着我们这个师，边走边开路。进山初期的十多天，我们还是有点吃的，后来越走越困难了。

东南亚一带都有雨季，一般是从5月中旬开始。雨季一来，整个夏天都是连续不断的雨。我们的武器天天被雨淋，都生锈了，不能用了。这么多人没有住的地方，只能找些芭蕉树的叶子遮遮雨。我每天都是穿着湿漉漉的衣服，从来没有干过，随身的几件衣服都被雨打湿了，没得换，有时候是自己的体温把衣服给弄干了。可以想象一下，几个月下来，身上的衣服都是湿的那种感觉是多难受。

① 莫的村位于缅甸实皆省英多县曼西镇以北，汽车到了这里，便没了路可走。中国远征军开始后撤时，曼西成为中转站。而烧毁车辆、武器的地方大约在莫的村以南1.5英里处，当时老百姓还误以为是烧毁村庄。

山上的蚂蝗、蚂蚁、蚊子大得很，要是给那种蚊子咬了，就会得恶性疟疾。雨季山里不缺水，但不是哪里的水都能随便喝的。清澈的小溪看起来干干净净，但深山里虫子多，水里也搞不清楚有什么，反正很多人喝了就生病、中毒。所以，我随身带了个军用小水壶，每天都带着一壶500毫升的开水。

接下来，就开始断粮了。挖草根、树皮，只要是能吃的东西，大家都弄来吃。断粮后，部队的行进越来越困难了，开始饿的饿、病的病。“人是铁，饭是钢，一餐不吃饿得慌”，一饿就容易得病。病的时候又缺少医生和药物的治疗，只能靠自身的抵抗力。身体再好的小伙子遇到这样的情况，很多都只能等死了。当时死的人都是奇形怪状的，睡着的、躺着的、趴着的、站着的、坐着的，各种各样。有的走不动了，坐在简单的棚子里就死了，连杜聿明都是用担架抬着出来的。

后来，廖耀湘觉得对这些士兵们很内疚。他们本应该是沙场上的英雄豪杰，结果没有牺牲在战场上，却永远地留在了野人山。我们当时还不能为他们埋葬，又不能把他们带回来。当时除了男兵还有45名女兵，但她们中只有4名走出来。她们有的是作为医务工作者的卫生员、护士，有的是作为政治工作者的宣传员、演员。这些女兵都是自愿参军的，我们虽然不认识，但知道她们的事情，所以很佩服她们的勇气和毅力。

就这样，几个月下来，能走一起走，不能走的、掉队的，就稀稀拉拉地跟在大部队后面，漫山遍野到处都是人。有时候碰到好天气，就在山头休息一下。我当时是跟着司令部一起走，但也是各走各的，也搞不清楚走了多少天。记得在一个地点休息的时候，第60师的一个姓周的营长，是黄埔军校第十二期的，他说："小杨，今天就在我这里吃饭吧！"吃饭在当时来说不是简单的事情，我当然毫不客气了。那顿饭吃的是米饭，菜是野人山上的野南瓜，还有牛肉罐头。在缅甸作战带的多是牛肉罐头，还有芝士奶酪，当时觉得非常好吃。吃完饭，周营长问我知道今天是什么事情吗？我说不知道，他说今天是端午节，我才知道已经到端午节了。

有一天，师长廖耀湘召集军官座谈，布置第二天出发的事宜。我当时站在旁边，双眼突然发黑，两脚一软就倒在地上。他们把我扶起来，等我清醒后，廖耀湘就问："明天就要出发了，你能不能走啊？"我吃力地摇一摇头说："全身无力，不能走了。"廖耀湘说："不能走，那怎么办啊？"当时我也不知道怎么回答。幸好第65团有一位姓李的排长，是山头上收容站的负责人。他平时对我也很好，他跟廖师长说可以照顾我，让我留在收容站休息调养一下。廖耀湘同意了，所以他们就先走了。那时的我才20多岁，平时也比较爱运动，体质还是比较好的，过了两天体力基本上恢复了。我跟排长说："谢谢你，我还是要赶上大部队。"我们集合了几个人，就继续赶路。走着走着，其他人又开始掉队了，就剩下我一个人走。

有一天，天还没黑，在路边见到一座竹楼子。其实，野人山并不是真的有野人，只是山上有土著民族，这种竹楼子就是他们居住的地方。我看这个地方还可以，也走累了，就想休息一下。结果进去一看，遍地都是死尸。因为当时死人太多了，我们都司空见惯，不怎么害怕。我爬到楼上一看，还好，里面空空的，没有死人，我就钻进去抓紧休息。过了一个晚上，第二天继续往前走，在路上迎面碰到一个土著人，三十几岁，穿着一条单裤，一件布披巾，背着背篓，蹦蹦跳跳地和我擦肩而过。现在回想起来也是一身冷汗，因为我当时疲惫不堪，路边就是悬崖，他要是对我有什么坏心肠，一推我就会掉下去。

又走了两天，到了新平洋，在缅北孟拱河谷一带。那里的路比较平坦，人也多了，雨也没那么凶了。在那休整了两天，打听到离出山也不远了，所以人也精神起来了。在将近8月的时候，终于走到了野人山脚下。在山脚下有个小镇叫“提磅”，这是翻译的名字，这个地方有个收容站。山里面出来的人，无论状态如何到这都要先喝上一碗奎宁水，治疗恶性疟疾的。

从雷多[①]到兰姆伽受训

出山后，会有车子送我们到一个叫雷多的小镇。那里有棚子住，有干净的衣服换洗，还有饭吃。对我们这些经过野人山磨炼的人来说，已经很满足了。杜聿明在雷多接到重庆的电报，命令新编第38师、新编第22师留在印度，杜聿明带第5军回国。在雷多附近的汀江机场坐飞机，从印度回昆明再转到重庆，这个机场是美国航空队专用的航空基地，飞越“驼峰航线”的飞机都在这里起降。

我在雷多大概待了两天，集结了十几个人。经过印度的恒河，坐了两天两夜的火车，又转了轮船来到了兰姆伽。兰姆伽，在地图上根本找不到这个地方，它只是印度东北部一

---

① 雷多，英文名为Ledo，中文译名又称“利多”“莱多”，位于印度东北部阿萨姆邦。雷多是印度跟缅甸的边界城，是印度往缅甸、东南亚及中国的必经之路。二战期间，雷多地处防卫日军入侵英属印度的战略要地、“驼峰航线”的起点之一和史迪威公路的起点，有大量的盟军（包括中国驻印军、美军和英军）驻扎在此，繁荣一时。

个偏僻的小镇。这个小地方驻扎有中国的新编第38师、新编第22师，还有印度、英国、美国的部队将近30万人，到处都是小楼房和平房军营区。

在印度，吃是不成问题的，基本上天天吃牛肉，很少吃猪肉，牛奶也是不会少的。有个炊事班的班长和我关系很好，每天晚上给我端一碗牛肉汤。我和其他经过野人山的人一样，身体体质恢复得很好。

杜聿明回国后，国内源源不断地运送部队来补充兵源，并把在兰姆伽受训的中国远征军番号改为“中国驻印军”。1942年至1943年年间，驻印军在兰姆伽接受美军的军事训练，武器装备都是美式的。训练的时候，美国军官都是说英语，我们有国内西南联大的大学生做翻译。上午，我们军官接受美国教官的训练，下午就回自己营区教授士兵。受训时候的每个星期天，很多人到附近的蓝旗小镇玩一玩、转一转，放松放松，有开卡车去的，有开汽车去的，有开摩托车去的。那里街道多、人多，比兰姆伽热闹。

“中国的巴顿将军”

后来，为加强中缅印战区的军事力量，以新编第22师为骨干联合第14师、第50师等部队合编组成新编第6军，由廖耀湘任军长。从1943年开始，我们返回缅甸对日作战，我当时还是在廖耀湘的参谋处当参谋，主要负责传达师部的命令、整理文件、草拟作战命令等一系列的工作。

驻印军从雷多到新平洋，在缅北孟拱作战，在索卡道一仗中战果辉煌。史迪威起初还不相信，下令不要打扫战场，要视察战地，就派一名上校联络参谋来检查。联络官在阵地见到5000多具日军的尸体和缴获的大批武器弹药等战利品后，便向史迪威报告。廖耀湘就受到史迪威的夸奖和获得美国政府的褒奖勋章。他当时被称为“中国的巴顿将军”。

见证南京的受降仪式

从1943年年底到1944年，中国驻印军对敌人乘胜追击，打到密支那、八莫一带。然后，同在惠通桥一带的国内远征军配合作战，1945年1月在芒友胜利会师。这个时候，我们接到重庆的命令要回国。回国后，新编第22师先到湖南芷江西凤山①，协同卫立煌指挥的国内远征军一起作战。后来，再空运到南京，我有幸亲眼见证南京的受降仪式。

1945年9月9日上午9时，冈村宁次以日本驻中国派遣军最高司令长官的身份代表日本向中国投降，他们开着4辆吉普车来到中央军校纪念堂。何应钦作为代表接受日本投降，当时很多部队都想担任受降仪式的警戒部队，而新编第6军担任警戒部队是蒋介石专门指定的，因为当时的新编第6军被称为“中国虎”，是国民党部队王牌中的王牌。为了这次任务，新编第6军换了新的美式军装。当时廖耀湘也在场。整个仪式很简短，没怎么说话。冈村宁次亲笔签了字，然后递给何应钦，把自己身上的佩剑、武器解下来就走了，整个仪式就结束了。

---

① 应为雪峰山。雪峰山战役即湘西会战，是中国人民抗日战争中的最后一次会战。侵华日军此战目的是争夺芷江空军基地，故又称“芷江作战”。在此会战中，以新编第22师为基干的新编第6军担任总预备队。

惨不忍睹的回国路

采访者：徐丽飞、张长龙

整理者：林瑛子

采访时间：2013 年 5 月 8 日

采访地点：天津市

讲述者简介：杨岑峰，本名杨岑祖，1921 年出生，原籍安徽芜湖，现居天津。从成都中央军校第十七期毕业后，分配到第 5 军第 96 师第 286 团任排长，参加平满纳战役等，后经野人山回国。抗战胜利后，退伍回到老家。1951 年起，在天津市第八中学任语文教师，后又调入天津包装技术协会工作，直至退休。

采访手记：杨岑峰从黄埔军校毕业后即被分配到第 5 军第 96 师当排长，从昆明出发，开赴缅甸的平满纳战场。在平满纳战役中，老人所在的排 60 多人，最后只剩下十几人。几十条鲜活的生命，朝夕相处的战友就在一场战争中阴阳两隔。

几十年后，重提往事，老人依然难掩内心的伤痛，在我们面前情绪失控。也许正因经历了自己所述说的“九死一生”的人生，老人格外开朗乐观，十分感恩并珍惜现在所拥有的。在他看来，“不打仗的日子就是最好的日子”，现在过的日子就是这一辈子中的“幸福时光”。

避难日子里的抗日熏陶

1938年，我的家乡安徽芜湖被日本人占领了，我们全家迁到农村避难。当时一起去的还有我们县城中学的二十几个同学，大家都是十六七岁的小伙子，不愿意在日本的统治下生活。所以，我们这些学生就组织起来，跟日本人周旋，在后方组织抗日宣传。虽然芜湖丢失了，但是广大的农村，日本人是没办法占领的。

那时候，我们家乡有东北军，就是张学良的军队，还有川军、新四军，新四军就驻扎在我们那个村庄。新四军跟我们青年的关系比较融洽，他们把青年学生组织起来，教我们唱歌，组织我们放哨，给我们讲一些抗日战争的道理，所以我们的抗日情绪很高。

新四军待了不久就走了，但学生们报国的热情还是很高，所以我们就组织起来，在第二年到安徽南部去了。这时，黄埔军校在《皖南日报》上发布招生信息，我们十几个人看到后就去考了。考试的科目有数学、语文、英语、体检、口试等，本来招考条件是要求高中毕业，但是实际上要求放松了，所以我高中没毕业也就考上了。

每况愈下的军校生活

到了成都本校以后，我被编入第二总队，在军校两年期间，一直在铜梁学习。本来学制是三年，但是由于当时抗日形势非常紧张，军队需要快速补充下级军官，所以我们两年就毕业了。我们学习的主要科目有日语、代数、物理、化学、数学等，另外还有排、连、营等战术战略，通信、兵器、炮兵测量角度等等。我们的教官都是黄埔军校第七、第八期的，一般是上校、中校，没有外国教官。校长是蒋介石，但我没有见过，直到毕业典礼的时候他也没来，教育长陈继承倒是来了。

在军校的生活刚开始还不错，饭菜有四菜一汤，两荤两素。服装从里到外都是军校发的，有衬衣、袜子、鞋子等等。除了平常的军便服之外，还有休闲的灰色呢子服。除此之外，每个月还有零用钱，大概是十几块钱，可以买些日用品。

到了1941年快毕业的时候，生活水准就每况愈下了。四菜一汤变成两个菜，到最后只能管饱了。毕业的时候，学校发了一套呢子服，还有武装带、“军人魂”短剑、同学录。我本名叫杨岑祖，但由于当时学校有同学跟我同名，所以我后来改名了。但是在同学录上记录的还是我原来的名字。

清扫战场的时候，我哭了

毕业以后，我被分配到第5军第96师第286团当排长。我们从昆明出发，浩浩荡荡的，经过云南腾冲开赴缅甸。我们到缅甸的时候，老百姓尤其是当地华侨，热烈欢迎我们，真是夹道欢呼，送给我们牛奶、罐头等好多东西。

第5军是在主战场，戴安澜的第200师打同古，而我们第96师是在平满纳战场，在同古的侧面负责布防。我们团负责在前哨阵地构筑工事，挖散兵壕，构筑机枪阵地等。到了第三天拂晓的时候，敌人向我军阵地进攻。我们坚持打了一个白天。到了晚上，我们用发报联络机通知团部，团部要我们坚守阵地，并且会派两个连来协助我们作战，所以我们只能继续坚持作战。

在阵地上，我们只有一个排，六十几个人，而日本人有两个连的兵力，大概有两三百人。日本人装备精良，先是用炮弹摧毁我们的工事，上空还有飞机不断地对我们进行轰炸，而我们很少有飞机的。在这种情况下，我们还是坚持作战，因为上面有命令不能退却。一直打到第二天中午，后援部队才来支援我们，大概派了有两个连的兵力，来跟我们换岗。这一天下来，我们连饭都没得吃。最后休息清点人数的时候，我那排六十几个人，只剩下十七八个人了①。有的打死了，有的打伤了，清扫战场的时候我哭了。有的尸体就倒在那里，衣服都烧破了，死了很多人。

这段路走得很苦

过了10天左右，上面来了命令，要我们撤退回国。第96师和第200师就开始翻越野人山回国。野人山条件非常艰苦，山非常高，一进了山里面就看不到天，树林很多。日本

① 2009年和2011年，杨岑峰两次在接受天津《每日新报》采访时说起伤亡情况是："总共60人，幸存者不过10人。"2014年，在接受《文汇报》采访时说起伤亡情况是："我排50多人，只剩12人。"

人知道我们要撤退，飞机在上空跟着我们狂轰滥炸。所以，我们白天不敢走，一般都夜晚走。部队的建制都打乱了，各自为伍，三五成群，也就是一二百人、几十人，甚至七八个人在一块，摸着走，爬着走。有的地方有羊肠小道，有的地方没有路。我们在野人山又语言不通，没办法找向导，就只能拿着指北针，顺着东边的方向摸索着走。

四五月份的野人山非常寒冷，气候潮湿，很容易生病。山上蚊子多，个头比我们平常见到的蚊子都大，人被咬到就容易发疫病，而我们当时是没有药品的。过了两三天，我们走到了一个比较空旷的地方，才有盟军的飞机给我们投些药品、饼干、罐头等，情况有些好转。再往前走就又失去联系了。

那时候，我们每个人的肩上大概背着五六斤粮食，但这只够我们四五天的伙食。路上水都没得喝，只能喝路上低洼处的积水。没有盐，没有明矾，更没有消毒，只能盛点在水壶里，沉淀以后就喝了。我们带的东西总有吃完的时候。到最后实在没得吃，我们就吃部队发的皮带。在钢盔里泡软了，熬个两三钟头，就能吃了。另外还吃芭蕉叶，这是老百姓告诉我们的。采点长长的芭蕉叶，选些嫩叶，和皮带一起煮着吃。据说很多伤兵因为抬担架的士兵太虚弱抬不动担架，而且本身也是半死不活的，所以被放弃了，埋在了路上。

这段路走得很苦，走了一个多月，到了腾冲以后才有汽车送我们回昆明。最后清点人数，1 万多人的师，剩下不到 5000 人，死了一半。在路上死的比战场上死的人还多，大多是在山上爬山的时候，饿死的、冻死的、病死的，惨不忍睹。

重返野人山，设兵站助部队撤退

采访者：徐丽飞、陈何毅
整理者：徐丽飞
采访时间：2012 年 10 月 10 日
采访地点：湖南省长沙市

讲述者简介：王光亚，1914 年出生，湖南长沙人。1937 年，考入黄埔军校第四分校第十四期工科。1939 年毕业后，被编入第 5 军工兵团任少尉排长，曾参加昆仑关战役。后跟随部队入缅，任第 5 军直属工兵团第 1 营第 2 连副连长，配属到第 200 师第 600 团，在同古一带抗击日军。第一次入缅作战失利后，前往印度兰姆伽受训，后回到昆明集训。抗战胜利后，因不愿参加内战而调回重庆后方。中华人民共和国成立后，进入长沙饮料厂工作，直至退休。

采访手记：整个采访过程中，王光亚讲得最多的便是野人山里的故事。初以为老人在撤退时在野人山经历了非人的生活，后来慢慢询问才知道，他护送中国远征军司令长官罗卓英撤退得早，路途还算顺利。

老人后来又重返野人山，设兵站，将盟军飞机投送的食物搜集在一起，再分发给从野人山撤退下来的部队，以帮助他们支撑到达印度。在采访过程中，老人还将他保留的入缅作战时部队所发的一条毛毯，捐赠给了我们博物馆收藏。

从黄埔军校到工兵学校

1937年，黄埔军校第四分校在长沙招考。我是长沙人，当时在部队上，思想有所进步，便来长沙报名。考试内容包括语文、历史、地理、数学这一类知识，不考外语。除了笔试，还有体格检查，但对身体要求不是太严格。长沙当时大概有两三百人报考，100多人考取了，我便是其中一个。

考上军校后，我们先到了肇庆。在这里渡过了6个月的入伍生阶段，主要是学习军事学科，包括战术、兵器学等。6个月后，军校迁往广西桂平，日军飞机又把桂平给炸毁了。这时，军校要选派300个人到工兵学校[①]学习工兵，我便去了工兵学校。

工兵学校在永州零陵，校长是林伯森。我们的队长是郑元杰，黄埔军校毕业的。那时候，除了工兵学校，还有炮兵学校、辎重兵学校等。工兵学校主要学习四大课程，包括控坑道、筑城、爆破、渡河，其中渡河包括架浮桥和用船艇渡

---

① 陆军工兵学校于1932年1月举办，分学生和学员教育。学生教育以军官预备学校毕业的军官候补生充之，学员教育以服务1年以上工兵尉（校）军官充之。工兵学校设校长、教育长各一名，隶属训练总监部。该校举办时，以林伯森任校长。1935年4月，蒋介石兼任校长，林伯森改任教育长。抗战时期，工兵学校一大任务即为黄埔军校代训工兵学生。

河。比如我们第 5 军是机械化部队，有坦克车，遇到河水时就要架能承重 10 吨以上的桥梁让坦克车通过。而在渡怒江时，5 万人就是用小划艇渡过去的。

三失三夺，赢得昆仑关战役胜利

1939 年，我在永州零陵学习一年半后毕业了，被分配到中国唯一的机械化部队第 5 军当见习少尉排长。后来，我参加昆仑关战役。我们共战斗了 14 天，把整个昆仑关拿下了，消灭敌人 4000 人。

这场战役中，我是工兵排长。因为昆仑关前面有座高山，久攻不下，我就带领一班人，拿着手榴弹、炸药包去消灭这个碉堡。我们乘夜摸索到敌人碉堡前，把手榴弹丢进里面，结果日本鬼子很狡猾，又把手榴弹丢出来。后来，我们用炸药成功爆破了敌人碉堡，然后步兵就乘胜进军。我带着我这班人跟随步兵，一路冲上昆仑关山顶，把昆仑关夺了回来。第二天，整个师把所有的高地夺回来了。

在昆仑关战役中，敌人第 18 师团的少将旅长中村正雄是昆仑关战役的指挥，因为藐视我们中国人，被我们一个团从望远镜里面看到了，迫击炮、机枪一起向他射击。结果，他受伤了，要准备动手术。我们团就穷追猛打，继续进攻，一个炮弹落到他身上，把他炸死了。

昆仑关战役中，我们总共三次夺回昆仑关。前两次都被日本鬼子抢回去了，第三次才最终夺回昆仑关。我们牺牲很大，死亡 3000 多人。我们一个师有 12000 人的士兵，最后只剩下 700 名士兵，其余的不是伤就是亡。

昆仑关战役时，周恩来由桂平到重庆，经过全州，还在我们军部见了杜聿明。周恩来曾是黄埔军校的政治部主任，杜聿明是黄埔军校第一期的学生，这等于是师生会面。杜聿明表态一定把这场战争打好，不辜负老师的教导。结果他真的把这场战打得好。

东吁[1]激战

昆仑关战役之后，我们从广西出发到昆明，准备入缅作战。入缅之前，首长讲话，激励士气。1942 年 3 月 8 日，我便跟随第 5 军先头部队第 200 师同一个骑兵团，由昆明乘火车到达缅甸东吁。那时，我是第 5 军直属工兵团第 1 营第 2 连副连长。工兵团共 3 个营、9 个连，团长为李树正。工兵作战的时候一般是配属到步兵团，由步兵团指挥，工兵不能独立作战，一般担任架桥、筑城、挖坑道、渡河等，有时还要援助炮兵进入阵地。所以，我们团被配属到第 200 师第 600 团。

我们在阵地最前方构筑工事，设置机枪掩体。我们实行诱敌深入的战术，使敌人不察觉地进入我们战斗的圈子里面。结果敌人一支 500 人的搜索队，被我们发现了，引诱进入了我们的埋伏圈。我们的机枪、迫击炮一起发射，最后清扫尸体的时候，共有 300 多具尸体。这是我们在团长李树正的指挥下，在缅甸取得的首次胜利[2]。

后来，因为英国部队的战略战术是力保印度、放弃缅甸，在这个战略思想指挥下，他们在缅甸没有战斗的意志，碰到日军强硬时，就向印度撤退。由于英军的撤退，使得第

---

① 东吁即同古，又称“东瓜”，缅甸南部城市。

② 第 200 师到达同古后，曾在同古以南的皮尤河畔建立前哨阵地，与日军发生激战，歼灭日军一个小队。王光亚老人所述战斗可能即是这场。

5 军腹背受敌。由于我们没有制空权，敌人飞机加大炮轮番轰炸，又放毒气。我们在东吁坚守了 5 天，消灭了敌人七八百人之后就撤退了。撤退的时候，我负责带兵把桥破坏，这样敌人就不能追了。当时，我们把炸药包一捆一捆绑在桥上，等最后一部汽车通过后起爆，开汽车的那个也是黄埔军校的同学，后来我还见到过他。

野人山大撤退

撤退时部队分三路，有的走印度边境，有的走云南边境。由于军长杜聿明的决策失误，选择走野人山。野人山是个渺无人烟的原始热带丛林，坦克、重炮都没法进去，甚至连机枪都没法带进去，便在进入野人山前一并炸毁了。当时我们还有 1500 名伤兵，他们行动不方便，最后要求大部队进山前留些汽油给他们，用汽油自焚了。

大部队进山几天后就没有粮食了，只能吃山里的野菜、芭蕉根。野菜一般是有毒的，最后没办法，把皮带也拿来充饥了。野人山的地是湿的，树上和地上都有蚂蝗，会掉到或爬到我们身上。抓蚂蝗也要讲究方法，要用手拍，蚂蝗就掉下来了。蚊子也多，不停地咬你，晚上也没有房子宿营，那怎么办呢？每个人带刀具砍树枝，搭个棚子，绑扎床架，上面盖雨衣。后面来的人，看到棚子就想到里面睡觉，没想到里面都是死人。有的就来不及就直接睡在死人旁边，有的就把死人先推开再睡，那个时候根本不知道害怕。有些人走着走着就倒下去，再没有起来，也没有人收殓。

我是比较幸运的一个。我负责带一个加强排，50 个工兵，保护中国远征军司令长官罗卓英等 20 个人，抄小道，走捷径，逢山开路，遇水搭桥，进入印度的边境英华尔①。我们没有搭桥，直接从河里淌过去，河也不大。因为没有汽车，也没有马，官再大也没有办法，罗卓英也跟我们一起走。有时候一走走半天，大概一共走了10多天。到了印度，就有吉普车来接，食物也有了。

重返野人山，设立兵站

我们到达英华尔后，后面还有大部队从缅甸经过野人山进入印度。他们已经不成建制了，不是一个连、一个排、一个班那样，而是单独的一个个。每个人因为没有食物，都是撑着棍子，两三个，一起向前面走。因为长途跋涉，没有东西吃，哪怕多带一件衣服都觉得沉重，所以他们仅仅带了最必要的衣服。武器也丢了，步枪也丢了，就手枪还带着。

这时，上面派我带一个加强排进入野人山设兵站。为救援过野人山的大部队，英国飞机在那投送粮食，粮食用麻包装着，有饼干罐头、牛肉罐头等，一个飞机投几十包。我们便选择一个比较开阔的山包，将食物搜集到仓库里，遇到路过的就给他发一份食物，支持他能够走到印度。等部队过完了，差不多有一个月时间，我们也就撤离了。

部队共4万人进野人山，只剩8000人。主要是由于杜聿明指挥失策，不应该走野人山的，比如孙立人就带领新编第38师跟随英国人撤退到印度。杜聿明作战很勇敢，带士兵纪

---

① 应为英帕尔。英帕尔是印度东部与缅甸交界地区的一座边境城市。当时，史迪威、罗卓英及长官部撤退路线为：1942年5月4日，史迪威和罗卓英从英多西撤；5日，两人在班茂分手，史迪威先走，罗卓英等候杜聿明；在曼西弃车入山；分别于12日、14日到达霍马林，由此坐船顺亲敦江而下，从唐都上岸；分别于20日、24日到达英帕尔。

律很严明。在昆仑关作战的时候，第5军就得到民众的拥护，在昆仑关打了胜仗，这是杜聿明的功劳。但后来在缅甸选择走野人山这条路，就是他指挥失策。

野人山奇闻

野人山有好多奇闻。比如野人山的青蛙有面盆那么大，眼睛有拳头大，蚊子有蜻蜓那么大。野人山还有蟒蛇。美国黑人开拖拉机，我们中国人负责保护他，白天午休的时候，蟒蛇把美国黑人吞了，连枪和衣服都吞进肚子里面了，没一点痕迹，这个黑人就这么凭空消失了。他们就找我们要人，我们就到处找人，第二天就看到蟒蛇了。我们工兵用炸药包，让蟒蛇吃进肚子里去，等蟒蛇爬到树上去了，把引线一扯，蟒蛇便被炸死了。那个黑人的枪、衣服都在肚子里。野人山也有狼，新编第22师中的5名女兵进入野人山之后，两个人病了走不动，跳崖了，1人被狼咬了，还有1人走不动，最后就只剩刘桂英出来了①。

野人山还有一个关于乌龟的奇闻。一个排晚上宿营的时候，看到一块很平坦的地方，排长就带着一帮人去那宿营。睡到半夜，哨兵喊："地震！地震！"排长起来一看，又没事，就接着睡。过了一会，哨兵又喊，一共折腾了两三次。第二天早上一看，才发现自己睡在乌龟背上，晚上是乌龟在动。

---

① 据刘桂英《野人山是我胸口永远的痛》一文所述，除了她自己，其余4位护士班的女兵牺牲原因是：何珊（吃了有毒植物）、笑春（被毒蛇咬伤后遇狼咬）、孙月霞（得瘴气后发高烧，跳崖）、王苹（得瘴气后发高烧）。

兰姆伽受训后，回原来的部队集训

从野人山撤离后，我便回到兰姆伽受训，训练了半个多月，教官主要是美国人。我们主要是学习美国的武器，工兵就学习工兵的技术，如渡河、筑城、挖坑道等。

后来军部回到昆明，补充编制，打电话让我们归还建制。我便从加尔各答乘飞机，经过喜马拉雅山回到昆明，回到原来的部队集训，没有参加第二次中国远征军作战了。

再战凯旋——亲历第二次远征

“好男当兵”，缅甸战场上缴获日军关防大印

采访者：李岚、白廷兵
整理者：白廷兵
采访时间：2013 年
采访地点：湖南省长沙市

讲述者简介：韩德明，1919 年出生，浙江嘉善人，黄埔军校第十三期炮科毕业。曾参加武汉会战、昆仑关战役。后参加滇缅抗战，成为中国驻印军独立战车营第 1 连连长，后升为某战车营副营长、营长，所带领的部队缴获日军第 18 师团关防大印。中华人民共和国成立后，先后在湖南省航运管理局、宁乡县物资局等单位工作。现定居湖南省长沙市。

采访手记：对韩德明的采访，我们一共进行了两次，分别在长沙市老人的两个不同住所。第一次采访的时候，老人是跟着他的女儿住在友谊商店对面一栋商住两用的高楼里，我们的采访是在楼下花园里进行的；第二次采访时，老人已经搬到了湖南省作协的宿舍里。在采访之前，我们想买点礼

物送给老人，于是征求他女儿的意见。她告诉我们，老人仍然保留在印度时的早餐习惯：喝牛奶，吃面包。

韩德明已经94岁高龄了，须发雪白，让人觉得可亲可敬。回忆起自己的戎马岁月，思维清晰的韩德明老人给我们讲起了他与恩师宋希濂的故事、抢炮的故事以及最值得骄傲的缴获日军第18师团关防大印的故事等。老人说自己人生轨迹的转变源于一名鼎鼎大名的人物——宋希濂，因为喜欢踢球这一共同的爱好，他们有了交集，自己的思想也受宋希濂的影响转变成了“好铁才打钉，好男才当兵”，也才有了后面的军旅生涯。直到如今，老人对宋希濂依然是满怀感激之情。

“好铁才打钉，好男才当兵”

我出生的那个年代是军阀统治时期，普通人对于当兵的印象就是他们都直接要钱啊、田啊，所以我们当地人瞧不起当兵的，认为“好铁不打钉，好男不当兵”。

1935年，当时南京、杭州、上海到处闹抗日学潮。蒋介石这个人有他那一套，因为这个事他把宋希濂调在我们那里当总队长，让我们这些高中以上的学生集中军训。蒋介石呢，我们不叫他“蒋介石”，我们叫他“蒋盖世”。宋希濂是湖南的名将，黄埔军校第一期学生，那个时候他名义上是少将，实际上是中将。

我们的集训地点是在苏州，那里有个“老五专”，里面是高中生，还有一个“老六专”，就是大学生了。我们的大队长是宋希濂部队的一个营长，36岁左右，我们的排长是刚从黄埔军校第十期毕业的。

从上海坐火车到苏州“老五专”，有一二十里路。宋希濂他一个师长，“两个花”的中将，穿的是硬筒马靴，跟着我们一起走路，这一点让我们感到非常惊奇。我们走一走就要坐下来休息，学生嘛，刚开始适应不了。但他不休息，他就在我们同学面前转，我们坐在那里吃饭，他就拿个饭碗对着我们一边走着吃，一边对我们说：“小同学，你把你的鞋子脱下来，把袜子脱下来，用你的手掌摸你的脚掌。有一句俗话我们讲：病从脚起，生病从脚底开始；祸从口出，闯祸了，就从嘴巴出来的。”宋希濂对我们的影响特别大，他改变了我们之前的一些认识。所以那个时候，我们把之前的那句话改成“好铁才打钉，好男才当兵”。

宋希濂送我进军校

那时候，我在学校里打乒乓球、羽毛球等，其中排球、足球是我最喜欢的。我踢足球的时候守门，乒乓球我两个手都会打。宋希濂也喜欢踢球，我那天守球门，他离我大概十几码，他穿的马靴一脚踢下去，正好碰到我身上，把球弹出去了。他过来对我说：“小同学，那么近距离的球，你怎么把它打出去了。”我说：“是那球打在我胸口，我胸口还在痛，是我胸口弹出去的，我没那个力量打。”宋希濂就这样看中了我。

后来，宋希濂让我去报考黄埔军校，还派他的秘书发了两张 5 块的钱给我。那个时候大概是 7 月份，黄埔军校是 9 月份复试，还有几个月的时间。实际上那个时候我未满 17 岁，而黄埔军校要 20 岁以上才可以，而且要高中毕业以上的，我高中才读一个学期，第二个学期还没有读。我得以考上黄埔军校全靠宋希濂的那封亲笔信。

事情是这样的。我初试过了后，宋希濂让他的秘书把我送到黄埔军校，并带了一封信给他在黄埔军校的同学。那个时候，黄埔军校非常难进，你要去见教育处处长、军参谋长，那是不大容易的。我把通知就交给卫兵，卫兵交给卫兵司令，上面同意了才能去见，所以碰的就是运气了。我在传达室等了一段时间，碰到教育处处长徐权①。他对我说："韩德明，你在这干吗？"我先鞠个躬，然后说："徐队长，宋希濂要找同学。""你那个信呢？"我说："交给传达室了。"他说："去去去，你把它拿来。"我拿来宋希濂的亲笔信给他，上面写着"徐权仁兄"几个字，还有宋希濂的私章印。他就带我到宿舍，那个宿舍乱七八糟，因为他们正在放假休息，3 个月以后就要下部队的。他让我把衣服全部脱掉，换了一套他的军服。

徐权这个人长沙人大多晓得，是个名将。他原来是负责湘西的军队，因为张治中是军校的校长，徐权跟他是老上下级关系，就被调到长沙来。后来的"文夕大火"，其实是不能赖徐权的。那时候有种"恐日病"，怕日本，是根深蒂固的。当时，日本占领了岳阳，先头部队到了新墙河，新墙河离长沙只有 100 多公里，长沙城内守军误听成了长沙城郊的新河，就一把大火把城烧了，叫"文夕大火"。实际上我们的军队还在云溪，有 12 万多国民党部队，我还看到山上方向火光冲天。

---

① 徐权（1892—1938），安徽宣城人，保定陆军军官学校毕业。曾任黄埔军校教育处处长、军校高教班主任、湖南省保安处处长等职，后因长沙"文夕大火"被革职。

后来，眼看还有两个月就要到复试时间了，徐权作为我们第十三期招生委的主委跑去找招生办公室的负责人，让他们把黄埔军校考试的卷子给他，然后又交给我，让我回去好好看看。后来复试的时候，我想老老实实地全部写下来不太好，有些题目我就故意写错，反正我能考上就行了。所以讲句良心话，我考黄埔军校完全靠运气。

没听宋希濂的，选择了炮科

后来要分科考试了，有步兵、骑兵、炮兵、工兵、交通兵、辎重兵等几科可以报。我写一封信给宋希濂，直接称呼他为老师，我问他现在马上要分科了，我应该进哪一科？他写了一封回信，按照他的意思是要我选步科，因为步科有个好处，提升得快。而我觉得那个时候，全国都没有几个炮兵，而步兵满天都是。所以分科考试的时候，我还是选择了炮科。而且我是在嘉兴的教会学校学习过的，数理化比较好，所以一下子就考到了炮科。

我们炮兵的总队长叫王认曲①，湖南人，总队副叫陈采夫②，湖南人，是个共产党员，这是后来我们才知道的。我们炮科有 300 来人，名义上是炮兵大队，实际上就是炮兵

① 王认曲（1902—1966），湖南临澧人，原名王应澍（王应树）。先后毕业于黄埔军校第一期、日本千叶陆军步兵学校、日本陆军士官学校将校班。1937 年 11 月，调任黄埔军校第十三期第一总队少将总队长，率军校职学员迁成都。

② 陈采夫（1905—1958），湖南临澧人。1925 年 1 月下旬，考入黄埔军校第三期步兵科，并加入中国共产党。1937—1941 年期间，先后任黄埔军校第十三期总队副、第 88 师旅长、第 87 师参谋长等职。1942 年，以少将副师长军衔随中国远征军入缅作战，在司令部任美国顾问组少将组长，负责训练中国远征军。

队。那个时候炮都是从国外进口的，我们国内没办法生产。汉阳有个兵工厂，只会造步枪。我们用的“中正式”步枪，在那个时候是非常落后的。

随军校内迁

“七七”事变爆发后，接着就是“八一三”淞沪抗战，就是宋希濂他们打的。8 月 14 号，日本开始轰炸南京，我们就在中山陵躲警报。躲了一天以后，晚上回来，上面一个命令，让我们黄埔军校内迁。内迁的学生总共有第十一期的 2 个总队，第十二期的 1 个总队，我们第十三期有 1 个总队、4 个中队，还有 1 个在杭州的高志航空军大队①。

我们步行到芜湖，然后转九江，准备上庐山。那个时候的庐山上面是将校班的所在地。我们炮兵有骡马、炮，上山下山损失太大。在附近有个地方叫归宗寺，那边都是乡镇，我们就在归宗寺留下来。然后我们从庐山坐船到武昌，辗转到长沙，从长沙再到益阳、常德，沿湘西公路一直到四川的铜梁。我们是在那里毕业的，而第十一期是在庐山毕业，第十二期是在汉口毕业的。可以说，从武汉开始我们第十三期期就是老大哥了，我们带着从上海、杭州那里退下来的知识青年几千人到四川。

---

① 高志航空军大队即空军第四大队。高志航（1907—1937），原名高铭久，吉林通化人。1920 年，考入东北陆军军官教育班，后到法国学习两年飞机驾驶，历任东北航空处少校驾驶员、空军中尉分队长等职。1934 年春，晋升为空军驱逐机上校司令兼空军第四大队大队长，辖第 21、第 22、第 23 中队，后在淞沪战场上对敌空战中取得卓越战功。1937 年 10 月，在周家口机场驻防时，因机场警报不灵，遭日军轰炸机偷袭，壮烈牺牲。

“矮寨”[①] 不矮

我们从湘西到四川，全部实弹，每个人身上有60发子弹。因为湘西那个地方是个匪区，土匪闹得很厉害。我们队伍里有两个人跟土匪有一点关系，其中有一个是我们的总队副陈采夫。我们的总队长那个时候坐轿子，而他不坐轿子，跟着我们步行，他总是打前站，带一个突击排走前面。

在矮寨的时候，我们一个打前站的步兵大队的同学，骑车子打前站，结果车子丢在马路上，摔下去了。我们就在矮寨停下来，找我们那个同学。咋找啊！掉在那个深山底下，就剩胳膊、脑壳了。我们钉一张大字报：“矮寨”不矮。因为我们从矮寨的山下到矮寨的顶上要走24个小时，步行、爬山，走那个S型马路，很艰苦。

紧张得让人受不了

入伍后的9个月，紧张得让人受不了。我们早上4点起床，首先要把内务搞好，整理床铺。每个人有一个夹板，把被褥铺好，把毯子摆好，然后夹起来，把枕头放好，紧张得不得了。到10点钟的样子，大概有一二十分钟的休息时间。

---

① 矮寨，位于现在湖南湘西土家族苗族自治州首府吉首市西20公里，湘川公路从寨中穿过。著名的湘川公路奇观的起点就是这里。公路奇观始建于1933年，至1936年9月9日全线竣工，是当时华中通往重庆的唯一通道。两年后，由于国民党政府在抗日战场上的节节败退，这条公路成了当时迁都的必经路线之一，由蒋介石亲自抓湘川公路的选线和修建。公路全长近7公里，原地相对落差600多米，共有18个180度的转拐。汽车在山顶能看到下面的矮寨镇，房子似火柴盒般大，“矮寨”因此而得名。

学校里有消费合作社，到这个点我们就去消费合作社抢购包子、馒头之类。中午12点吃饭，两荤两素一汤，8个人一起，饭管够，菜就这么些。晚上有两个小时温习功课，9点开始睡觉。

我们那个时候比较正规一点，服装一人两套，包括两套衬衣、两双鞋子，发的是布草鞋和布袜子。衣服上的肩章刚开始是当兵的那种，一颗、两颗、三颗星，后来就是“军校学生”的那种，两个圆牌，蓝底白字的章。衣服上有五颗扣子，第一颗扣子是总理的像，到后来就改成了蒋介石的像。冬天是那种蓝颜色、棉质的衣服。条件还是比较好的。

讲完话后，汪精卫就组织了伪政府

我们在入伍生阶段，礼拜天不放假，一直到分科后我们才有礼拜天。我们到毕业班的时候，可以放多一天假，礼拜六下午和礼拜天一天，我们没事就到璧山去玩。当时在军校，每个星期一是总理纪念周，也就是“国父纪念周”，因为我们不喊总理，喊“国父”，喊宋庆龄“国母”。

我们毕业的时候，汪精卫过来给我们举行毕业典礼。有两句话我现在还记得，他说：“中国学生，日本鬼子，我们10个中国人不用枪炮，抱也要把他抱死。”结果他在那里中午讲完走了以后，就组织了伪政府。所以我们那个同学录上面，还是张治中的像，是花了20块钱印的。原来打算在香港商务印书馆印，后来转在重庆印的，但因我们打仗去了，都没有拿到。我们毕业的时候每个人有60块钱置装费，因为要下部队当官了，需要换些装备。印同学录的钱就是从里面出的，60块钱在那时还是比较多的。

毕业的时候，我们每个人都有一把佩剑，武装带上面就有设备用来挂它的。佩剑上面没有名字，就刻黄埔军校的名称，也没有开刃，需要的时候再开，平时带在身上装饰用的，根本不能打仗，战败的时候倒是可以用来自杀。

运气好，我摸了个连副

我们从黄埔军校毕业的时候，正好是武汉保卫战。我们就集结队列，分配在重庆的第5师①，负责警卫陪都重庆的任务。我们炮兵大队有3个人分配到第5师的炮兵连，当时连里有3个空缺，一个连副、一个排长、一个带队队长，至于谁当哪个，我们三个人都不知道怎么处理。这时副委员长冯玉祥督训军队正好碰到我们，他说："你知道我是谁吗？冯玉祥就是我，我就是冯玉祥，你们过去在学校里学的那一套，那是纸上谈兵，统统退掉，哪个当连副，哪个当排长，你们三个抬来抬去不像话。唉，刘连长，你拿3个一样的字，贴上一个连副，贴上一个排长，贴上一个队长，搓成3个纸团，你们统统向后转，把3个纸团丢了过去，你们摸，摸到什么就是什么。"我运气比较好，摸了个连副，甘岳翔当了排长，另一个当了带队队长，我就这样开始升起来的。

成立新编第5师的时候，我们原来的装备全部留在重庆，可以说是赤手空拳坐船到宜昌，临时发了一些步枪、机

① 1936年2月，第5师在重庆扩编为两旅四团制，开始长驻重庆，担负警备任务。1938年5月，为策应武汉会战，出川抗战，驻扎湖南岳阳。后遭日军突袭，该师为日军击溃，撤到重庆整编。同年9月，该师番号撤销，残部并入第96师和新编第23师，师长盛逢尧调任新编第23师师长。1938年11月，恢复第5师番号，并于1939年4月正式成立，刘采廷任师长。

关枪之类的。在那里，我们等师长盛逢尧①去领武器来装备我们，结果碰上武汉大轰炸，一船装备在武昌被炸沉，师长盛逢尧失踪②。没办法了，就由第15旅旅长张镜远③兼任代师长，他是从日本留学回来的。他把师部留在了岳阳，师部有补充团、医院等，有几千人。

我们驻守在岳阳的云溪火车站附近，那个时候的云溪不是现在这样子，那个时候的云溪很小。那个时候保卫武汉有12万军队，有四川过来的，也有贵州过来的，宋希濂负责统一指挥。我们等于是武汉的第二梯队。

抢炮有功，成了中尉连副

在一次战斗中，我们听到步兵进攻方向的炮声，“砰砰、砰砰”。我们一听就晓得，这是零距离的时候，说明我们的步兵部队已经到达敌人的炮兵阵地附近，他们不能打抛物线，就只能“砰砰、砰砰”这么打。我就选了40名突击队员，都是老兵，后又加派20个人由我指挥前去抢炮。抢到

---

① 盛逢尧（1897—1951），江西武宁人。云南讲武堂韶关分校第二期毕业，后又转入云南陆军讲武堂第十五期步科学习两年。1933年9月，任第5师第30团团长；1935年，任独立第36旅旅长；1936年，任第5师少将副师长；1938年3月13日至1938年11月18日，出任师长；1938年9月第5师番号撤销后，任新编第23师师长。

② 据黄礼霖、张来福著《抗日赣军将领盛逢尧生平略考》中称：“抗战时期，盛逢尧亲率部队在一线，与制造南京大屠杀的日军数支所谓甲等精锐师团浴血死拼作战七年，迭挫强敌，鲜有败绩，打得日军惶恐不安、高度戒备……缴获日军文件云：‘如遇新23师（盛逢尧部），作战不可轻敌。’”

③ 张镜远（1907—1938），安徽含山人。1922年，考入冯玉祥在张家口创办的陆军干部学校。1924年，被选送日本士官学校学习。1938年11月，以第36军第5师第15旅少将旅长衔，代理第5师师长。同月27日，在湖南岳阳北城陵矶一带作战中牺牲。

后发现只有3门炮，本来一个日本的炮兵连应该有4门炮的。我们首长对我说："韩连副，你把这3门炮拖回去，向营部报功。"

我们就拿这3门炮走小路向第12兵团总部报功。我们拉那个炮走小路是拖不动的，炮闩一个人都抬不动，要两个人挑，那怎么走小路呢？结果想了一个办法，把炮闩的撞针拿出来。我们有60个人，分成6个组，3个瞄准镜一人拿一个，炮闩里面的撞针一人拿一个。后来就当这个是战利品上交了，我们炮兵没有用。因为那个时候自己的东西都搞不定，炮全部丢到步兵科了，这些炮也没用了，因为炮闩装针拿走了。

我们到了军团总部的时候，首长听到我们在外面这么闹腾，就出来对我说："你是连副韩德明？"我说："是！我是！我是十三期炮科刚毕业的！""好，我回去就打报告，从今天起，破格提升中尉。"所以，我这个少尉升中尉本来是要三年的，这下几十天破格提升中尉，成了中尉连副。

进入机械化学校学习

武汉会战结束以后，我们的参谋长特别喜欢我，因为我会写、会绘图。这时，在柳州的机械化学校的机械化军官战时训练班第二期开始招生，要符合3个条件①：第一个是过去院校毕业的；第二个是年龄在20岁以下；第三个是参加过实战的。参谋长就把我选中去开坦克。我们这个学校是第38集团军下辖机构，集团司令是徐庭瑶。

昆仑关会战的时候，杜聿明第5军开始打昆仑关。因为

① 韩德明在一次口述采访中对此表述为："要求符合4个条件：在中央军事院校毕业；中尉至上尉的军衔；25岁以下；有实战经验。"

第5军是机械化军队，要配置比较好的部队，就把荣誉1师带进去了，加上第200师、新编第22师，共有3个师打昆仑关。郑洞国是荣誉1师师长，他跟杜聿明都是黄埔军校第一期的，但他的资历比杜聿明老，黄埔军校第一个当军长的就是郑洞国。

在这期间，我被第38集团军总司令徐庭瑶看中，调到司令部当联络参谋。所以，我对第5军的杜聿明、郑洞国以及几个师长、团长，熟得很，因为我是总司令的联络参谋，代表总司令上传下达。

在印度战车营，身兼三职

后来，英国在印度设立了一个机械化学校，开设战车训练班，准备帮助中国训练机械化人才。我又一次被选中，作为领队带领被选人员送往印度。那时候到印度去很困难，要在曲靖等飞机。

战车营经过约5个月的训练后，开始进入战备状态。我们把武器留在兰姆伽，穿着便衣到加尔各答。加尔各答有个军港，在这里我们等了几个月，接收了全新的美式坦克等武器装备。他们在缅北野人山附近的新平洋隐蔽起来休整，有两个多月的时间。

那个地方是不见天日的深山，我们在那里过得相当的苦。没有水喝，池塘的水又不能喝，饭没有一下可以，水不喝不行，我们就把屋里的尿留着喝。睡觉是最大的问题，到处是蚂蝗，半夜起来一抓一大把，现在想起那里的蚂蝗都怕。蚂蝗打不死，你把它打成两截，它就变成两条，把它打成四截，它就变成四条。为了避开这些东西，战士们只好在树上搭起吊床睡觉，经常发生战士从树上掉下来的事故。

在战车营，我最开始是连长，后来是副营长。因为之前的副营长负伤去医院了，那个时候坦克部队没有人补充的，我又是黄埔军校毕业的，就接任了副营长。我们营长是湖南人，后来美国人对他有意见，就把他送走了，我就兼营长、副营长、连长3种身份了。

缴获坂桓的关防大印

有一次，我们准备进攻缅甸孟关日军第18师团的据点，进攻任务主要由孙立人的新编第38师和廖耀湘的新编第22师担任，我们战车第1营则担任突破敌人阵地的任务。在4点钟的时候，史迪威就把我们喊起来，说："今天你们参战，车子一开出去，那个枪炮开关按下去以后就不要关了。"一般来说，我们一个枪炮会维持8个小时，其实一直开着可以维持10个小时以上。

在我们进攻的同时，美国有个第10航空队，一天到晚轰炸敌人阵地。他们还负责投放补给给我们，可那个地方是森林，哪里搞得到。日本鬼子那个时候是汽车、摩托车等比较多，他们的坦克也不行。他们一打不赢就往深山老林跑，留下了一些东西，我们一看里面有个关防大印，知道是敌人的司令部，马上再去进攻的时候，坂桓他们已经不在了。这个事情你只能说消息太不够灵通，要不然坂桓中将、田中新一少将参谋长，这两个人不是被打死就是被活捉。在战斗中，我们牺牲了13名同志①，都是高中以上学历。

---

① 韩德明在一次口述采访中称：这13人都是由于经验不足牺牲的，其中8人是没将周围敌人清除干净就出来接坦克履带时牺牲的，还有一辆坦克掉到了孟关河中，死了5人。

“争印”之后，参加芷江受降

当我们一个姓徐的通讯组组长[①]一边挥舞着关防大印一边找我时，营长赵振宇一把抓住他，说：“交给营部！交给营部！”他当然不干，说道：“那不行，连长派我去的，我要交给连长。”两个就争起来，我在营部心想发生了什么事情，一看是为这个大印，我就一把抓住大印。副营长叫赵子华，黄埔军校第十期的，我们篮球队的队长，他一把抓住大印说：“韩德明，你想造反啦?！走!”他就这样拿走了。但是在上交之前，我找了一堆白纸，狠狠地盖了几十个印章留念。我的同学，回国的时候都抢着要，我后来只留了一个。

我们是从中印公路回国的。中印公路原来叫史迪威公路，因为总指挥是美国人史迪威。他是个中国通，讲一口清晰的普通话，是盟军中国战区总参谋长、中国驻印军的总指挥、东南亚盟军的副总指挥。后来史迪威跟蒋介石闹翻了，因为他跟蒋介石执行命令不一样，想把装备既要武装共产党，又要武装国民党。蒋介石给了他挂一道牌子——“不受欢迎的人”。

日本人投降的时候，我在芷江。受降式上有三排人，我在第三排最后第三个，可惜当时拍的照片我没留下来。

---

① 韩德明在另外两次口述采访中，一次说通讯组组长为岳杰士，另外一次则换成了通讯组士兵“小刘”。

西保战斗中，获得战斗生涯最大的褒奖

采访者：李岚、白廷兵

整理者：白廷兵

采访时间：2013 年 5 月

采访地点：北京市

讲述者简介：尤广才，1919 年 9 月 3 日出生，山东峄县人。1938 年 4 月，考入武汉的中央战时工作干部培训团一团，后编入黄埔军校第十六期第十九总队独立军事大队。1940 年毕业后，留战干团任区队长。1941 年，分配到第 54 军任特务营的排长，次年升任第 50 师师部特务连连长。1944 年 4 月，调赴印缅战场任中国驻印军新编第 1 军第 50 师的特务连连长，参加密支那、西保战斗等。1948 年 11 月，在辽沈战役中主动投诚。

采访手记：尤广才是山东人，曾在山东枣庄一所中学做英语教师，在他 70 岁那年，才被破格转正成公办教师。退休后，老人来到北京的女儿家里。谈起自己之所以能去当英语教师的时候，老人充满了自豪感，时不时地还会跟我们说些英语单词，他说《环球杂志》《二十一世纪》等英文杂志和报纸自己都能看懂。老人的英语功底源自他在中国远征军的时候与美军的交流结果，产生兴趣后又坚持跟电台自学，用老人自己的话说："我的奋斗精神比较强。"

对于自己参加中国远征军的历史，尤广才在讲述时眼里始终泛着泪花，言语神情里面依然是充满了自豪。在西保战斗中，老人获得了战斗生涯最大的褒奖——在一份《驻印军第50师缅北战役战斗详报》中的《陆军第五十师缅甸西保战役有功官兵勋绩表》上有他的名字。

对于自己的人生经历，尤广才著述了一本书叫《血鉴：一个远征军抗战老兵的回忆录》。书中的一些细节，与我们这次口述采访记述下来的内容有些出入，也许这就是人的记忆（尤其是老人的回忆）每天都会不同的缘故吧。

加入战干一团

我出生在台儿庄，10岁时搬到峄县，现在改成峄城了，离台儿庄60里路。1938年4月，日本人攻陷台儿庄，当时我在图书馆工作。作为爱国青年不愿做亡国奴，我就跑到农村去了，待了大约两个月。之后，我认为情况很坏，就又逃出去了。这时正值徐州会战，国民党撤退了，我到徐州附近是很危险的事情。到徐州时看到日本人正在打炮，我很害怕，到晚上就跟部队撤退了。在潢川那里有个收留青年的地方，是第五战区司令李宗仁创办的，叫“抗敌青年团”①，后来并归到武汉的中央战时工作干部培训团一团②（简称“战干一团”）去了。

我大概是五六月份到了武昌，编到战干一团第3总队，和我在一起有多少人记不清了。按照军事编制，我们一个总队相当于一个团，一个大队相当于一个营，有四五百人，一个大队有3个中队。抗战时期，大家不能集中，都是一个队住一个地方，我们是住在武昌师范学院③。

国民党抓青年教育还是很卖力的

我们开始是入伍训练，过后就是分科，有政工科、谍报科、政训课、民运科等。战干一团收容青年的情况比较复杂，最高的有个留日班，是留学日本回来的。还有个女生大队，是做政训工作的，也是一期一期办的。她们到了四川以后住在綦江，重庆南边的一个地方，好像是办了3期，之后是反共高潮，毕业就分到第一线去了。

我们的教育长是桂永清，他经常来讲话。团长蒋介石也

① 在尤广才所著的《血鉴：一个远征军抗战老兵的回忆录》中名为“潢川青年干部训练团”。而据曾参加第五战区抗敌青年军团的宗天颖在《黄埔》（2007年第2期）中所言，应为“第五战区抗敌青年军团”。此团于1937年10月，由第五战区司令长官李宗仁在徐州成立。1938年1月，全团离开徐州，开往河南潢川县城。

② 按照宗天颖所述：武汉成立“战时工作干部训练团”后，改称为“军委会战时工作干部训练团第二团”。

③ 并无武昌师范学院这样一所学校。疑为下面两所学校中一所：其中之一为1913年成立的国立武昌高等师范学校（1928年并入国立武汉大学）；另外一所是1946年复迁武昌的湖北省立武昌师范学校（源自1906年张之洞创办的两湖总师范学堂）。

来过，副团长陈诚每周都来。我们听蒋介石讲话是在武昌，讲的都是些固有“八德”，如忠孝礼义信和平、中国的传统文化等。国民党抓青年教育还是很卖力的。

报名参加军事大队

我们从武昌蛇山坐轮渡到汉阳，沿着长江到沙市，过江到澧县这个地方，在常德的桃源安定下来。训练分科以后，我怀着杀敌报国的志愿，报名参加了军事大队，编到第三总队。我们军事科是固定的，每个总队都有，其他主要是政训课。我们军事科目分大教程、小教程，其中小教程包括《步兵操典》《射击教范》《阵中勤务令》，学习军事训练、军事动作。军事科目我了解，政训科目要学习“总理遗教”“三民主义”等。有中队住一块的，就设一个总理纪念馆，进行政治训练学习。

我们的军事教练分两种，其中一种是制式教练，在操场上教我们立正、稍息、齐步走、正步走；另外一种就是教我们野外演习，攻防演练，一个星期有两三次。主要是学习战斗动作，都是实战攻击，实际上怎么打就怎么来。演习分班演习、排演习、连演习。班排连战斗，基本上是以班为单位的战斗，分三种队形进行，演习攻击时间多。个人练习有个人卧倒、匍匐前进等。我见过团的演习，规模比较大，但次数很少。

到四川，并入黄埔军校序列

武汉会战时，我们开始往四川迁移。这个过程是很艰苦的，人疲劳了还要走，队长催促说敌人在后面追上来了。

他还用望梅止渴的方法，说到前面的村庄休息，结果到了后还要走，走得差不多快天亮了才停下来。到四川后，我的脚都起泡了，北方人穿不惯草鞋，脚磨破了就很难好起来的。

1939 年年底毕业时，我们军事大队并入中央陆军军官学校第二分校第十六期第十九总队独立军事大队，因此我成为了黄埔军校第十六期毕业生。我们有毕业证书，但没有保存下来，也有佩剑，上面写着“成功成仁”。我还有一把手枪，后来都交给派出所了，就剩了一张照片，是晏欢[1]保存的。这张照片很有纪念性，是 1948 年我在沈阳结婚时留下的，当时我送给了他外公潘裕昆将军从而留了下来。

我们毕业就直接分到前线去了，到军队直接当排长。当时正值长沙会战，我有很多同学分到那边后被打死了。不打仗的正常情况下，我们到部队先是见习排长，然后升少尉排长、中尉排长、上尉连长。我那个时候成绩不错，就留团当区队长，相当于做排长的工作。战干团办了 3 期后开始掀起反共高潮，就办不下去了，桂永清也被弹劾，后到德国去了。

随第 50 师到印度

1941 年春，经熟人介绍，我被分配到滇南第 54 军，黄维的部队。当时黄维住在文山的古木，我在他部队的特务营当排长，充当军部警卫任务，直属军部。我们营长是王大中，对我挺不错的，后来他调到第 50 师当副团长去了，就

---

① 晏欢，抗日名将、中国远征军第 50 师师长潘裕昆的外孙，中国远征军历史研究专家。

把我也调过去在特务连当上尉连长。我们师长是杨文泉[①]，师部是在云南的芷村。

日本人占领了越南后准备进攻中国，防御日本的是关麟征集团军的第53军和第54军。日本人占领缅甸后，第54军调到昆明，我们第50师住在祥云，接受美国的训练。那个时候美国已经参与进来了，中美合作是在史迪威的撮合下成立的，他是中国战区参谋长。我们的武器装备他们已经预备好了，还有一个训练团专门训练中国的军官。我们新发的武器有火箭筒、六〇式炮、战防枪、三〇式步枪。那个时候我最喜欢六〇式炮了，还把火箭筒扛在肩上用过。

1944年4月，第54军的第50师和第14师[②]通过“驼峰航线”空运调到印度，用的是美国从印度运物资到昆明的飞机。当时有个租借法案，英国提供食品、武装，美国提供武器。我们的武器来印度之前先更换了一部分，下了飞机后又增加一部分，服装到印度全换了。

美国的后勤装备很有科学性

出国的时候，国内还发了一些东西，包括新毛毯等，到了印度都烧掉了，换成了中国远征军草绿色的服装。然后就

---

① 应为杨文璟。杨文璟（1905—1973），四川江安人，毕业于黄埔军校第二期辎重兵科。曾任蒋介石的侍从参谋，抗战全面爆发后，参加淞沪会战、武汉会战、粤北会战等战役。1940年2月3日，升任第54军第50师少将师长（副师长潘裕昆），下辖3个团。

② 第14师前身为建国粤军第2师第4旅和独立第16团，于1925年11月在广东大埔改编而成，辖3个团。抗战全面爆发后，参加淞沪会战、武汉会战等。1944年4月，被空运到印度换装美械，参加反攻缅甸的诸多战役，抗战胜利后进驻南京参加受降仪式。1939年7月5日至1944年5月1日，第14师师长为阙汉骞。

是洗澡，打防疫针，换上军服，开到森林里一个也不知什么名字的，没有人烟的地方扎营。美国的后勤装备很有科学性，安排非常周密。我们搭了帐篷住下来后，我碰到过一个美军上校，他是师部联络官，后来当了美国国务卿①。

我们刚到印度感觉太不习惯，主要是吃饭不习惯，穿衣服倒是无所谓。印度那个饭没有青菜吃，发的牛肉罐头，吃久了不习惯。大米也不好吃，挖野菜也没有，在丛林中做饭用行军锅。我们在森林里面的补给主要靠空投，对于战争的胜利，美国空投是很重要的，马歇尔说是战争奇迹，2.5 万人靠空投供给。

那里到处都是森林，在里面打仗是最痛苦的。美国冲锋枪的效果就好了，过去我们没有的，近距离发现敌人好用。到印度以后，连里配有步声机，背在身上，走在前线可以直接跟后方通话，前线情况后面立刻就知道了。不过那个东西很笨重，中国人不大会使用，后来基本闲置了。

“驼峰航线”从昆明到雷多这条线是很艰难的，高寒缺氧。受敌人炮弹轰击限制，开始时运输量很小。史迪威计划打下密支那，以使空运物资变得多些。奇袭密支那共有 3 支部队：美军一个团、新编第 33 师第 88 团、第 50 师第 150 团。密支那面积很大，他们是从不同方向进攻的，有攻打城区的，有攻打机场的。我们第 150 团的任务就是攻击机场，在团长黄春诚的带领下立了很大的功。占领密支那机场的下午，美国空运技术大队就来修建机场，还把第 89 团运过来。他们用滑翔机托运物资，把机场修理好，这样后方就有支援了，可以说没有机械化还真不行。

① 尤广才所说的应该是第 54 任美国国务卿戴维·迪安·腊斯克。他曾担任史迪威将军的中国驻印军总部的副参谋长，主管情报工作。

史迪威起用中国军官

攻下机场后，日本发觉了，开始巩固城区防御。他们从后方又调了一些援军，我们再进入城区就不容易了。第二天，第50师进攻火车站遇到顽强抵抗，我们第2营营长郭文轩，还有我认识的两个黄埔军校第十六期的同学被打死了。就这样，我们在进攻市区的时候僵持住了，日本人誓与密支那共存亡。

史迪威是不喜欢中国高级军官的，包括郑洞国。不过新22师和新编第38师是经过他们训练的，还是要依赖孙立人和廖耀湘，他们立功很多。史迪威这个人还是很不错的，对中国战争的胜利帮助很大。当初的史迪威计划，英国人都不怎么赞同，中国接受了，也成功了，所以说世界反法西斯战争是整体的。

战斗打了40多天，史迪威更换了3个美军指挥官①，才开始起用中国军官，如郑洞国、潘裕昆等，中国军官开始直接指挥自己的部队。攻到边缘的时候，又打了一个多月，一直到8月2号，潘裕昆组织了敢死队，直捣日军的司令部，立了很大的功。

这是对我战斗生涯最大的褒奖

我们特务连有一百四五十人，装备精良，负责警卫师部。打下密支那以后，我向潘裕昆说，连里的士兵都想打

---

① 在尤广才所著的《血鉴：一个远征军抗战老兵的回忆录》中说是先后撤换4名美军准将。

仗，他很高兴，说下次让我们去。第二期反攻的时候，英军第36师和我们第50师配属中路，新编第1军新编第38师和第30师在东路，西路是英军从尼泊尔反攻①。1945年3月8日，日本撤退到西保②停下来了，我的连配属在第149团第2营，准备打这最后一战。

在战争的后期，制空权是由驻印军掌握着的。驻印军装备精良，有山炮营、榴弹炮营，日本人是抵抗不住的。在西保战役之前，利用空中照相，西保那个地方的每一棵树都看得清楚。现在的信息化战争更不得了，武器也很重要。

战争从拂晓打到中午，我的连还没打进去，我就带着号兵和传令兵到前线督战。敌人发现了我们，就把号兵打死了，本来是要打我的。在我们阵前大约有一个中队，相当于一个连的敌兵，敌人的情况我们摸得不是很清楚，反正抵抗是很大。

战争打了一天就结束了。战斗中，我带领两个排的士兵跟敌人拼刺刀，敌人没办法就放弃阵地逃跑了，我们一直追到伊洛瓦底江边。我这里有战绩表，是晏欢查到给我的，原件保存在南京第二历史档案馆，上面写着："忠勇果敢，指挥从容，行动坚决，于3月16日攻破敌坚固阵地，一举追敌至数英里，使敌不遑而抵抗。"这是对我战斗生涯最大的褒奖。

我现在身上还有当时留下的伤疤，不过不是在西保战斗中负伤的，而是在战斗结束后。我们就地模拟演习，有个士

① 在尤广才所著的《血鉴：一个远征军抗战老兵的回忆录》中记述为：英军第36师为右纵队，新编第6军为中央纵队，新编第1军为左纵队。

② 西保，也称"昔卜"，位于中国云南边境小镇畹町西南直线距离188公里，是仰光连接腊戍的铁路和公路的必经之地。1945年3月，中国远征军在畹町会师后，第50师从南渡直插西保，在这里击败日军。

兵踩到地雷，有几个士兵被炸死了，我被炸伤了。住了一个多月医院后，我回到腊戍，就开始准备回国了。

参加广州受降仪式

后来，我跟随部队去广州接收日本投降，待了好几个月。我当时住在广州的郊区，经常骑自行车在市区闲逛。这时不打仗了，军心有点松散，走走活动活动还是可以的。我是特务连连长，经常接触一些人，我记得还有一个人给我介绍对象。回国后很多人结婚了，认为天下太平了。

那个时候国共在重庆谈判，听说我们有希望去日本当占领军的，结果谈判破裂。在 1946 年的二三月间，我们就从九龙开到东北秦皇岛了。在广州受降时，总司令张发奎是准备接收香港的，结果被内战耽误了，英国提前占领香港。

我跟师长潘裕昆关系挺好的，之前在部队的时候交往不多，到广州参加受降仪式后交往就多了。潘裕昆想培养我，把我调到第 150 团当副营长，到东北后我先后当副营长、营长、团副等。

自学英语成为人民教师

跟林彪打仗输掉以后，我当了 32 年的“历史反革命”。1980 年后政治环境改变，“历史反革命”的帽子摘掉了，我就开始在中学教英语。

我的英语学习在黄埔军校时就开始了，当时还学了点日本话，喊话投降之类的那种。正常来说，黄埔军校招生得高中毕业，要考外语、代数、几何、三角等，因为当炮兵的话这些都得会。但因为在抗战时期，像我这样初中水平的就降格进去了。

到缅甸以后，我经常跟美军联络官接触，学了几句口语，能跟外国人讲几句话，后来还跟一个翻译官学过林语堂的课本。回国后，我对英语还产生兴趣了，当“历史反革命”的时候就不敢学了。1980 年以后，我开始跟电台学，我的奋斗精神比较强，现在教材我都掌握了，大学教材也能看，《环球杂志》《二十一世纪》等我也看。我关心国际政治，自我感觉知识面还是挺广的。

我随新编第38师观摩八莫战场

采访者：李岚、白廷兵

整理者：白廷兵

采访时间：2013年5月

采访地点：辽宁省葫芦岛市

讲述者简介：张席珍，1924年3月21日出生，河北清苑人。抗战爆发后，曾在西北的军训部西北教育巡回班工作。1941年年底，考入黄埔军校第十八期第二总队第十二队炮科。1943年10月毕业后，留校任第二十期第一总队少尉教育班长。1944年，被分配到新编第1军新编第38师，任教导队少尉副区队长，后成为新编第1军军部教导总队区队长。回国后，调到新编第38师任见习参谋，曾在广州接收日军的投降。1946年10月，调到新编第38师师属炮兵营第3连，任中尉排长。辽沈战役后，参加中国人民解放军。

采访手记：我们去采访张席珍的时候，他正在葫芦岛市一个军队疗养院里疗养。这里的环境和条件都挺好，与其他的黄埔老人相比，那更是不可同日而语。老人的身体很硬朗，有老伴和女儿陪伴，思路清晰，也很健谈。老人的老伴是山东人，热情好客，在采访的时候热情招待我们。

张席珍从小就有出去闯荡闯荡的想法，后来跟着家乡的“能人”张金鳌去了西北，开始了他的军旅生涯。老人的讲述中精彩的内容很多，其中让我们最感兴趣的是他曾到广州黄埔岛上向日军递促降书。对于抗战开始后广州黄埔军校旧址的情况，已成为一段不为人所知的历史，也引起我们探究的兴趣。不过老人说自己没在那里受过训，所以也就没有关注当时军校里面的情况，只记得日本人利用里面的营房驻军了，其他建筑就没什么了。如此一来，对于抗战爆发以后广州黄埔军校旧址里发生的事情，我们又要继续去寻找其他的见证者了。

跟着张金鳌去了西北

我出生于1924年3月21日，籍贯是河北省清苑县，离保定市很近的一个地方。我从农村的高小毕业后，因为家里经济条件不许可，无法到县里的中学读书。但是受农村“学而优则仕”观念的影响，觉得学完在农村待着怪可惜的，就想出去闯荡闯荡。当时我在高小的老师李久德，也认为我是块可培养的材料，留在农村怪可惜的，就让我跟他的同学张金鳌去了西北。这个张金鳌是马鸿逵的手下，担任军法处少校科长，当时他回家探家，就把我带了出去。

我们坐火车到了包头，然后走路到宁夏银川，用了差不多一个月的时间。到了银川后不久，张金鳌就当了副县长兼警察局局长。于是，我被他安排在警察局里当书记，负责抄抄写写的工作。就这样，我白天抄抄写写，晚上就到夜校半工半读。

加入西北教育巡回班

“七七”事变爆发，河北家乡沦陷了，全国抗战的高潮起来了，我就有了从军打日本的想法。这个时候，国民党政府在银川设了一个军训部西北教育巡回班，巡回训练马鸿逵的部队干部。这个巡回班里全是军事上的教育人才，是从各个军事学校调来临时组成的。巡回班的主任是刘任，也是河北人，通过这层老乡的关系，我就去了他那里。之前就听说这个班巡回训练之后，将以此为基础成立军校，所以我也很乐意过去。去那边我当了一名准尉司书，在工兵科专门搞工兵教材，用铁笔在蜡纸上刻字印刷，印的都是百十来份的教材，教材的原版都是教官们带过来的。我们工兵科主任是个少将，也是河北人，他却不常在那边，平常事务由一名少校主任教官负责。

我们先是在宁夏训练马鸿逵的部队，然后到五原训练傅作义的基层部队，然后到西宁训练马步芳的部队，之后回到兰州。每个地方各一个月，再加上来回走，大约经过了八九个月的时间。巡回班结束后，就改成了西北步兵分校，设在临洮县，距离兰州百十来里路的地方。这个分校不招考地方学生，所招收的都是部队的班长、排长等基层军官。因为我不是军队内部的军官，就只能等军校正式招生时再说。我就留在步兵分校军需室当了少尉录事，还是抄抄写写的工作。

从兰州到成都预备入伍

1940年11月，黄埔军校到兰州招生，要求高中毕业才行。我的长官对我很好，给我做了一个假证，证明我是高中毕业生。开始我没有抱很大希望，突然接到初试录取通知，真是喜出望外。现在分析起来，我们这些热血青年都想为国家做点事情，蒋介石也想培养个人势力，来报名的就尽量接收。

初试录取后，我们有50个人左右从兰州经过东南部进入四川到成都，由一名教化学的教官带队，历时一个多月。军校在每个招生区都有一个校级军官担任主任，负责招生工作。在他们的带领下，第十八期第一总队的学生陆陆续续地来到成都集合。然后，我们换上衣服，剃了光头，开始了预备入伍阶段。在这个阶段主要是学习一些基本的军事常识，例如绑腿怎么打，帽子怎么戴，出操、站队、唱歌等规范操作。

两次复试后，编入第二总队

到了1941年三四月间，进行甄别考试，也就是复试。我因为没有达到高中毕业水平，所以就被淘汰下来了，但没有被开除，而是去入伍生团补习文化。当时军校的招生政策是只要你身体好，有考军校的愿望都尽量培养你。

到了入伍生团主要以学文化为主，军事科目为辅，按照军事化管理，大约学习了8个月。我们学习的科目有数学、物理、化学等。文化教官差不多是大学教授，教我们这些中学生是小菜一碟，不过遗憾的是他们的教学没有跟实际结合，没有按照短训速成的方法教学。虽然我们学了一年，但还是没有达到高中毕业的水平。

到了1941年年底，第十八期第二总队又到各地招生。我们入伍生团就直接参加复试环节，这样我就正式考取了军校。军校在西较场的门上有副对联——“升官发财请走别路，贪生怕死莫入此门”，而在北较场那边的校本部好像就没有这副对联，军校里面标语基本上也没有，因为那个时候我们基本都是借住在寺院之类的地方。我们在预备教育的时候，是驻扎在草堂寺，入伍生是在新都宝光寺，离成都百十来里路。这些寺院比较大，地方宽敞，用些竹子劈开后搭个棚就可以了，窗户都是三层的，楼也高。

就是培养你绝对服从

按规定，我们的学制是一年半，分三个阶段学习。在入伍生阶段就是把学生训练成军人，学的科目主要是步兵班的基础科目，例如出操、队列、野外测量等。在细节方面就是要求我们学会作为军人，衣服应该怎么穿，话应该怎么说，要有统一的标准。

那个时候蒋介石崇尚德日的军事管理，目的就是要培养你绝对服从。区队长讲话时问我们：“墙是黑的还是白的?”我们回答：“白的。”他说：“不是！是黑的！”我们就马上说是黑的，训练得跟傻子似的，就是要我们绝对服从。打骂教育也是司空见惯的事情，在入伍生这阶段是最紧张的，也是打骂最多的。有的时候不注意就要罚你，两腿半弯，双手举枪过头顶，长官不高兴的话就要一直站着，发抖都不行。在我的记忆里头，入伍生没有不挨过打的。不过我在入伍期间，没有受到太大的处分。在快毕业的时候，我们的教育班长问谁没有挨过打，我就出列，结果被打了三板子，算是补上的。

当时军校政治教育，比如“三民主义”“国父遗教”之类也有，不过上课基本是走形式，下面执行并不那么认真。“国父遗教”厚厚一本书，作为课外读物，上课就简单交代一下，每一周就一两次，至于国共两党怎么打起来的，都不讲，脑子里就是蒋介石的训令。

当初军校开学的时候，孙中山有个讲话，讲的是：为什么成立军校，以及为什么要建立革命军，有了革命军革命才有希望等等。我们在开学之前，教育长讲完当初为什么开办军校，我们听完就拉倒了，至于以后的北伐、“四一二”反革命政变等都不讲的，头脑里灌输的都是一个政党、一个主义之类的东西。

跟天安门护卫队一样的训练

入伍生阶段进行了 7 个半月，30 周左右。这个时间各个总队不一样，有的是半年，有的是 3 个月。我们这个队特别想让我们把基础阶段打好，所以时间就长了点。像我现在这样，坐有坐样，站有站样的，就是那个时候打下的基础。

我们训练的要求就跟天安门护卫队差不多，相当严格。比如手要摆到胸前的哪个地方，要并拢双腿，按照 75 厘米间隔的一道一道格子正步走，同学中有罗圈腿的要用绑腿纠正。要在夜晚端着枪练习跃进前行，利用敌人扣扳机的时间差去打他。

中午，我们有一个小时的休息时间，不过吃完饭后一般都会去练习单杠、木马。因为在课堂上教官就教一些要领，剩下的都是让我们利用业余时间去练习。要在规定的时间内完成，就只能自发地去利用中午时间去训练。区队长也想自己的队都能达到要求，他有时也会帮一下，做一些辅导。

重要的地形课

我们在入伍期间就把地形课学完了，这门科目各期各总队完成的时间不一样，比如第一总队就不是入伍期完成的，而是在分科后。我们的地形教官是江西人，口音很重，听他讲话非常困难，我们不想听就睡觉。第二任教官是河北人，中校，听起来就比较有兴趣。

学习这门科目时，需要一个是测手、一个是标杆手。标杆手负责放置标杆让你观测，高的地方就采用曲线形的方法，每个曲线按照比例计算，显示在地图上就是一个圈一个圈的。还会让你画地形图，制图要选点，用比例显示在地图上，连起来要表明村庄和路在哪里，这基本是属于军事要图的范畴。

我在最后测图的时候还受到了表扬。教官还是比较喜欢我，聚餐的时候叫我过去跟他在一起，算是特别待遇了。在毕业考试的时候就不考这个了，而是给你一个情况图，让你去分析判断敌人在哪个地方，有高地的时候路怎么进去，如何消灭敌人，是包抄还是直接进攻等等。

炮兵骑马，磨破了屁股

入伍阶段结束后，按照个人志愿、考试成绩和长官印象来作为标准进行分科，总共有步兵、工兵、骑兵、炮兵、辎重、通信等 6 科，驻扎地也从南较场搬到西较场了。我们总共是 3 个大队，上头是总队，下面每个大队有 4 个中队，总共是12个队，步兵分了6个队，炮兵和工兵各两个队，其他各一个队。我入的是第十二队炮科，总共有两个队，一个队不到150人，对身高没有特别的要求。

在我们炮兵里头，课程主要分为4个部分：操炮的负责怎么装、怎么打；驾驶的是学习驭术，就是如何用骡马；观测的要学会用炮对镜观测目标，要计算出数据；通信的要学会用炮兵本身的有线通信装备。这些我们都要学习掌握，因为毕业是当军官，要负责教自己的士兵。我那时最差的是驭术，一是胆小，二是从来没骑过马，部分同学骑过马的就比较顺手。我第一次骑马的时候吓坏了，不给你背马鞍，有人牵着马小跑，手背着，不能抱着马，身板挺着，用脚去控制马，屁股都磨破了，后来就慢慢学会了怎样骑马稳当。

一般来说，一个炮队有6匹马在前头拉着，3名驭手分驾驭两匹马。炮手在车的两侧各一个，炮后头还坐有3名炮手，总共就是5名炮手、3名驭手。炮手坐在钢板上，颠簸得很，不过年轻人也就无所谓了。等到你差不多学会了，就开始列队、变队形训练，这是为了巩固骑术的稳定性。

10发炮弹内消灭敌人

我们的正科教育用了一年多时间，那时我们所用的武器主要是德日的装备。学习的武器和射击知识基本也都通用，就是位置和型号的差别。这个时候的教育多半是专科性的，教育单位都是以区为单位，三四十人轮换训练，使每个学生学得炮兵的全部知识。

到一定阶段，基础的知识学得差不多了，就到成都附近的山区里进行演习，攻防作战之类的。这个不光是摆开架势，还锻炼你遇到情况时如何去解决，比如说前面有个目标看你如何去消灭掉。这种演习都是不放实弹的，因为炮弹贵。我们的射击也一定要准确，10 发炮弹就要消灭掉目标，要不就不及格。

之后，我们有两三个月左右的时间，学习军官教育。主要是如何指挥、管理部队，包括整队出发的口令如何下，怎样使队伍走出去整齐威武，如何埋锅做饭，照顾士兵。这些课程大部分还是讲解为主，不能完全给你做示范。

毕业考试的内容涉及我们所学的全部知识，加上一些政治上的知识，比如“总理遗教”等。考试是由中央军训部派人下来，跟学校的教员一起。题目是上面统一商定的，有一个原则是毕业考试的范围是在你学习过的全部知识内的。毕业考试我们基本都通过了。

我的课余生活非常枯燥

在军校入伍期七个半月后，就有星期天可以休息了。而在入伍期时每天都很紧张，很多义务劳动找给你做，比如修院子，要集体到校本部大操场上干这些活，不让你闲着。

放假休息的时候，我们一般是吃了早饭后列队，区队长说一些规定，不要违反纪律，主要讲的是礼节。我们专科教育的时候，没有完成作业的就不能出去，要好好练，其他的可以放假。当时，我们都是外地人，在这里没有亲戚，而在四川、云南等地区的同学，星期天的时候，他们家里会给他们寄钱。他们在星期天休息的时候就出去花点，下馆子改善生活，带一点好吃的回学校，同学关系好的就分点。

我那个时候，闲暇时就是看看业余的书，多半是军事书籍和其他教程之类的。自己一个人也没那个心情出去逛，就去过一次武侯祠、望江楼，还看过那个薛涛纸，基本上我的课余生活非常枯燥。军校也没开展什么娱乐活动，每天都是出操、上课。图书室也没有，国家没钱搞，学生也没有过高的要求。我们在屋子里待的时候，不能破坏内务，搞乱了后要整理完才行。

军校的用品基本都是发的

我们在军校的用品基本都是发的，不用自己买。除了牙膏牙刷、毛巾要自己买，衣服也是统一送去洗。我们的衣服，有外出服和操作服两套，一周换一次，两套替换。外出服有的时候也当操作服换过来，因为外出服比较新，虽然质量一样。之前，军校第十七期学生有呢子衣服，我们第十八期就没有了。

毕业的时候发新军服，可我们没要，充当在路费里了。衣服是黄色的，冬天是灰色的棉袄、棉裤，棉裤是半截的，下面是绑腿，四川那边不是很冷，这样可以省布匹。帽子是普通的那种带有青天白日标志的，还有个腰带，不是武装带那种。因为不是军官，有个布徽章，上面写名字和军官学校第几队字样。

蒋介石来军校处理“学潮”

在整个学习期间，学校的教务委员都来过，像张治中、冯玉祥、白崇禧等，来了就是看看大家，全队集合后训训话。在我的印象里，白崇禧讲话的内容比较深刻，他讲的是苏德战争中双方打仗的情况。我们有个专门的中正堂，阅兵讲话都是在那里，一个开放式的不大的地方，平时没事就空着。后来我在1961年作为解放军的炮兵学校军官去过一次，发现已经没有了。

校长蒋介石来过一次军校，那是1941年上半年的时候。第十七期学生有个“学潮”，起因是毕业的时候有一部分同学以为分发的路费少了，到管财务的经理处交涉，结果发生了冲突，把经理打了一顿，发泄完怒气就跑了。这个时候正是国共开始起摩擦的时候，因为怀疑有异党分子捣乱，蒋介石就亲自过来调查。后来抓了些不太听话的，主要是东北人，怀疑他们是受到张学良的影响，不过真正打人的早就走了。至于有没有共产党员在我们军校里面，还真没发觉，只是有个别同学在社会上听到的一些苏联卫国歌曲之类的，私下里会哼唱。我们也只是感觉好听，估计他们不是共产党。那时，在学校里是有学生加入军统的，他们领军队的津贴，私下侦查谁是共产党员。我们毕业的时候，军统还开着车到第二总队接收这些学生毕业。其他的CC系和三青团在军校里就没有，因为蒋介石不允许。

留校担任教官

1943年10月，我们从军校毕业。毕业典礼是在10月8号，因为10号的“双十节”是国民党的国庆日，要统一游行庆祝。我们毕业的时候，蒋介石没有来，何应钦来了。毕业的时候，我们学生自己选拔一部分人出来专门负责同学录的工作，经费可能是学生给的，我没参与，不是太了解。我们第二总队的同学录里，从蒋介石到陈继承的训词都有，内容就是希望我们好好奋斗，做党国的人才，照片里有野外训练、操场训练、课堂听讲等。各个班每人一张照片，都是学校帮忙照的，穿着军校学生的军服，光头不戴帽子，小半身，按照班排编制。我曾经在湖南省档案馆找到了黄埔军校的同学录，从第一期到第二十三期的都有，但分校的就没有了。

我那时眼光比较高，就想下到部队好好折腾折腾，三年五载的能当个官。结果，我还是留校当了第二十期第一总队的少尉教育班长。主要工作就是看管学生，但不跟他们一起住，学生们都直接叫我们某某教官。我从起床号一响，就要整理队伍集合去操练。在他们上课的时候，还要巡视纪律，防止他们打瞌睡之类的。

去印度穿起了毛袜子

我留校待了快半年，到 1944 年 5 月间，赶上驻印远征军要基层的中少尉级别军官 50 名的机缘。那个时候印缅战场上战斗比较激烈，基层干部牺牲比较大。我们留校的这些同学之间互相告知这个消息。当时我就想，我就一个人了，河北家乡也沦陷了，没有通信，就想一个人天南地北地闯。我有一个同学都是上尉了，宁可降级也报名了。

我们报名参加之后，就从成都的机场飞到汀江机场。到了雷多后，开始打防疫针，换上了英军在印度穿着的那种服装。当时盟军有个协定，就是我们的吃穿由英国负责，打仗的武器弹药和医疗保障由美国负责。我们穿的都是布料比较好的衣服，还有毛袜子。我们刚开始还不太理解，天气这么热还穿这个毛袜子，后来才知道，在那个地方皮鞋遇热后被雨一淋就硬了，袜子可以缓冲下防止磨伤。

住进美军的后方医院

后来，我被分到新编第1军的新编第38师。1944年5、6月间，正是缅北反攻的时候，孟拱打下来后战局就稳定下来了，就剩下密支那。新编第30师、第50师和第14师陆续到印度后，驻印军发展为两个军——新编第1军和新编第6军。在这个时候，我们师部就在孟拱扎营下来，组成了一个教导队，我被编入其中，成为少尉副区队长。

进军的途中，印度已经进入雨季了，天天下雨。那时候路虽然修通了，但还是很泥泞，美国的工兵营在后面维修这条路，用拖拉机拉着车往前走。我们坐的是美式的大卡车，十几个人在上面坐着，走了四五天还没走到，一直都是在车上待着。蚊子咬得我得了恶性疟疾，虽然用了防蚊药金鸡纳霜之类的，但还是不起作用。

这时，有个懂英语的跟美军说了下，暂时把我放在他们那里，然后转到后方医院去。那个美军部队里一个连长是白种人，下面士兵都是黑人，话虽然不太懂，但感觉他们很好。他们住的都是行军床，把发的军毯给我铺在下面。我吃不下东西，只能喝点水，待了一天就转到他们的医院了。

不过那个医院快拆散了，因为要跟随部队转移。没办法，就用小飞机把我拉到后方医院去。那里大部分是治疗军队干部的，医生护士都是美国人。因为我是军官的缘故，所以送得就比较及时，有两名军中的护士看着我。飞行过程中，天空下着雨，路途不是太远，走了半个多小时就到了雷多。在途中，也许由于下雨凉快，我也变得清醒了不少，我到那里住了20多天。

教导总队的区队长

后来打密支那的时候，没有用我们新编第38师，用的是后面的部队。密支那战役是史迪威一手组织的，他原来是用美国人指挥，但效果很差劲，主要是协同性不好。后来起用中国军官，在8月5号把密支那打下来，整个缅甸北部由盟军占领了。

到了10月份后，缅甸转入旱季。我们教导队被改为新编第1军军部的教导总队，我当了区队长，我们的教导总队副总队长姓梁的，经常是他在主持工作。这个时候，蒋介石发动了“十万青年”从军计划，大量知识青年到了缅甸，就把他们编成了2个学员队，6个学生队，还有1个幼年队。

我们把树木砍到，用树枝围上一片空地，在训练场地的四周挖上排水沟。3个区队分开训练，一个区队一个区域。训练内容主要是步兵战斗的基础课程，就是把我们在军校学的东西灌输给他们。10月开始到次年5月，全部都是在训练。

观摩八莫战场后回国

孙立人曾经来过教导总队，不过不经常，因为我们那个教导总队在后方。他就是抽时间过来看一看，听一听汇报，做一下精神训话，带来前线的消息，还有在战场上的经验教训。比如在八莫战斗中，日本的防御工事做得比较稳固，攻击比较困难。我们还特地在八莫组织了一次实地参观，这个现实教育意义挺大的，可以将平时的训练跟实战更紧密结合起来。

我们在八莫实地参观完后，又回到密支那，从密支那坐飞机飞到南京，其他摩托化部队、炮兵、辎重兵等有汽车的部队就开车回国。我们是先飞到云南的陆良飞机场①，转运到南宁后住下来，部队开始集中。我离开教导总队，调到新编第38师师部当见习参谋，主要任务是负责作战、训练的计划。我那时还只是个少尉，做的主要是附属性的工作。比如在部队行军时，我要先去打前站，部队行军到农村时，谁住哪里要分配一下，沿途要设路标，岔路口要告诉部队走哪条道，还要对部队的新闻、公文进行传递等。

去黄埔岛递促降书

我调到新编第38师当见习参谋后，部队接到命令要打湛江，好接受外国的物质援助。我们从南宁步行向湛江进发，到了广西玉林，日本就投降了。我们部队就改变任务，到广州受降。我只是见习参谋，是随后面部队进城的。等我进去后，城市都已经恢复正常了。就在这个时候，我接到司令部指示，要我到黄埔岛去向日本人递促降书。

促降书其实就是一种通信的形式，下个命令让他们投降，赶快向我们缴枪。当时黄埔岛上有个日本人的联队，相当于我们的一个团，一千几百人左右。他们也不是全部在黄埔岛上，而是联队总部在黄埔岛上。日本联队的长官派两个日本士兵划船接我到黄埔岛。我那个时候也不会日语，把促

---

① 陆良机场始建于抗日战争时期，当时共建有5条跑道，是当时滇东最主要的空军基地之一，主要驻扎的是美军“飞虎队”及第14航空队，主要担负滇东的空防和为前去轰炸日军的轰炸机护航，被认为是“亚洲最大的军用机场”。1945年10月美军撤离后，由国民政府接管。

降书交给他就行了。因为这个时候，整个受降仪式还没进行，只是零星的部队先接受受降。而且我们是机关部门，缴枪需要派部队去。

我那时是少尉军官，一般搞传达通信员的事情是士兵传达的。派一个少尉军官去，代表这次通信是比寻常的。我虽然是黄埔军校出身，但没在那里受过训，对那边不熟悉，也没有意识要进去参观、追忆过去的事情。完成任务，我就回去复命了。只记得当时进去后，日本人的联队总部就在大门附近。日本人利用营房驻军了，其他建筑就没什么了。

在广州待了半年多

从日本投降到1946年年初，我在广州待了半年多。这时候全国组织受降，蒋介石想打内战，可还没准备好，我们就在广州一边驻防一边接受日本的投降。不过在中山纪念堂的受降仪式，我们没有参加。

当时的广州就像日本人的大后方一样，物资不少。有些士兵在班长带领下进入一个小仓库，借着机会发了战争财。之前在印缅打仗的时候，到处都是深山，没有过高的指望。在广州后，看到花花世界，灯红酒绿，占领这些仓库后，就觉得可以随便支配这个仓库了。

当时有个炮兵部队的一伙人占领了一个仓库，那个仓库是日本人搞政治工作的一个部门的仓库，里面有很多干贝罐头。他们送给我吃，我感觉也没什么味，还吃不惯。里面有一些香水、雪花膏，还有一些花手绢，这些是我比较感兴趣的，有时我还会拿着这些香水给自己涂。

坐美军的登陆艇到东北

到了1946年10月，我调到新编第38师师属炮兵营第3连，当中尉排长。这时蒋介石开始打内战了，把新编第1军用美国军舰运到东北。我们从广州走到深圳，然后在九龙上船，从九龙一直到了秦皇岛，走了七天七夜，整个新编第1军的部队全部弄过来。

当时美国军舰是专门运兵的船，叫做登陆艇，像我们炮兵的骡马就放在最下面一层，中间这一层就是坐人，大约一艘舰船能坐一个连多一点。上岸到了码头，门一打开，把骡马牵出来，把炮推出来，人员下船，然后再把船开到海中间，打扫干净，再回去运另外的部队。

“南攻北守”

我们到秦皇岛时，锦州、沈阳已经被国民党占领了，就剩下四平有共产党在那里占着。共产党的军队也想好好打一仗，这样一来，一个是不让你占，一个是非占不可，就这样打了一个多月，打得比较艰苦（当然是对八路军和新四军来说比较艰苦）。这个时候他们也不叫八路军，叫东北民主联军，实际上是八路军从山东、冀东过来的①。

四平打下来后，军队才开始继续往长春、吉林这一带前进。这个时候，国民党军力不足了，在内地被共产党拽住了

① 1945年8月8日，苏联政府对日宣战，随即出兵我国东北，对日本关东军发起全面进攻。八路军冀热辽军区遵照毛泽东主席和朱德总司令的命令，派出一部兵力就近进入东北，会同中共领导的东北抗日联军，配合苏军作战。

很多部队，每到一个地方都要派兵驻守。原来那点部队再往北打就没兵了，于是开始改变战法，不是一味地进攻了，而是有守有攻，“南攻北守”。北边长春、吉林这一带，以松花江为界；南边开始攻打通化、临江。我们部队在吉林、长春这一带，属于“南攻北守”中“北守”的那部分。在共产党方面来说，这就是“三下江南，四保临江”，是一个比较大的仗。从 1947 年年初开始，双方的力量发生了变化，接近平衡了，不是之前的我退你攻。

印缅战场上的高射炮营连长

采访者：李岚

整理者：李岚、白廷兵

采访时间：2013 年 4 月 14 日

采访地点：浙江省杭州市林士瀛家中

讲述者简介：林士瀛，1918 年出生，祖籍福建永定，出生于浙江杭州。1938 年，考入黄埔军校第十六期炮科。1940 年毕业后，被分配到浙江金华的第 10 集团军宁波防守司令部迫击炮连。4 个月后，调到第 194 师第 582 团迫击炮连，后又进入贵阳的防空学校学习。1943 年，加入中国远征军，在高射炮营服役三年。抗战胜利后，编入新编第 6 军第 105 榴弹炮营。1949 年 12 月，随部队在昆明起义。

采访手记：浙江是黄埔老兵较多的省份，光永康一个县级市，1986 年时就有黄埔老兵 100 多人。然而浙江各地复杂而多样的方言，给我们的采访造成了极大的困难。此行我们联系了“关爱抗战老兵网”的朋友们，得到他们的热情帮助和支持，为我们提供交通便利，充当采访翻译，使我们的采访得以顺利完成。

我们采访组到杭州的第一天，就立即去拜访林士瀛。1942年间，正在防空学校学习的他根据上级的指示被编入中国远征军系列，被派往印度，在高射炮营服役整整三年。现在再回首那段经历，老人更多的是时光积淀过后的平静，他给我们讲在中国远征军时期的生活，讲打落日军飞机的战斗经历，都是悠然而从容的。中华人民共和国成立后，老人在杭州民生药厂工作，直至退休，如今和老伴生活在杭州，过着幸福的晚年生活。

我对日本鬼子恨得要命

我的祖籍是福建永定，出生在杭州。早些年，我父亲在桂林开了一家五金店，规模还蛮大的。抗战开始后，日本飞机经常轰炸杭州，我们住不下去了，他就来信要我们到桂林去。那时桂林还算是大后方，我们就开始一路往桂林逃。火车只能到鹰潭，我们买票从杭州到诸暨，一路上都是求人家的。那时的火车不是按钟点开，看到往那边去的火车，大家都往上爬，爬得上就爬，爬不上就等下一趟。我那时才十六七岁，刚高中毕业，对外面的情况不是很了解，没出过门，最多到过上海，一下要跑这样远的路，还是挺困难的。

说老实话，我报考军校，跟我母亲的死也有关系。我母亲身体本来很好，在逃难的路上很辛苦，箱子行李很多，除了我帮忙，基本上都是我母亲一个人在弄。她还要照顾我们兄弟姊妹，很累。我们在春节之前到了桂林，她就生病了，第二年的3月就死了，才50多岁。我母亲的死对我刺激很大，所以我对日本鬼子恨得要命，何况是毫无道理地疯狂侵略我们。

从桂林到都匀走了快两个月

当时的黄埔军校在贵州都匀，实际是个炮兵学校。我们第十六期炮科是中央军校委托炮校代训，但是属于成都本校。它的招生办是在罗寨[①]，离桂林大约30里路，招生广告是在桂林，我们是在桂林报名考试的。我们这一期从桂林招过去大概有几百人，在罗寨报道有200多人，到河池又增加了另外考区的人。

从桂林到都匀现在是几个钟，当时汽车大概要开两天，那时我们走了快两个月。一天走三五十里，最多一天80里。都是老百姓和文绉绉的学生去当兵的，之前没吃过这种苦。到了都匀，我们有8个队，每个队120人，有900多人。后来受训时，海军有一个连调到我们这里，叫第九队。之前，他们是在海军学校学习，还没毕业就整个转到炮校来了。

进入炮兵科学习

我们炮兵学校教育长换了两个，之前一个叫邹作华[②]，50多岁，个子高高大大，很帅，能讲6个国家的语言，是中将军衔，后来成为吉林省主席、省长。教育长会经常来给我

---

① 应为鹿寨。鹿寨县位于广西中部，东和东北与桂林市的荔浦县、永福县为邻，南隔柳江与柳江县及来宾市的象州县相望，西接柳州市和柳城县，北连融安县，东南与来宾市的金秀瑶族自治县相交。

② 邹作华（1894—1973），吉林永吉人。1917年，考入日本士官学校学习炮兵科。“九一八”事变后，被任命为南京炮兵学校教育长。抗战时期，任炮兵总指挥，曾兼吉林省政府主席。

们讲话，但最主要还是总队长。我们的总队长是少将王和华，后来他离开了，调来一个叫史文贵的，是保定人，和陈诚是同学。

我们有半年的入伍训练，后面的改成3个月了。等到入伍期满，我就去学炮科了。学习内容很多，基本上是三操两讲，上午操两个钟，下午操两个钟。上午两堂课，下午两堂课，晚上自修。我们炮兵科算好的，文化程度比较高，数学要好，因为要学会计算一些东西。

我们学了整整两年时间，从1938年到1940年。毕业的时候是派几个同学到成都去拿同学录和毕业证书，上面每个人的相片都有，那些相片是在炮校时照的，然后由同学代表带到成都去放在上面。

从宁波到防空学校进修

我从学校毕业以后，被分配到浙江金华的第10集团军，总司令姓刘①。我们去报到的5个同学，只有一个留在金华总部，有两个分到宁波，一个分到义乌，还有一个记不清分到哪里了。我是被分到宁波防守司令部迫击炮连，另外一个分到宁波的同学去了高射机枪连。我们的司令叫陈德发②，

---

① 第10集团军于1937年8月下旬奉令组建，首任集团军总司令为刘建绪，下辖陶广的第28军和李觉的第70军等湖南部队，属第三战区指挥管辖，该集团军曾参加淞沪会战右翼战线作战，后驻守浙江一线。1940年后，王敬久任第10集团军总司令。

② 应为陈德法。陈德法（1900—1975），浙江诸暨人，黄埔军校第一期毕业。历任黄埔军校第三期分队长、第四期区队长。1935年12月，升任第37旅旅长，后参加上海“八一三”淞沪抗战。1938年6月，授陆军少将军衔，后部队调防宁波，在镇海口两次对日作战时，任第194师师长。

诸暨人，是黄埔军校第一期学生，他同时身兼第194师师长职务。我在司令部重迫击炮连待了4个月后，就调到第194师第582团迫击炮连。我从排长做到连长这段时间内，在临安、嵊县、新昌、浙西这一带进行的战斗都是输的多。

这时，贵阳有个防空学校要新成立一个班，要各个单位和部队保送学员，我就被部队选送去那边进修了。我们第十六期在防空学校进修的同学有好多，有五六十个。1943年，军委参谋部通知我们学校校长周至柔从我们学校师生中抽出两个营到印度，直属于中国驻印军司令部。

去印度的人员名单是上面定的

我们去印度的人员名单是上面定的，并不是我们自己报名参加。我们的任务和工作也都是上面定的，我们总共去了600多人，两个营各300多人。我隶属于第1营，还有个第2营，都是本地人组成，第2营的连长也是我们第十六期毕业的。我们到了印度后，指挥部就因为空中独立师不需要两个营的缘故，只保留了我们第1营，把第2营改成了兵工营。本来兵工营是制造枪炮兵器的，但实际上他们主要任务是修理武器。我们进去的时候，一个营只有3个连，一年多以后，改为美式编制，就成了一个营5个连，分别是1个营部连，一、二、三连和1个补充连。

那时候中国驻印军最高长官是史迪威，中国方面最高长官是罗卓英，我们去了也就一个多月，就换成了郑洞国。郑洞国我们见过一次面，他在上面讲话，我们远远地排队听他讲。他没来过我们营房，倒是少将参谋长伯托那①，来我们

① 一般译为柏特诺（A. L. Boatner）。

营部视察过两次。

在兰姆伽，一边整顿一边等候任务

我们组织是在1943年8月份，从昆明动身是10月份。那天下午1点多，我们从昆明起飞到兰姆伽，经过喜马拉雅山到那里大概用了两个钟头。在兰姆伽待了不到半年，有3个多月时间是受训和学习，都是各单位自己训练自己，我们就这样一边整顿一边等候任务。

我们刚到兰姆伽的时候是英国人招待我们。一下飞机，他们就让我们按照个子高矮大小排队，不管官佐士兵都一样。跑了1000米左右后，让我们把军服按大、中、小号一堆堆摆好了，大个子拿大号的，大个子穿完了，小一点的拿2号，最后面个子矮小的是3号。自己带去的便装、军装就都被那些印度兵给烧掉了，丢到像垃圾堆一样的地方，一些私人的东西，比如带的小箱子和小包包是可以带走的。换了衣服以后，我们才开始吃饭。我们没有进行体检，不过澡还是要洗的，是在海边洗的澡。

在雷多，我们换了装备

开始时，我们穿的都是英式的军服，到了雷多以后，大约住了两三个月，就全部换成美式的卡其布质地的军服。基本上我们每个军官和士兵能发两到三套，从里到外，有汗衫、春衫、毛线衫、呢子服、大衣夹克衫，还有皮鞋、袜子等。我们士兵的军帽是美式船帽，而军官戴的是中式大檐帽，青天白日旗的那种。当时我们衣服上还没有“V”字臂章。在发生活用品的时候，我们这些当官的是有好处的。我当时是营部连长，等于是副营长，营部里头军需归我管，我们就可以占些便宜。

武器装备方面，我们有步枪、机枪、卡宾枪，军官用的都是毛瑟、自来得手枪、左轮手枪等。轻机枪是营部一、二、三连有，每个连有机枪班，机枪班主要做警卫用的。我们每个营的营部都有带中校军衔的总联络官，下面的联络官一般是中尉、上尉军衔。每个连有一个中国翻译官，是从重庆外事局派来的。

在这里，我们和其他部队基本上没有联系。不过我们第十六期的同学在那里的比较多，恐怕有100多个，各个单位都有我们的同学。我们会经常往来联系，有时打个电话就可以叫过来玩。

我们开始光打胜仗

在印度雨季的时候，战斗基本上是停止的，主要是自然原因导致战争的停止。尤其是在英国人和印度人为主进行的战斗中，他们基本上在这个时候不进行战斗。但到我们中国人去了，情况就两样了。一方面我们中国人没有这个习惯；另一方面老实讲中国人只要吃得饱，穿得暖，打仗是非常勇敢的，这跟在国内的时候不同。我在国内参加了两年战斗，都是饿着肚子打仗，穿也穿不暖，穿草鞋都算是好的，有的连草鞋都没得穿。士兵也就没有心思打仗，武器方面也不如日本人。

在雷多这里，空中领域都是我们同美国空军占领的，制空权在我们手里。日本飞机不敢来，来了也没用，来了美国飞机就上去打他们。而在我们来之前，步兵是比较艰苦的，战斗也进行得非常激烈。等我们到了印度以后，情况好转，我们开始光打胜仗。

我们高射炮团主要是布置在指挥部的附近，保护指挥部。我们在那里住了几年，战斗过三次，三次中有一次打下过来日本的飞机。参与战斗的是第1、第2、第3连，他们在各自阵地上都打，也分不清究竟是哪个连打下来的。我们报上去请功的是第一连，但在我们内部，我们自己也搞不清楚到底是哪个连打下来的。

孙立人那时在印度是新编第38师师长，廖耀湘是新编第22师师长。后来抗战快要结束的时候，新编第38师扩编成新编第1军，新编第22师扩编成新编第6军。抗战胜利后，我们是9月份坐自己的车子从印度返回，经过缅甸、云南滇西到昆明。在昆明，我们接到上边命令，把我们高射炮营改为第105榴弹炮营，隶属于新编第6军。改编以后，廖耀湘来过我们营，讲过话，算是跟我们这些新人见见面。

因为生病，我没去东北参加内战

1945年11月，上级要我们开往东北去。经过一个多月，我们从昆明开到湖南长沙。结果到那边后就过不去了，因为那个时候有几十个部队都要往东北开，而到东北必须经过武汉，这样子大家就都拥挤在那里。我们在长沙待了两个月，然后是用美国的登陆艇运我们过的江。当时军部来命令让人员、武器、器材、通信器材先到武汉，登记后就等安排过江。我们一个营就有100多辆的10轮大卡车。

当时除了营长是中校，我是少校营部连长，其他都是上尉。营长就要我留守长沙，指挥这100多辆车子等候命令。我们在武汉等了两个礼拜，然后过江到上海，在上海又等了几个礼拜。到了上海以后，我就生病住院，得的是伤寒病，一直发高烧，领导就让副连长带队去东北，我在上海留下来了。后来我想离开，就开始一方面写报告，一方面打电报到长春请求辞职。在上海，我无亲无故的，就回到长沙，在联勤总部找到了工作，那时已是1947年。到1949年，单位调我到昆明工作。我到那里报到，两个多月后就参加起义了。

我们是神秘的化学兵

采访者：徐丽飞、陈何毅

整理者：罗春林

采访时间：2012年10月12日

采访地点：湖南省浏阳市

讲述者简介：朱洪斌，1921年出生，湖南浏阳人。1941年从黄埔军校第十八期化学兵科毕业后，分配到军政部学兵总队重炮第2团任少尉排长。1943年，随部队前往兰姆伽参加集训，后又到美国战术学校印度分校接受培训，在加尔各答被列入美国第5332旅。入缅作战时，任第50师独立步兵第1团第1营第3连第3排排长，参加密支那、八莫、南坎等战役。抗战胜利后，因作战有功升为连长，整编到第200师。

采访手记：朱洪斌是我们采访过程中遇到的唯一一位化学兵。据老人的说法，化学兵科属于军校代理培养性质，由于按照国际法的规定，不允许使用化学武器的，所以他们对外称“特科”。

从军校毕业后，老人所在部队被运送到兰姆伽整训，按照步兵进行装备，实际上也并没有作为化学兵使用。让我们印象最深的是，老人说在密支那战役中，他所在的步兵独立第1团是主攻，但现有的史料并未提及此事。口述历史的价值之一也许就是这样，补充文献史料的不足，互证以还原历史的真实。

获得高中毕业证后考入黄埔军校

长沙的岳云中学①，是我初中时候的母校。抗日战争开始时，我刚初中毕业，学校和同学们都往西南方向搬迁，我们成为流亡学生。到贵州的时候，我考进了流亡到贵州清镇的东北中学。不久，我又随学校一起迁到云南昆明。那时候的流亡学生，不仅没有饭吃，还不知道路在何方。我们都是哪里好就往哪里走的，一路上还得一边走一边学习。1939年，我们在昆明街头的报纸上看到了黄埔军校的招生广告，于是准备去报考军校。

但是在报考之初，我们便遭遇了难题。因为战乱，我们都没有了高中毕业证，而没有毕业证是不能够报考军校的。这时候，有学生打报告到了省政府教育厅，说明我们的特殊情况。教育厅便设置了一次补考，考试通过的便发给毕业

① 岳云中学，由近代教育家何炳麟等人于1909年创办，初名“湖南南路公学堂”“湖南第二公学堂”，1914年改为“湖南私立岳云中学”。初址设长沙戥子桥、荷花池。1938年，因兵燹迁徙南岳，旋迁衡山白果、安化兰田。抗战胜利后，定址于衡阳。

证。我也是靠着这样得来的毕业证才进去了军校，不过在进军校之前还得经过考试。考试的内容其实也就是高中的课程，尤其是数理化，身体检查也很严格。那时候的青年人虽然生活艰苦，但是身体却都磨炼得很好。我们同行 50 多个人去参加考试，都通过了。

作为“特科”的化学兵

我进去之后才知道，我们所属的是化学兵科，属于军校代理培养性质的。而且，由于国际法的规定，是不允许出现化学武器的，所以我们对外称“特科”。我们有 3 个中队共有 1000 余人。预先的培训计划是把我们培养成军事教官，以后分配至各战区当防毒教官，所以我们是不带兵的。

这个队伍原先的人数比较少，经过一番发展过程，慢慢形成中队、总队，成立化学兵团。总队长是李忍涛①，毕业于美国的西点军校②。20 世纪 30 年代初在南京的时候，他和张培路③都是由何应钦以及军政部招来承担化学兵培养工作的。政府对这个班是非常重视，在我就读的这两年半中，

---

① 李忍涛（1904—1944），云南鹤庆人，国民党化学兵创始人。早年入读清华大学，后留学欧美。1933 年，奉命在南京组建国民党军化学兵队，任上校队长。抗日战争全面爆发后，率部对日作战。1944 年秋，赴印度视察化学兵第 1 团，回国途中殉国。1946 年，国民政府追赠其为陆军中将。

② 1924 年，李忍涛以优良成绩从清华学堂毕业，被选送到美国留学，考取弗吉尼亚陆军军官学校步兵科。弗吉尼亚军校，是美国最老的军校。美国陆军有所谓的南北两强：北是位于纽约州的西点军校，南即是的弗吉尼亚军校。因此，朱洪斌关于李忍涛是从西点军校毕业的说法有误。

③ 无张培路这个人，应为时任国民党政府兵工署署长的俞大维。俞大维是从德国归来的留学生，与李忍涛很合得来，后来将李忍涛翻译的一本谈化学兵学科的书转送于当时的军政部部长何应钦，同时反映了他们建立一支化学部队的设想。经蒋、何等人研究后，化学兵队于 1933 年成立，并由兵工署署长俞大维直接领导。

蒋介石和俞济时①都曾来学校视察过。到我们这一届时，已经办了好几期，我们应该是第六期或者第七期。在大概第十期的时候，就连带第一期全部编入了中央军校，我们也就属于中央军校的第十八期。

两年半的军校生活

我们的学制为两年半，从 1939 年到 1941 年。在这期间，每天早上 6 天起床，要先跑步做完晨操之后才能吃早饭。早饭之后，上午上课两小时，午饭后还能休息两小时。下午主要是出操，进行军事训练。晚上则是温习白天的文化功课，过后才能上床睡觉。

我们每周六有政治课程，但是属于自愿参加。过后就是每周一次的大扫除。星期天放假自由活动，在获得允许后还可以出去游玩。晚上还有我们自己的娱乐活动，最有声有色的要数学生话剧团了。剧团是由学生组织的，演出内容有鲁迅、茅盾的著作等，以及学生自己编写的有关自己生活或者社会上的一些事情。

学校的伙食很好，我们一个月发 14 块钱，其中伙食费就有 6 块钱。早上吃的是馒头、酱菜加点醋，中午是米饭，有白菜、豆腐，还有肉。穿的衣服也都是学校发的，有大衣、单衣、毛线衣、毛衣、棉衣、棉裤，还有外出的呢子衣、皮鞋和军帽。衣领上别有蓝底白字的“军校学生”领章，帽子上还有国民党的党徽。我们的衣冠一定要整齐，不然会被风纪科的查到而受罚。平常上课的时候也要像这样子正规穿着，出操和野外活动则就不必了。

---

① 应为兵工署署长俞大维。

不能公开的课程和试验

我们的课程很多，但总的来说上课的内容可以分为两种：军事课和文化课。军事课程，我们是和步兵一样的，按照步兵操典来进行的；文化课，除了周六自愿参加的政治课之外，还有英语课。另外最主要的就是化学课，这门课程包括有防毒、消毒、放毒等内容。教材都是老师们编写的，属于不能公开的机密，那时候是不能公开有化学兵的。

学校的老师大部分都是美国留学回来的，其中还有外国人，像德国人和美国人。他们教的都是化学课，而且还能用中文授课。因为中国之前没有化学兵科，所以他们之中没有黄埔军校毕业的。我们是先上理论课，老师教了我们什么，我们接下来就去实验室里做试验。因为条件限制，我们是一个小组一个小组地来做试验。那个时候我们有毒气弹，包括糜烂性和窒息性的，有氯气、芥子气这些。我们在实验室里做这些实验，就是把那些氯气、芥子气等等元素配在一起，看看哪种元素配哪种元素威力更大，试验的对象则是些狗和老鼠。做试验的时候，大家都得戴上防毒面具，以防不测发生。

事前都不晓得的情况下，集体加入国民党

毕业之前，我们还有一场毕业考试。军事课考的是步兵操典，如射击什么的；文化专业课则是考试理论知识，把平时做试验的内容列出公式来即可，不必实际做试验的。考试通过后，我们即举行毕业礼。在毕业典礼上，俞济时[1]和学

① 应为兵工署署长俞大维。

校主任李忍涛对我们讲话。我们还大放鞭炮庆祝，唱起了黄埔军校校歌："怒潮澎湃……"毕业证书、同学录则是人手一份。在会上，我们事前都不晓得的情况下，举行了一个集体的入党宣誓活动，大家集体加入国民党。

飞越喜马拉雅，参加驻印军

从学校毕业之后，我到了昆明，被分配到军政部学兵总队重炮第2团任少尉排长，团长为林冠雄。1943年，我们从昆明出发前往印度，加入驻印军序列。从昆明到印度，需要坐飞机飞越喜马拉雅山，一架飞机可以装载100多个人。上飞机的时候，我们都穿着厚厚的棉衣，因为飞机飞越高原，会很冷的。在飞机上，我们只感到那个耳朵非常痛，但是没多久，飞机就落地了。一下飞机，我们就得把棉衣全部脱掉，因为那里好热的，得穿单衣。

我们的目的地是印度的兰姆伽，驻印军全部在那里整训。我们原先的计划是要去进行化学兵作战，在到达印度之后，想重新装备一个团。但又是出于政策上的考虑，到了印度之后，我们化学兵没有了用武之地。美国人不同意为我们装备一个团，于是我们被改为独立步兵第1团，团长仍然是林冠雄。

在兰姆伽整训期间，连长们要和美国联络官一起，带领士兵进行训练。包括我在内的排长级的军官，则被安排到美国人的战术学校印度分校去学习。由美国教官带着翻译来给我们授课，学习的内容主要是班排的战斗、防御、攻击、方向识别和判断，以及刺枪、射击等。我还记得其中的一个训练科目就是给我们分发地图，再将几个人分成一组，照着地图，在晚上穿过原始森林，去到指定的地方集合，集合之后再回来。一个月之后我们毕业了，顺带着还举行了一个带聚餐的毕业典礼。

毕业之后，我到了加尔各答，被分在美军第5332旅下属的一个团。等到去缅甸参战的时候，我们团又被分到潘裕昆的第50师，我在独立步兵第1团第1营第3连第3排任排长。

当时，我们因为是属于驻印军，实行的是印度的待遇标准，那比远征军的待遇要强多了。发饷都比国内的多，少尉40元、中尉60元、上尉80元，当时我是中尉，一个月有60元。伙食也不错，吃的基本上是压缩饼干和罐头，虽然没有青菜，但那些罐头什么类型的都有，牛肉、番茄、红萝卜、羊肉、猪肉、咸菜等都是美国供给的。

在攻打密支那的战斗中，我受伤了

我们肩负的战斗任务也很重。在缅甸，一个重要的战役便是密支那之战，我们团是主攻。战前，副总指挥郑洞国以及廖耀湘召集我们团里排以上的军官讲话，说敌人在密支那建设防御工事很久了，防守力量坚固，军力配备很强，但我们要在短时间内把它攻下来，因为这是歼灭日军的最后一道关口。我们是盟军队伍，所以一道参与攻击的部队也是由各国的军队组成，有苏联的炮兵、美国的空军，还有英国的步兵。首先是炮兵对敌人阵地进行炮击，步兵接着往上冲。我所在的是右翼部队，当时我们冲上去之后，发现左翼部队还没跟上来，于是就地坚守，直到左翼部队上来后，才合力把阵地攻下来。战斗进行得很残酷，敌我双方损失都很大，但是敌人的损失更大。战斗过后，我们马上得到了弹药补充，因为要马上准备第二次战斗。

在攻打密支那的战斗中，我受伤了。当时我身上背着个发报机，在跟部队联系的时候，敌人的炮弹飞了过来，弹片打在了我的背上。但我没事，因为我们的医疗条件是相当的好。普通像被子弹打中一类的，只要没有伤及要害，都无需去医院，在团部就能解决问题。当时，我们在美国人的学校里学习的时候，部队军医也有同去学习。他们在美国人那里学习解剖等医疗技术，才 15 天，毕业之后对付普通的伤病，或者是开刀什么的，一点问题也没有。而且，部队医院的技术条件也是很不错的。

日本人简直是不战而逃

密支那打下来之后，接下来就是去打八莫。本来我们以为八莫会比较好打，没想到更难打。当时的部队配备中，一个班有 5 挺重机枪、3 挺冲锋枪，火力还是蛮重的，而且有炮兵先对敌人进行炮击。但是，我们还是没能立即攻下来，因为日本兵在那里顽强死守着。无奈之下，我们请美军派飞机来轰炸，把敌人阵地全给摧毁了，那情形是极其的惨烈。就这样子才把八莫给攻下来。

接下来是攻打南坎。南坎之战进行得非常顺利，日本人简直是不战而逃。我们前后才花了不到一餐饭的时间，就把南坎打下来了。在参加腊戍的战斗后不久，日本人就投降了。仗打完以后，我还没有马上回国，而是留在腊戍待命。后来接到盟军命令，所有的盟军部队都必须在战后回到自己的国家。我离开缅甸，回到昆明，回到祖国。

神秘而又关键的中国远征军情报队

采访者：李岚、陈何毅

整理者：冯惠

采访时间：2013 年 4 月 14 日

采访地点：浙江省台州市袁祥彬家中

讲述者简介：袁祥彬，1921 年 7 月出生，浙江天台人。1941 年，考入黄埔军校第十七期第二大队炮科，毕业后分配到重庆防空司令部。1943 年，参加中国远征军，后分配到中国驻印军新编第 6 军情报队，曾参加密支那战役、湘西大会战等。1945 年日本投降后，参与接收南京、上海的工作。

采访手记：袁祥彬的外公王文柱是当地教育界的一位前辈；他的舅公陈钟祺也是一位有名的辛亥革命志士，曾三次当选浙江省军政府参议员；他的父亲曾是当地的一个大地主，为他留下了天台县城里的 200 多间房子。

就是这样一位家境优越的公子哥，在民族危亡的时刻，自愿走向抗日战争最前线。而且，鲜为人知的是他是与哥哥一起考入黄埔军校的，可以说是兄弟齐心、举家报国。袁祥彬在中国远征军情报队、野人山及接收南京的经历，具有非常重要的证史价值，弥补我们在这方面的资料缺失。

从台州步行到成都

1937年卢沟桥事变之后，南京、上海、杭州相继沦陷。许多上海、南京、宁波的青年学生，都跑到大后方来了。我当时也很年轻，是个热血青年。恰好在这个时候，黄埔军校招生办主任应西少将是台州仙居人，写了一封信到我们这里来，叫年轻人都去投考黄埔军校。我舅公和他关系很好[①]，都是浙江省省议员，所以让他介绍我到军校。他说凡是这里去的人，不管什么人，到军校了都是从宽取录。军校原本要求要高中毕业才行，到这个时候就放宽录取，同等学力就可以了。实际上，我们台州一带的学生都去考了。

考上后，由于日本人已经打到嘉兴，我们没有办法从水路到四川，只能从陆路走。从湖南长沙到广西，再从贵州转到重庆，再转到成都[②]。当时许多学生都是走路过去的，差不多走了两个多月才到学校。

---

① 袁祥彬在一次口述采访中称：其舅公为陈钟祺，与黄埔军校五省招生办主任应西少将是同科秀才，也都是保定军校第二期毕业生的。在他的家里，袁祥彬看到《东南日报》上刊载的黄埔军校第十七期招新生的广告，后同闻讯一起去的20多位青年一起报考军校。

② 袁祥彬在一次口述采访中是这样描述其行走路线："行军队伍避开敌我交火的南昌，取道临川、新余、分宜、萍乡、醴陵，绕道至长沙，接着乘火车到广西桂林，再辗转贵州贵阳、重庆，最后到达成都。"

编入第十七期炮科

到成都后，因为当时报考军校的人数比较多，所以有复试。如本期规定只要 2000 人，但是四面八方来的人超过 2000 人，还有部队保送的军官，军校一下子没法容纳那么多学生。但从部队来的都是重要干部，营长、连长之类的，属于照顾性质的，尽管文化水平较低还是要接收。复试后，先通过第一轮考试的就先培训，差一点的就拖到下一期，补习一年或者半年时间再读。

复试通过后，我志愿报名到炮科，陈继承是我们军校的教育长。我们一个总队有 3 个大队[①]，一大队有 3 个中队，中队又分开。很多一起报考的同学都没有时间见面，除非同一个队、同一个班才容易见到。学生由部队保送的比较多，还有一些是东北、青海来的流亡学生。学校武器主要依靠苏联运送来的步枪，但苏联人个子高，我们个子矮，武器还要改造一下才能使用。

军校的生活很艰苦，吃饭只有 5 分钟，一般六七个人围着一起吃。吃得快的还可以多吃一点，吃得慢的只有一碗，值星官哨子一吹就得停下来。刚开始我们不习惯，后来也就慢慢适应这种快节奏了。

黄埔军校成都本校没有房子，只有清代留下来的东、南、西、北 4 个较场。学校主要设在北较场，南较场也有。由于没有大的地方，有的学生住草堂寺，有的学生住北较

---

① 袁祥彬在一次口述采访中称：他在军校复试后被分到学生队学习，后被编入第十七期第二大队。当时在成都的就两个大队，第一大队设在草堂寺，第二大队设在青羊宫，队长叫张建冲（东北人，黄埔军校第十四期生）。

场，有的学生住青羊宫。主要是为了找地方训练，条件相当苦。

军校学制规定两年，但实际情况只学了一年时间。一些紧要的科目先学一些，数学、英语因为时间匆促，没怎么学。毕业后我们每个人都发一把中正剑。除了有纪念意义以外，在战场上没有退路的时候，杀身成仁用的。

家庭条件比较好的才能参加中国远征军

军校毕业后，我就去了重庆防空司令部。中国在第一次进入缅甸失败后，需要补充兵源，遂同意后方大学生、高中学生参军。由于到那里要接触盟军，所以能过去的都是知识青年，家庭条件比较好的才能参加中国远征军。

上海金融大王的儿子、煤炭大王的儿子、杜月笙的儿子，都是我同学。他们都参加了中国远征军，在军部各科室。有学问的，就被安排当文员、文书。当时，他们看到中国已经沦陷到四川边界，广东、广西也沦陷了。看形势不对，他们就找关系先参加中国远征军再想办法。他们带了很多贵重东西，黄金、手表之类的，打算形势不对，就变卖了跑回家。后来杜月笙在上海沦陷后跑到香港，他儿子在南京解放后也去了香港。上海煤炭大王从重庆坐自己的专机飞到南京，廖耀湘派人送他到上海。他的儿子也跟着回去了，还带了几箱子股票。本来他是让我护送他回去的，廖耀湘不肯，怕我回去就不回来了。

我们到了那边，还要接受美国盟军的复试，主要考数理化、英文。干部也好，学生也好，都要参加。复试我在几千人里面考第 13 名，运气很好。考试的目的是根据成绩决定谁分到炮兵部队或者工兵部队等，而我被分到廖耀湘的新编第6军。

刚去的时候，有三四个月时间，主要是进行精神意志训练。在中国远征军里，美国人当我们教官并配有翻译，翻译是专门训练过的。

神秘而又关键的情报队

我当时在中国远征军的情报队。我们前任情报队队长是湖南人，黄埔军校第十四期的，叫文中侠。情报队属于军部，集训的时候负责保护军部的安全，包括营部进出，四处角落都靠人侦察的。情报队平时都要训练，里面的成员大都是在一线的老兵。他们文化虽然不高，但作战经验丰富。不管日本人怎么伪装，哪个地方可进，哪个地方可退，老兵一目了然。

我们空闲的时候就打扑克。今天领来的钱，明天打扑克就输了。老兵手里还有点小钱，新兵根本没有钱。我们当时认为，拿钱也没用，也许什么时候就死了。所以，我们有钱就赌掉，或者买各种吃的。

作战的时候，我们情报队先了解情况，看到敌人的武器配备，立马向后方汇报。对于情报队来说，敌人有多少力量，有哪些重型机枪、重型炮，我们都要有个预知，这些信息要及时提供给指挥部。在搜集情报的时候如果碰上敌人，我们只有与之拼命。

记得有一次，我们在搜集情报的时候，敌人躲在茅草丛里发现了我们。我们看不到人，只听到有声音。刺刀从草堆里戳过来，离我们只有几厘米的距离。幸好我们有冲锋枪、卡宾枪，扫射把敌人打死了。最危险的就是在草丛中和敌人斗争，他们有许多劈刺高手，我们不是他们的对手。森林战并不是整军整军进行的，都是零零碎碎的。敌人情报也非常厉害，他们的情报人员躲在隐蔽的地方，他不打我们进进出出的士兵，专门打我们的指挥官。

情报队最初有五六十人，后来又训练了一批学生，因为战争中损失也大，到最后我们只有 30 多人坐飞机回到南京，我是情报队最后一个队长。

在野人山里遇见土人

我们从印度反攻必须经过野人山。穿过野人山的时候，每一个班里头要配备冲锋枪、自动步枪、火焰喷射器、60 迫击炮等，在和敌人接触的时候，或者重要攻击时候用。我们情报队也有这些配备，但很少用，出去多是带自动步枪、卡宾枪、冲锋枪，还有左轮勃朗宁，具体根据情势需要佩带。我们还配置有专门应付丛林的装备，每个士兵配一把开路刀。丛林都是草，没有刀进不去。开路刀是弯曲的，非常锋利，很粗的藤咔嚓一下就割断了。我们还带着雨衣帐篷，雨衣当中有个洞，宿营的时候套下来，四角拴上去就是帐篷，两用。人多还可以把它联起来，雨衣中间有孔拴在一起，联起来可以做吊床，两头拴在树上，就可以睡觉了。雨衣也可以分开，一个人有 1 米多点，下雨就套在头上，雨帽就拿钢盔来充当。

野人山多瘴气，森林里都是毒虫、猛兽、蚂蝗、猴子，光是这些我们都很难应付。蚂蝗叮在身上人都不知道，等它吸了很多血，你把它往外拉的时候，里面还有脚在人的身上。还有蚊子一群群地飞过来，非常可怕，比敌人还可怕。敌人来了我们可以躲，还有枪来对付，这些是躲不了的。幸好我们还带有防毒、防蚊子的一种药，身体上到处都擦，还有一个面罩，所以蚊子一般咬不到。但我们穿的是半筒靴，有时不小心，蚂蝗会钻到身体里面都不知道，很危险。

在野人山里面有人牺牲了，尸体要赶紧收回去。如果隔了一个晚上，尸体就没了，全被毒虫猛兽吃光，只剩骨头。有的人受轻伤，本来可以医治的，但没办法找到他。到处是一人高的茅草，人在哪里都不知道。那时候人比子弹贵重多了，子弹随便你怎么花怎么用，都没有人管，不像在国内，子弹壳都要拿回去报销。

经过野人山的时候，我们见过当地土人。他们住在大概1米多高的树上，用树木铺起来，上面用茅草棚盖着，因为地上有虫、蚂蝗、蚂蚁，不能住。土人很讲义气，你对他好，他就会对你好。我们把带来的糖果给他们的小孩子吃，他们第二天就会送野果给我们吃。他们用兽皮、草药同我们换吃的，换衣服。土人也赶集的，把野兽、野药拿到集市上来卖。当地有很多华侨，他们经常同土人做生意。土人对我们也很好，比如敌人的粮食、武器、仓库在什么地方，土人会通知我们，我们根据他说的去找。当然日本人也会利用土人，但总体来说对我们好的土人占多数。

美军待遇是最高的

我们反攻的时候是在冬季。冬季就是旱季，雨季的时候就是春天、夏天，满山到处都是水滩，所以我们雨季整训，冬季开始反攻打仗。1944年年初，具有决定意义的密支那战役即将打响。从云南来的中国远征军，从印度来的中国驻印军，两部分部队合攻密支那。

我们和美国军队一起作战。美国军队在比较安全的地方，中国人却在最危险的地方。美国人主要是工兵、运输兵，机械化作战，做后备工作的多。我们中国人在前方打仗，美国人随后修路，我们打到哪里，美国人就造路到哪里。

我们主要是靠武器，装备好，子弹多。这场战役打了半个多月，很艰苦。没有吃的，有时候干粮送上来了，但是没有水。敌我双方伤亡都很大，不过日本人伤亡比我们还大。我们支援好，打仗是靠支援的。美国飞机很多，把日本的支援部队全部打垮，工事全部炸掉。但日本人就是不投降，他们还有一口气都不投降，除非上头下命令撤退，没有命令，他们就要战斗到底，“武士道”邪得很。

很多日本人不是被子弹打死的，是被烟熏死的。他们在战壕里出不来，被闷死在里面。我们的伤亡也很大，我们一个队死了一半以上，一个军留下来只有一两千人了。我们牺牲了的就只能葬在这个地方，但是美国的士兵死了以后，就马上拖回去，用飞机运回国。美国和中国不一样，中国是最低微的人当兵，美国是有地位的人当兵，所以他们的待遇都是最高的。美国总统罗斯福对军人非常好，凡是国家最好的东西，都是发给军人用的。

1944 年 8 月，中美联军在强大的空军、炮兵支援下，最终取得了密支那战役的最后胜利。但是我们国内危险了，日本人已经从广西打到贵州马察坪。这时候，国民政府来了个急电，要新编第 6 军回国阻击日本人。我还记得大约是 9 月光景，恰逢我们第一批换呢料冬装的时候，我们被空运到云南的沾益机场。后来又飞到湖南芷江，参加湘西会战①。

---

① 湘西会战也称雪峰山战役，是中国人民抗日战争中的最后一次会战。侵华日军此战目的是争夺芷江空军基地，故又称“芷江作战”。战争起于 1945 年 4 月 9 日，止于 6 月 7 日。双方参战总兵力 28 万余人，战线长达 200 多公里。湘西会战最后一仗的主战场为雪峰山东麓的洞口县的高沙、江口、青岩、铁山一带。

接收南京和上海后，坐轮船到沈阳

日本宣布投降之后，因为我们武器精良，服装整齐，所以国民政府要我们去接收南京。当时日本人把所有的部队向海边集中，日本侨民也集中在一起。日本军队不让日本侨民在外面走，怕吃亏。南京只剩下一个空城了，日本人撤走的时候到处劫掠，值钱的也都换成金条带走了，剩下的都是些笨重的带不走的东西。所以，我们没什么东西接收，只有汪精卫的部队有武器。

我们住在黄埔军校南京校本部办公的地方。到军校时，伪军校的一些学生还没有走。校本部的建筑没有遭到破坏，走进大门后，两边是办公的，当中是大礼堂。还有几个仓库放学生用的服装用品，外面是停车用的。蒋介石住的两层小楼，被用作汪精卫的官邸，所以保存得很好。

接收工作主要是举行日本投降典礼仪式。签字仪式在校本部礼堂举行，非常严肃的场面。签字仪式后，我们把投降典礼设在新街口，就是要让中国的老百姓都能看得到，日本司令冈村宁次向中国老百姓弯腰鞠躬投降的场面。我们在新街口搭了一个台，一面对着老百姓，一面对着干部，一面对着军人。冈村宁次领着六七个日本人向老百姓道歉，老百姓高呼“打倒日本帝国主义！打倒日本人！”投降仪式结束后，我们就示威游街，老百姓喊口号。当时参加的人只有新编第6军军部的人，其他人因信息不灵通没有来。

一个多月后，我们又去接收上海江湾海军司令部。那边也没有什么人了，日本人不许老百姓到部队周围来，否则就用自来水射。老百姓为报仇，就在门口骂他们。日本有一些年轻的女侨民不愿意回日本的，我们有些军官就娶了做老婆。没过多久，我们又坐轮船到东北沈阳去做接收工作。那时候林彪比我们早入东北，日本人的武器多是交给林彪的部队。

许多有功的老兵都跑了

抗战胜利后，我所在的情报队被解散了，我被分到了军械科。那时候乱得很，样样都是我一个人管，走得都没人了。伪军校学生走的时候都向我要东西，因为东西都在我手里。他们要留纪念，过去的服装、吊床、手枪，大家抢着要。我上海的一个同学，已经回到家了，又到南京来问我要东西，说："我们是同学，你权力这么大，现在都是你在管的，给我一点。"这些东西上面没人接收，有人要就拿走了，无形中就没有了。上海的手工业发展也很厉害的，那些手电筒，市面上没有的，给一支出去，很快市面上就有了。

回国的时候，许多有功的老兵都跑了，他们也不愿意打仗了。为什么新编第6军回来后，很多人不愿意干了？因为廖耀湘太严格了。我记得有一个营长，广东人，姓章，有一次，他预先没有叫情报人员探队，结果碰到一个团的敌人，当时他就一个营的兵力，就打了起来，牺牲了不少人。结果打胜仗了，廖耀湘却要枪毙他，因为损失太大了。后来，调查发现敌人是一个团的兵力，他是有功的，不但没被枪毙，还升了一级。后来，他回国之后就不愿意干了，说："我打胜仗还处理我，不敢干了。"所以，对手下只能宽容，不能太严格。书上说他是作战不力被开除了，其实不然。我们在军部，了解很多事情都的内幕。有的老兵空手走，却有的带着武器走，我们还要带着一个班去追，他们还和我们对打。

一个泰国归侨的黄埔远征路

采访者：李岚、苏爱荣
整理者：林瑛子
采访时间：2013 年 3 月
采访地点：广东省汕头市

讲述者简介：陈英波，1917 年出生，广东潮州人，泰国归侨。1939 年，考入黄埔军校第七分校第十七期步兵科①。参加中国远征军后，历任第 5 军第 49 师第 145 团第 1 营第 1 连第 1 排少尉排长、中尉排长、副连长，中美鸿翔伞兵团学员，青年军第 207 师第 2 旅第 6 团副官、连长、营长等。中华人民共和国成立后，任哈尔滨解放军东北军区松江军事部教员、黑龙江军政大学学员、抗美援朝志愿军整训师军教参谋等。

---

① 黄埔军校第七分校第十七期，于 1939 年 11 月招生，其总队番号为第九至第十五总队，其中第十总队为特科，其余为步科。陈英波在一次口述采访中称自己是被分到第十七期特科第十总队入伍生团。因此，他应是第十七期特科毕业。

采访手记：抗战全面爆发后，一些泰国华侨为响应国内的抗日号召回国参加抗战，陈英波老人就是其中的一位。那年，他还只是一个14岁的中学生，毅然放弃在泰国的安逸生活，先是回到老家潮州教书，参与抗日救亡宣传。后又徒步7个省入读黄埔军校，继又远征滇缅、参加抗美援朝，可谓是传奇的一生。

我们去采访的时候，得知近两年老人健康状况不是很好，在患了白内障后更加严重了，行动也不便，需要他的三个儿子轮流照顾他。老人家中有一个木箱，里面装的是一些见证他那段戎马疆场岁月的物品，包括有黄埔军校的徽章、黄埔军校同学会员证、滇缅远征军行军用的脸盆和饭盒等。由于经历过特殊年代，大多数抗战老兵的随身物品已经被毁坏遗失，而陈英波老人至今还保留着不少中国远征军时期的行军物品，很难得。我们采访的时候，老人家答应把这些物品捐赠给我们博物馆，以完成这位97岁老兵的未了心愿。

跟着校长剃光头

我是黄埔军校第十七期的①，在王曲的第七分校②。王曲

① 陈英波在一次口述采访中说起自己跨越7个省考上军校的曲折经过：1939年，被军校录取后，他和其他100多名学员被编成一队，离开韶关辗转进入广西。从广西开始徒步行军，走到贵州独山，再到重庆休整，因原定黄埔军校第十七期学习地点还没有校舍，他又步行到甘肃天水入伍，在长途行军7个省后，终于入伍黄埔军校，后被编入第十七期特科第十总队入伍生团。直到1940年春，才开始正规训练。

② 黄埔军校第七分校是在继承中央军校西北军官训练班的基础上，于1938年3月29日，在陕西凤翔正式成立。抗战胜利后，并入成都本校，成为陆军军官学校西安督训处，续办至第二十一期学生毕业（1947年9月18日）。第七分校的训练基地远及陕甘两省的兰州、天水、凤翔、西安、户县等地，辟窑洞为营舍或驻寺庙，校部设在西安王曲镇（原城隍庙内），陆续建有黄埔村、留村、曹村等新营房。第七分校是国民党军事集团中最大的军事院校之一，学生总队毕业人数居各分校之冠。

是校本部，而我们学习的地方就在子午镇[1]。在王曲旁边，有条河叫湘子河，韩湘子就是在那里出家的。当时的学生人数众多，所以直到毕业前夕，我们都要早出晚归去山上砍柴，加盖了大操场，还有营房。

军校的教官很关心学生。蒋介石来过军校看我们，校庆阅兵的时候来过，经常下部队视察。他自己在王曲有一个别墅，有黄埔军校的学生为他站岗保卫。蒋介石不喜欢我们叫他“司令”“委员长”，在军队里要叫他“校长”，他才高兴，或者是叫他“先生”“蒋先生”，这主要是在政府里面叫的。

胡宗南是我们的主任，住在大雁塔，在王曲办公，他经常为我们训话。教学活动主要是副主任邱清泉负责，他是中国远征军第 5 军的军长。我们在学校经常看到邱清泉，他跳鞍马和耍单杠都很厉害。他对学生很好，经常教导我不要抽烟喝酒。邱清泉以身作则，校长蒋介石都说他烟酒不沾。开会的时候，尤其是酒楼喝茶、喝酒的时候，他是什么酒都不喝，连白兰地也不喝，就在茶杯里装开水去向别人敬酒。他在军校的时候剃了 3 年的光头，我们也都是这样。因为当时校长蒋介石是剃光头的，所以我们都向校长学习，剃了光头，连军长、师长都不例外。实际上，这也是为了预防在战场上受伤后，伤口掩在头发里受感染。

滇缅战场上印象最深刻的两次战斗

1943 年，从黄埔军校出来，我就参加了中国远征军。从

① 陈英波所在的第十总队的学生主要是从江南沦陷区招来，多为两广与华侨学生，他们步经粤、桂、川、黔，开驻天水受训，后移驻户县的牛东。

陕西西安，一直走到云南昆明，最后到元谋、保山、武定。在中国远征军时期发生了几场战斗，我印象比较深刻。

其中一次，日本的坦克开进我们的阵地放毒气。日本人不仅放毒气，还丢催泪弹、糜烂弹。人一旦接触这些气体，皮肤就会糜烂，眼睛也会失明，有的会让人喷嚏不停，喘不过气，所以不突围就只有死路一条。于是，我们组织敢死队，在队员身上绑炸弹，等坦克靠近时我们就冲到坦克底下引爆炸弹。美国的炸弹非常灵敏，稍加用力就引爆了。我们也炸过日本人的摩托车。那时候，我们还没有摩托车，见都没见过，但是日本人有。当他们驾着摩托车过桥的时候，我们把桥炸断了，车和人就掉到桥底下去了。

还有一次，是在滇缅反攻战中。这场战役，剩下只有1万多人，然后补充了几个师过去。孙立人原来是师长，后来被提升为司令。他英语非常好，跟美国人沟通完全无障碍，连手下的兵也会讲英语。当时怒江惠通桥对面的山坳里有两个日本兵的堡垒，非常坚固，他们修了两年，里面应有尽有。而我们是在山的这边，中间隔着一座桥。于是，我们就打算挖两条战壕通到堡垒下面把它炸了。我们白天不敢挖，怕被发现，就晚上挖。挖了10多天，终于挖到堡垒下面。在我们的战友运输炸药包的同时，日本兵不断地从堡垒的墙孔里面用机枪对我们这边进行扫射。但是，我们为了不误伤战友，不敢与他正面交火。这时候，陈纳德的飞机从云南小石坝起飞，飞到怒江这边协助作战。与此同时，我们这边两门大炮也一起轰炸。一直等到绑炸弹的4名战友顺利到达堡垒底下，引爆爆破装置，才把他们一举歼灭。

后来，我加入青年军第207师，负责铺油管，铺中印公路，公路铺到哪里油管就铺到哪里，一直从印度铺到中国的贵州。由于青年军是军官队伍的后备力量，三年后即升为军官，是部队的有生力量，所以作战相对比较保守，并没有上前线打仗，而是在后方保卫，做一些挖掘管道的工作。不过在铺油管的期间，日军也经常来搞破坏。

美国的装备和罐头

中国远征军当时使用的是美式装备。美国装备有国际帽，炮兵标示是小门炮；工兵则是十字钩，就在徽章这里；步兵就两支叉，在袖章这里，有狮头，后来就换成了老虎。我当时是少尉排长，后来加多一个梅花，变成了少校；营长是上尉，上尉是三支杠；副连长是中尉，两支杠。衣服都是呢子的，质量很好。

抗日战争时期，美国只给远征军无偿配发装备，其他部队没有。由美国派出教官团负责培训，他们先教军官，包括团长、营长、连长、排长都得学，其中排长最重要。连长、排长学完了再去教士兵。我们配的武器有冲锋枪、自动步枪，炮兵有火箭炮、战防炮。我当时是步兵，发的是冲锋枪和自动步枪，另外我还会用勃朗宁手枪。新式武器学了几个月，基本就上手了。

军粮有英国罐头和美国罐头，也发白糖等，另外军官还发烟。有一种很大的葡萄罐头，开了之后大家一起吃。每人1个罐头，在战壕里面肚子饿了可以吃，里面有5块饼干、4根烟、2粒维生素，都是搭配好的。当时老百姓也慰劳我们，但那时候大家都很穷，慰劳的东西也没什么吃的，有时有一些米之类的。

一名优秀的中国远征军战车教练

采访者：徐丽飞、刘小翠
整理者：崔殿斌、陈何毅
采访时间：2012 年 11 月 15 日
采访地点：江苏省南京市

讲述者简介：冯宗尧，1923 年出生，江苏宜兴人。1940 年，考入黄埔军校第十八期辎重兵科。1942 年毕业后，进入湖南洪江陆军机械化学院学习。1944 年，任中国远征军战车第 7 营第 2 连少尉副排，其后远赴印度担任战车教练。抗战胜利后，在国民政府国防部兵器室任职参谋。中华人民共和国成立后，进入“汤山炮校”（解放军炮兵学院南京分院前身）教研室当教员。

采访手记：冯宗尧很自豪的一件事便是去到印度学习战车驾驶，两周学会并担任战车驾驶教练。因为当教官教得太好，便一直被留下担任战车驾驶教练，直到中国远征军结束在滇缅的战事。

采访结束后，老人将其珍藏多年的，在印度兰姆伽任战车驾驶团教练时使用过的公文盒捐赠给我们博物馆，这是我们此次采访的意外之喜。后来从新闻媒体得知，在2014年，冯宗尧同黄埔军校第十五期的张修齐一起上过“中国梦想秀”节目，为一个民营博物馆筹集文物。在这一年，他还参与由南京财经大学在校学生发起、采访、拍摄并剪辑的纪录片《敬礼，老兵》。

考军校是被日本人逼的

那一年我19岁，还很顽皮，之所以去考军校，实际上是被日本人逼的。以前有句老话“好男不当兵，好铁不打钉”。谁家舍得把一个独子送到前线去，我们家也是没办法。

我父亲是清朝的秀才，抗战时期在湖北省武汉市的一所中学任教。日本人逼近武汉，我们全家就迁到湖北省公安县，一个和湖南接壤的地方。我父亲先是当会计，后来又当起了私塾先生。

有一次，李宗仁和白崇禧的部队，从公安县经过。由于汉奸告密，日本人派了9架飞机对公安县城进行轮番轰炸。飞机一来，小县城没有警报系统，只能靠敲钟。整个村子的人听到钟声后都往城外跑，由于城太小不像个县城，飞机一下子就飞过去了。这个敲警钟的人看到飞机走了，就敲解除警报的钟。这一敲钟，村里人听到又回来了。结果有的出，有的进，都堵在街道上，到处是人。飞机再飞回来时看到这么多人，以为是国民党的部队，就低飞轰炸和扫射。

虽然当时我只有十三四岁，但想起这一幕，我心里还是很激动的。眼看飞机已经在往下飞，知道肯定是要丢炸弹了。我就往街上猪肉店里跑，在猪肉店里躲了一会又往自己家里跑，躲在家里的八仙桌下。飞机“轰隆隆”地开始轰炸，等我们出来再往城外逃的时候，看到到处都是死人。我刚躲避过的猪肉店也倒塌了，城里都乱成一团。

父亲看到这个样子，又带着全家迁到了重庆。家里就靠着父亲微薄的工资维持生计，日子过得十分清苦。当时，日本人的飞机整天在重庆上空狂轰滥炸。我最痛恨的就是较场口那个防空洞，日军飞机一个炸弹下来，刚好炸到洞口。洞口一塌，500 多人都被活埋了。

念初二的时候，我在班上的成绩相当好，刚好黄埔军校来招生。为了给自己找到出路和前途，为了不再被日本人欺负，也为了报效祖国，作为家里的独子的我义无反顾地报考了军校。考黄埔军校本来都是要高中文凭的，由于当时战事吃紧，兵源紧张，军校也降低了招生要求，不然我是不会被录取的，因为我没有高中文凭。

被班长打了一拳

刚进军校的时候，印象最深的就是大门口的对联——“贪生怕死莫入此门，升官发财请走别路”。它时刻提醒我们黄埔军校的每个学生，你既然是为国奋斗而来，就不能贪生怕死，更不能靠这条路来升官发财。

在 3 个月的预备期和 3 个月的入伍期训练中，我们的生活十分艰苦，饭里经常有沙子、谷子，难以下咽。军训官哨子一吹，你就要赶快往嘴里倒，大概只有几分钟就要停筷。你要是还是学生的样子，文文雅雅地慢慢吃，那是不可能的。军事训练学习立正、稍息、向右看齐、齐步走等一系列的军事动作。有一次，我因为一个动作没做好，被班长（他是第十六期的毕业生，留校当班长）在胸口来了一拳。当时被一口气憋住人没站稳，就倒在地上了。等气缓过来，我站起来说："报告！没事了！"然后又跑到队伍里继续训练。虽然队列训练很严格很苦，但我还是坚持下来了。

为了时髦有马靴穿，选择辎重科

基本的军事训练结束后，要对我们进行分科了。当时我还年轻，有这样一个想法，想赶时髦。所以，我想当骑兵，因为骑兵可以骑马，而且还有马靴穿。后来，又听说辎重兵也有马靴穿。辎重兵是干吗的呢？后来了解到是搞后勤的，汽车运输、骡马运输、人挑运输（用扁担），专门为军队提供补给的工作。我想这个挺好，不用在前面打仗，还可以开汽车，那个时候开汽车可时髦了。脑筋里这么一盘算，就决定考辎重科。

分科报名有 3 个志愿可以填，我分别报了辎重兵、炮兵、辎重兵，也就是说我非辎重兵不进。结果，我如愿进入辎重科，穿上马靴。当时只有 3 个兵种是穿马靴的——炮兵、骑兵、辎重兵。3 个兵种都在西较场和南较场训练。由于年轻，骑马一学就会，每个动作都学得很好。至于学车，其实只是推车。平时我们在操场整个下午 4 个多小时，车子故障多，汽油也短缺，开一会车子要不就出毛病，要不就没汽油，所以实际上推车比学车的时间多。

有一次，长途驾驶从成都到峨眉山，每个同学轮着开一段。我比较走运，开的那段路比较平坦，一下兴奋踩着油门向前冲。坐在旁边的教练打了我的腿一下，打得蛮疼的，我吓了一跳。他态度很严肃地说：“谁叫你开那么快！”在军校里教官的要求是很严格的。在军校经过了两三年的锻炼，人长大了，爱国心也更强了。

湖南洪江陆军机械化学院[①]

毕业的时候是全国统一分配的，志愿可以自己填。其中有一个志愿相当吸引我，湖南洪江陆军机械化学院一级学院，下面还注明“到印度远征军坦克部队”。我心想这个志愿既能加入坦克部队打日本，又能学到更多的先进知识，岂不是一举两得。我试着跟父亲商量，父亲说：“你有志报国，我当然不能拦你。”我又跟我的干爹、国民党中将杜邵堂请教，干爹说：“很好！男儿志在四方，报效国家，既然当了兵，也该学点先进的东西。”

于是，我报名参加中国远征军的集训。当时，我们辎重科 77 个同学毕业，除我以外的 76 个都留在国内，有的分到战区，有的分到各个部门，因为当时国内汽车部队还吃香，“马达一响，黄金万两”。那年头谁都想多挣点钱，只有我最傻的，怀着满腔热血踏入洪江陆军江机械化学院的大门。不过，在这里的 3 个月只是挂名学习而已，真正的学习是在印度。

---

① 湖南洪江陆军机械化学院的前身是 1935 年 10 月，始建于南京丁家桥的陆军交通辎重兵学校（简称为“交辎学校”）。校长由蒋介石兼任，教育长是长城抗战第 8 军团代总指挥、第 17 军军长徐庭瑶。抗日战争全面爆发后，这所学校穿越层层战火，且战且走，经郑州、武汉、长沙、柳州，于 1940 年秋，辗转到洪江。1944 年冬，在日军发动湘桂攻势洪江岌岌可危时，于次年 1 月迁入四川省潼南县双江镇，并于 2 月正式复课。

到达兰姆伽

去印度的命令下达后，我们在湖南洪江集合。然后，统一坐车到昆明巫家坝机场，坐美国飞虎队运输机前往印度。从昆明到印度的航线山峰起伏连绵，要从喜马拉雅山最高处一个像骆驼背脊的山坳中飞过，所以得名“驼峰航线”。飞机因为战时运输需要都经过改装，里面的座位都被拆掉。当飞机从喜马拉雅山的山坳飞过时，机舱压力很大，我们都必须把嘴巴张开。如果不张开，耳膜根本吃不消。

我们一下飞机还没出机场，就看到一个英国人工头对修机场的印度土著工人肆意鞭打。怎么可以这样随便打人？后来我细心一想，印度是英国的殖民地，原来当亡国奴是这种滋味，不但没有基本的人权和尊严，连行动的自由也没有。

在机场，我们每个人都要进行身体检查。中国军装一脱，体检完直接换上美式军装。换装后，我们经过火车、轮船的颠簸到达兰姆伽。

考取美军军用驾驶执照

兰姆伽是一个大的训练基地，有美军、英军，实际上以美军为主。有炮兵、步兵、工兵、辎重兵、战车兵等各个兵种，还有医疗队，我们到战车第7营报到。战车第7营是一个训练营，营长包勋南，黄埔军校第九期生，副营长为汪秉信。我被安排在第2连第2排当排副。我刚到不久，就因为肠胃不适进医院了，结果住院了一个礼拜。实际上没什么毛病，就是水土不服而已。医院里的医生、护士都是美国人，里面的条件也很好，整桶整桶的牛奶，简直可以当茶喝。

出院后，营部派人来问我："冯宗尧，你不是会开汽车吗？听说你开得不错，要不要考执照啊？"我说："那当然要考的！"他说考执照是有点难度的，部队里考得是JMC大卡车的执照，不像考小汽车那么容易，要求驾驶大卡车走100米S形的路，两边车轮15厘米宽，车子前进中途不许停，倒车不许压线。前进不压线没什么问题，倒车就很不容易了。

那时，我年轻气盛，没想太多就报名了，反正你提出怎样的要求，我就怎样满足你。那天考试，四周围满了官兵，我坐上大卡车，启动，前进50米，换二、三、四档，倒车没压边线，动作精准，技术熟练一气呵成，结果一次性考取了美军军用驾驶执照，这一直是我很引以为豪的一件事。

成为战车教练

在兰姆伽考取了军用驾驶执照后，我就开始学习驾驶坦克。每个人除了学习驾驶坦克以外，还要学习平射炮、三七式平射炮、机枪拆卸、地雷拆装等20门课程。为什么每个人都要把所有的专业操作都学会呢？因为每辆坦克都是由多人合力操作控制的，比如15吨的M3N3最轻型坦克①也要由4个人操作，每个人都要熟悉所有岗位的操作技术，能够互相轮换胜任任何一个岗位。就是说，万一有人牺牲了，其他人也能够顶上，好比说驾驶员牺牲了，车长或者副手要能接

① 应为M3A3"斯图亚特"轻型坦克。此轻型坦克是美国在第二次世界大战中期由M3型轻型坦克发展而来的。1942年8月定型，1943年投入生产，至同年10月止，共生产3427辆，之后由M5A1所取代，其中的2433辆通过美国的租借法案交给英国、中国及自由法国等同盟国军队，主要活跃在西欧、意大利及东南亚战场上，为同盟国军队立下汗马功劳。

得上手，不然坦克就只能停下来了。所以严格讲起来就是说，坦克兵要对坦克内部所有工作、所有专业都熟悉了解，而且每辆坦克内部人员都配合默契，这样才能被派去作战。

我在平射炮课程学习时，7 炮打中了 4 炮，这个水平在当时来说是相当不错的。两个礼拜下来，总共学了五六门课程。有一天，驾驶场的美国教官对我说："冯宗尧，你要留下当助教，你开得非常好。两个礼拜就能够有这样的水平，你现在已经足够资格当教练了。"那个时候教练团都是由美军统一安排的，我们肯定不会说不肯。

战车教练灭火记

从那时候开始，我上午就在战车驾驶场当教练，下午回营里带自己的兵。训练的时候，专门有美军驾驶员开着几十辆坦克浩浩荡荡地经过 20 多公里，把大家送到山里头。在山头上打出一片大平地，中间光光的，四周围都是山头，其他山头还有保养场、修理厂等。几十辆车子在驾驶场一发动来回驾驶训练时，声音震耳欲聋，尘土漫天飞扬。有时候，在车里"轰隆隆"的什么也听不见，我还不太戴口罩，因为戴着口罩讲话就要更加大声音了，所以只能靠手势指挥起步、换挡。一场训练下来，每个学员身上脸上都是黄土，中午回营房洗脸洗出来的都是黄水。天天如此，身体要是差一点的是吃不消的。

本来说好是 3 个月一轮换，结果 3 个月后我不能轮换，因为他们认为我教得太好了，教出来的学生个个都相当符合教官的要求。其中还有个小插曲，那天我的车子多分了一个学员，多一个人就等于车子要多转一圈。这样一来，训练的时间就不够了。我就在大部队靠边休息的时候，抓紧时间训练，别人休息，我训练。谁知道车子刚好转到部队看不见的时候，就突然失火了。

它为什么会失火呢？一是发动机在该休息的时候没有休息，机件过热；二是保养没做好，油管有点漏油。坦克在行驶过程中总会点起火星的，油管漏油，一下子就烧起来。火还不小，我赶快给学员下命令："你们马上下车。"然后自己跳到车厢，拿起灭火栓救火。结果，当我拔开了灭火栓，火不灭反而更大了，原来是保养厂维修这个车子的时候没在灭火栓里装灭火液。在我束手无策的时候，在对面山头的美军马上派人赶来用手提灭火器帮我灭了火。事情过后，我受到了美军少校教官的表扬，他讲："冯宗尧很勇敢，自己跳上去灭火，没有灭火液是保养厂的责任，不是冯宗尧的责任。"

"培训工作比上前线更重要"

当战车教练到第七个月的时候，国内传来学生兵快要到的消息，就是重庆"十万知识青年"从军派到印度来的。他们都是好样的，有被派到炮兵部队的、步兵部队的，也有被派到我们坦克部队的。听到这个消息后，我觉得心潮澎湃、热血沸腾，觉得自己已经不再是刚到军校时候的那个思想了，认为自己已经成为一名非常合格的军人，也该做些一直很想做的事情了。

我给营长打了份报告，报告里的几句话到现在还记忆犹新。报告里说："我到印度来是为了报效祖国，为了打日本鬼子。""我头可断，血可流，而志不可屈。"（这句古文里的"志"就是"抗日之志"）"我不怕死，要和其他人一样上前线打日本。"

营长、副营长看了后都很激动，对我这个小青年的爱国志向很认可。但是，营长跟我说：“你不可以上前线，你知不知道你的的工作多重要，前面有人牺牲了，后面要有合格的人才能补充到前线去。培训工作比上前线更重要，你是优秀的培训人员，你还是在后方安心当教练吧。不是不给你上火线，你可以培养更多更优秀的学生上火线。”

抗战胜利后，我偷偷溜回重庆

之后，前方胜利的捷报不断传来，在缅北把日本鬼子打得连番号都没有了。那个最有名的第18师团在我们的战车部队的猛烈进攻下，司令官差点被我们活捉。把他的关防大印、军旗全部俘获，就他自己光着屁股跑掉了。日本人在印缅战场失败的主要原因，是因为制空权被我们控制了，他们没了飞机，或者飞机起不来了；另一个原因就是日军战线太长，从日本到印度、缅甸物资运输补给跟不上。

我们知道马上就能回国了，本来想把坦克车开回来去反攻日本人。结果因为我们的桥梁连最轻型的15吨的坦克都没办法走，一走桥就要压垮了，没办法只能把坦克都留在了国外。

回国后，我跟着部队到了秦皇岛，准备去东北打内战。这时的我心里十分犹豫，不想北上又不知道该往哪去。我给父亲写信，述说了心里的想法。父亲回信说：“我不赞成你北上，东北天气太冷，重要的是我们参军打日本人，是为了保卫家园，师出有名，现在打内战，共产党都是中国人，应该好好谈谈。你们蒋校长不爱谈判，爱打内战，那我们宁愿回重庆，不参加打内战。”我也很认同父亲的话，毕竟是中国人打中国人。结果，我就不告而别，偷偷溜回重庆。

坐下来，抽根烟谈一谈

我有个叫钱卓伦[1]的伯伯，他是国民党铨叙厅中将厅长。回到重庆后，我依仗着这个关系在国防部兵器室当了一个小参谋。当时陈诚、白崇禧等高级将领会来这里开会，开会前我们先把地图册布置好，前线打什么仗，就在地图上就标出来，看着这个地盘越来越小，就知道前方的战事紧张。

当时有从东北前线跑回来的同学，见了面我就问他东北的情况，他说："给共产党抓了以后，不会杀你，要是想走，就给你通行证，发你几块袁大头让你走。"我问他："要是再投一次国民党又被抓呢？"他说："再投再抓，再教育你，给你思想改造改造。"这时候我才晓得，共产党原来不是抓到就杀的。

我有好多同学参军加入国民党，有的加入共产党。打仗打得近的时候，一看对面竟然是同班同学，就不打了，坐下来，抽根烟谈一谈，这种情况也是有的。国民党陆续撤往广州，准备到台湾。我不想去，就留在上海使馆区当了个连长。

扪心自问，我对得起国家和民族

中华人民共和国成立前，我回到宜兴老家。我的岳父有个亲戚叫苏群，他是新四军文艺中队第二中队的中队长，他

① 应为钱卓伦。钱卓伦（1890—1967），江苏宜兴人。中央陆军大学毕业后，历任营长、参谋长、团长、要塞司令等。抗战时期，历任保定行营副参谋长、后方勤务总司令部参谋长、军委会铨叙厅厅长等。

对我说："你是国民党的坦克教练，参加过远征军，汽车又开得不错，又是黄埔军校毕业的。我们党有政策，你可以去参军。"我心想自己又没有做过坏事，怕什么，参军就参军。

参军后，我和我老婆一起进入炮校预科学习，重新学习社会发展史、新民主主义革命等等。学习了好几个月后，我被分配在汤山炮校①教研室当教员，我老婆因为会化妆被分配到炮校政治部文工队，演出时为演员化妆，也是为了照顾我们俩夫妇。

现在到了晚年，我回想过去，扪心自问，可以很自豪地说："我对得起国家和民族！"年轻的时候为国家和民族贡献了我的一切，甚至是我的生命。在中国远征军中，我的表现突出，为祖国培养了不少优秀的人才，这一经历让我的人生再无遗憾，也为我的人生留下了难以忘怀的深刻回忆。

---

① 1931 年，国民党在南京开办了民国时期第一所兵种学校，是当时全国唯一的炮兵学校，史称"汤山炮校"，地位仅次于陆军大学和黄埔军校。1949 年 5 月，华东野战军"特纵特科学校"接收原国民党"汤山炮校"旧址。1950 年 12 月，由华东军区、第三野战军司令员陈毅授旗，改为"第三炮兵学校"。

我从三分校到四分校，从台湾到重庆

采访者：徐丽飞、杜穗红

整理者：吴峥嵘、李岚

采访时间：2013 年 4 月 21 日

采访地点：重庆市大足县

讲述者简介：夏恒启，1923 年出生，安徽芜湖人。1939 年，从安徽屯溪进入黄埔军校第三分校就读。半年后，调到位于贵州独山的黄埔军校第四分校，成为第十七期步科第二十三总队第七队学员。1942 年毕业后，被分到第 5 军新编第 22 师特务营第 2 连第 3 排任排长。曾参加兰姆伽集训，后进入洪江机械化学校学习。1949 年 11 月，随“两航起义”① 经香港回到重庆大足县。

---

① 1949 年 11 月 9 日，10 架中国航空公司飞机与两架中央航空公司飞机相继从香港启德机场呼啸起飞，在脱离了塔台视线后，掉头向北京和天津方向飞去，除了 1 架降落在北京机场，其余 11 架全部飞抵天津张贵庄机场，这就是震惊中外的“两航起义”。

采访手记：夏恒启身体健康，思维清晰，表达流利。在我们与老人的采访交谈中，除了感受到双方在共同话题上畅所欲言的愉悦外，感触更深的是老人的热情。在采访间隙，我们负责摄像的同事起身想去厕所，老人马上注意到了，一定要带着我们同事到达厕所门口才行。采访结束后，老人又想留我们在家吃饭，动员一家人将我们围在了房间里，等我们吃过饭后才放行。辞别到达楼下时，老人又从口袋里神奇般地掏出一捧糖果拿给我们在路上吃。

从安徽屯溪考入第三分校

我是安徽芜湖无为县的，和第200师师长戴安澜是老乡。“七七”事变以后，家乡沦陷，我家也没有了，我们当学生的各奔前程。皖南青年同苏南青年，纷纷集中在安徽南部屯溪，就是现在的黄山市，那时是战区司令部所在地①。

当时，国家收容流亡学生，我们就决定从军。看到黄埔军校第三分校招生，我就去报名考试了。考军校不简单，要爱国，还要吃苦，关键是要能够吃苦。初试时考英语、政治，我高中只读了一学期，那时国家需要人才就把标准降低一点。我们复试要检查身体，看你的形象，有无麻子、近视，身体有无残缺，因为黄埔学生要选仪容比较端正的。所

① 抗日战争时期，由于屯溪位处皖南腹地，交通闭塞，四周又有群山环绕，日军难以攻取。加上当时国共合作，屯溪是国民党第三战区薛岳的前敌驻地指挥部。包括安徽省主席行署、皖南行署、国民党安徽省党部等，沪宁苏皖大量的军政机关等三四百个大小机关单位先后迁来屯溪。

以，黄埔精神在中国革命史上非常重要，黄埔学生的精神风貌比较好。

第四分校的主任和教官们

考上军校后，我们行军到江西会昌的第三分校①。在会昌训练了半年多，新兵入伍，入伍结束才当学生。因为第三分校是新成立的，训练器材、枪炮、服装都不够，就把我们集合成一个总队调到贵州独山的第四分校。第四分校是广州分校迁来的，最初迁到广西桂平，后来迁到独山，训练器材都是广州分校的老底子。

军校有区队长、分队长、总队长、大队长，还有各种教官，包括射击教官、炮兵教官、战术教官、筑城教官，还有教日文的教官。因为是跟日本人打仗，所以要学会说一些简单的话，比如你把日本人俘虏了，不能跟他讲话是不行的。教官都是中国人，对我们都很好。他们有的是黄埔军校前期毕业的同学，还有保定军校的老教官，战术教官一般都是保定军校的。

我们这个总队三江人②居多。总队长叫陈家炳③，黄埔军

---

① 黄埔军校第三分校于 1937 年年底在瑞金创办，曾一度迁至广丰，再返迁瑞金。1942 年，迁至会昌县西江镇西江中学，直至 1946 年年初停办。

② 1939 年，军事委员会军训部成立入伍生第一团，委托江苏省江南、浙江省浙西、安徽省皖南等行政长官公署，在苏、浙、皖等沦陷区，招考知识青年从军报国，这些热血青年通称为“三江子弟”。当时第三战区司令长官顾祝同曾说过：“各位都是三江子弟，将来要随本长官打回老家去”的话语激励他们。

③ 陈家炳（1902—1980），广东文昌（今海南文昌）人，黄埔军校第一期学生。从军校毕业后，历任黄埔军校教导团排长、连长等。1934 年，任南京黄埔军校第十二期学生总队附。1935 年起，任黄埔军校第四分校学生大队长、总队长等，专司军队教育多年。

校第一期的，海南人，和杜聿明、陈明仁、关麟征同期。我们见总队长就是在总理纪念周的时候，还有上操、上课的时候。每个队他都去看看，看看教官上课好不好，学生学得好不好。区队长就是广东的，很多教官是广东的，所以我会讲广东话。毕业后我分到第 5 军，参谋处的处长就是我们的战术教官，他看到我们很高兴。

我对第四分校主任韩汉英印象最深。韩汉英是中将，保定军校毕业。我们只有在总理纪念周、开学典礼的时候才能看到他，平时见不到他。蒋介石在独山分校举行开学典礼的时候也来过一次军校，以后也没有见过。毕业的时候，甄别考试我考及格了，但韩汉英说我年龄小，才 19 岁，让我延迟毕业再读一年。后来我够资格当排长了，我就去找他，他见到我之后就要考考我，叫我指挥部队，喊一百个人让我指挥。我指挥得很好，训练下级干部大劈杠、翻单杠、跳木马、跳障碍，就顺利毕业了。

在军校苦得不得了

1939 年是抗战最艰苦的时候。我们也吃不饱，一天吃两餐，都是粗粮。因为是在贵州山区，要自己走七八十里路去乡里办领粮食，吃半个月或者一个月就又要去领。物质方面非常困难，房子要自己造，自己到山上去砍树，造房子，做桌子、板凳、床，什么都要自己动手。穿的衣服鞋子等用品都是军校发的，一年一套棉军服、两套外衣、两套衬衣，冬天有棉大衣。我记得衣服上有圆的领章，写着“军校学生”等字样。我们穿布鞋、布袜子，布鞋穿不了多久就破了，就自己编草鞋。

我们当时住在贵州独山基长镇的营房，不住在老百姓家，因为不能扰民。星期天下午休息的时候，我们才到老百姓家里，借点柴火烧水洗澡。平时出操回来，只能洗冷水澡。在军校苦得不得了，但也要忍受，不能当逃兵。

军校的生活很辛苦，每天都是操练学习。6 点起床，全总队跑步，然后翻高低杠、跳木马、练劈刺，大概一个小时，再之后就是操练。9 点吃早饭，然后又操练，学到 12 点睡午觉。下午 3 点开饭，一天吃两顿。休息到五六点，到外面洗澡，上晚自习，在教室里复习今天所上的课。9 点半熄灯睡觉，保证充足的 8 个小时的睡眠时间，不然体力消耗太大。

在军校要学习的功课很多，军事训练、步兵操典、阵中典范令、战术等。具体来说，就是要学习怎么筑城，怎么爆破，怎样做工事，怎样用枪用炮，怎样掩护自己，怎样消灭敌人，等等。晚上还要接受夜间教育，要识天文，会看天气变化，认北斗星，辨认方向。虽然我是步兵科，但是也要熟悉怎样架桥，要学会测量，懂得看地图，知道具体在哪个村、哪个县，带兵时都要用到的。

星期天放假，但是我们更忙。上午要做总理纪念周，全总队集合，背《总理遗嘱》。几十年过去了，我现在都还能全部背下来。在军校的娱乐活动就是晚上打打球，没有足球场，就打篮球、打排球。

我们在江西第三分校入伍时就加入国民党了，蒋介石的儿子蒋经国在赣南当专员①，离我们很近，他坐小汽车过来

---

① 1939 年 6 月到 1945 年 6 月，蒋经国担任江西省第四行政区（辖赣南 11 县）行政督察专员和保安司令。其间，他提出“建设三民主义新赣南”的口号，被称为“赣南新政”。

监誓，代表中央党部，代表国民党。我们全团宣誓，崇信“三民主义”，崇信国民党，爱国家、爱人民，宣誓入党。全体都要加入国民党。

从1939年到贵州独山，到1942年毕业，我在贵州独山训练了大概两年半，加上江西的半年就是3年。毕业的时候要进行甄别考试，教官监考，考试不及格要留级。甄别考试就是检验3年来学的东西，学懂没有，没有学会百分之百，也起码要百分之七八十。毕业考试除了笔试，还要实战演习，枪炮怎么操作，怎么追击，怎么防守，攻防对策，都合格了才能毕业。

在兰姆伽，吃得比国内好

毕业后，我被分配到第5军新编第22师，在印度兰姆伽，军长是邱清泉①。我们从昆明巫家坝坐空军运输机，翻过驼峰，到印度加尔各答。我们坐的飞机很大，可以运载100多人及其装备，包括被子、服装、枪支弹药、鞋帽等，坐在里面不挤。那时的飞机没有现在先进，只能飞几千米。飞越“驼峰航线”是很危险的，要经过喜马拉雅山，山路十八弯，我看到外面都是雪山。

在加尔各答，我们都换穿了美国的卡其呢子布军服，军事补给完成后再转车到兰姆伽的军队营房。在那里吃得比国内好，在国内吃不饱，只吃两餐，到了兰姆伽吃三餐。每天

① 新编第22师成立于1938年，师长邱清泉，隶属于第5军。昆仑关之战后，邱清泉升任第5军副军长，由廖耀湘接任新编第22师师长。1942年，邱清泉转任西安第七分校副主任，升中将，后调任新编第1军军长，旋于1943年1月改任第5军军长。

每人配2两黄豆、2两白糖，还有4两猪肉、4两羊肉，有的时候还有牛奶喝，美国供应的。

在兰姆伽，我们主要是训练配合美军出去搜索日本人。教官用英语操练，也会讲汉语。训练内容是同美国人配合，学习美国部队的管理，包括怎么认识美国部队，怎么和他们联系，哪一师哪一团，要听他们的指挥，相互配合，怎么防备战争，怎么躲过追击。装备方面，我们原来用的是步枪，现在要学卡宾枪、冲锋枪、火箭炮等美式的装备。

我们大概训练了8个月。在训练期间，我对邱清泉的印象最深。邱清泉是浙江温州人，黄埔军校第二期的，毕业以后到德国留学，回来以后从营长当起，团长、师长一步步升上去的。当时，他是我的师长，我被分配到他的特务营（现在叫警卫营）。特务营直属于师部，主要负责警卫师部的任务。我当中尉排长，天天都可以看到他，他留给我的印象是勇敢、有担当、有学问。

随机械化学校辗转多地

后来我们师都调回国了，改成第5军。第5军是机械化部队，有战车第1团、战车第2团、汽车第1团、自动兵团、机械化摩托师等。原来的第5军就改成第5集团军，都升一级，我们驻在云南崇明市嵩明县杨林镇。在杨林镇，我当第2连第3排排长，主要工作是训练新兵，带兵操练。待了一年多一点，我当了连长，到湖南接了两次新兵。因为部队的兵，打仗时被打死了很多，要补充新兵。后来部队保送我去机械化学校学习充电[1]，学校在湖南湘西洪江[2]，后来改成了装甲兵学校。

我在机械化学校学习开战车。先从开摩托车学起，后来又学习开吉普车、汽车、战车。当年的机械化部队除了有战车，后来还有装甲车。所有高级军官都要到机械化学校学习，不光要会开，还要学会攻击、过桥，要学机械化战术。

在机械化学校学了一年半，我在洪江毕业。后来学校迁到四川潼南，我留校到学生队第三十七期当区队长[3]。抗战胜利后，军校迁到徐州，我也跟着去了徐州。学校迁到台湾，我也去了台湾，1949 年 5 月去的，10 月就回来了，待了几个月。

中华人民共和国成立后，我从台湾回来

国民党很腐败，共产党解放了中国。我想共产党能取得政权，证明是民心所向。我是真心爱国的，我有本事，到哪里当军人都可以。

有一天，有一个警卫员，是我的老部下，他悄悄通知我说，他们要走了，我说能不能把我带走。他是我带到台湾的老兵，被共产党策反后，潜伏在国民党内。我对他有恩，他

---

① 夏恒启在一次口述采访中称："我们被调到了东北四平。到 1947 年 7、8 月，当时我们被林彪包围了，没粮食，全靠空投，我想我们在东北肯定打不赢了，就以老婆在四川的理由，请求调动。于是我被调到了陆军机械化学校，当战车队第七期的区队长。"

② 国民党陆军机械化学校是国民党军队的主要军事院校之一，于 1936 年 3 月 1 日成立，前身为陆军南京交辎学校。1937 年抗战全面爆发后，先后迁长沙、柳州。1939 年秋，迁至湖南洪江，易名为"陆军机械化学校"。1944 年春，奉命迁四川潼南，更名为"陆军装甲兵学校"。

③ 夏恒启在一次口述采访中称，他是战车队第七期的区队长。

就把我和我的妻子女儿一起悄悄地带到香港。然后，我们买机票从香港回重庆，和杨康其同一架飞机。我妻子是云川[①]人，我们是在1947年认识的。之前我在机械化学校教书，抗战胜利后部队整编，我就退下来了，有一段空闲期。那时很多人退伍，我就到重庆云川中学教书，教童子军，上体育课。她就在那里读书，所以我们就认识了。

我们一回来，重庆就解放了。我们到东门口和云川各界人民一起欢迎解放军，就算起义了。1950年1月，国家安排我去修成渝铁路，在云川道路指挥部工作。修了一年，路通了，就复员下来了。后来，我被安排到工商联当主任委员、副主席。

① 应为永川，下同。

从武汉大学到南京本校，从认识梅珍到出国抗战

采访者：徐丽飞、杜穗红

整理者：张长龙

采访时间：2013 年 4 月 18 日

采访地点：安徽省宣城市

讲述者简介：胡成周，1916 年出生，祖籍湖北广济，现居安徽宣城。1932 年，考入武汉大学土木工程系。1936 年毕业后，考入黄埔军校第十四期工科。1938 年从军校毕业，在成都练习营任见习官。后历任第 87 师排长，第 52 师参谋、连长等职，参加淞沪会战、上高会战①等。1941 年负伤后，任黄埔

① 上高位于南昌西南约 120 公里的锦江上游北岸，扼湘赣公路（南昌至长沙）要冲，东临鄱阳平原，背靠九岭山与罗霄山，既便于东出南昌，也便于西进长沙，是一处战略要地，所以上高会战又称“锦江会战”。战事发生于 1941 年 3 月 15 日至 4 月 9 日，作战双方：日军第 11 军司令官园部和一郎指挥的 2 个师团、1 个独立混成旅团，中国第九战区所属的罗卓英第 19 集团军，下辖夏楚中的第 79 军、刘多荃的第 49 军、李觉的第 70 军和宋肯堂的第 32 军。会战持续了 25 天，中国军队毙伤日军少将指挥官岩永以下 1.5 万多人，是抗战时期一次难得的、中国军队始终掌握着战场主动权而制胜的会战。

军校第三分校第十六、第十七期战术教官，后到第5军第5营任营长。1942年，在中国远征军集训队当教育副官，后到云南青年军总司令部任工兵署上校署长。接收完南京、芜湖等地后，被调到首都卫戍总司令部任二处少将副处长。1949年8月，跟随陈明仁在湖南起义。

采访手记：胡成周曾是武汉大学的高材生。因为全面抗战的爆发，老人离开大学考进了黄埔军校，投笔从戎。军校毕业后，参加上高战役等，后来负责史迪威公路的测量和油管的建设任务等。

因为抗战，老人结识了一位叫“梅珍”的女子，并订下婚约，也因抗战，老人与梅珍失去了联络。终于，在1989年的时候，老人和梅珍联系上了。相隔了48年的再见，胡成周老人70多岁，而梅珍60多岁，终身未嫁。如今，老人自己掏钱请人来照顾这个特殊的“她”，一个月1300元左右，而自己却是孤身一人，在志愿者的帮助下生活。

武汉大学毕业的高材生

我叫胡成周，祖籍湖北广济，1916年在安徽出生。我有兄弟八个，我是最小的，四哥在北伐打汀泗桥时作战牺牲了。1936年，我报考了黄埔军校南京本校第十四期。

当时，我刚从武汉大学土木工程专业毕业。因为全国的大学生都要参加军训，所以我在武汉参加3个月的军训，我任班长，大学军训叫候补军官。那时候到处宣传抗战，黄埔军校招生，我就报考了军校。记得招生的条件有三条：（一）完全中学毕业，那时候十年级就是完全中学，小学6年，中学 4 年；（二）身高要 1.68 米以上，身体健康；（三）要有两个将官或者校官的保证才能报考。我的第一个保证人是居正，另外一个是同学的哥哥，他是黄埔军校第四期的学生。

土木工程系的 60 多个同学集体参加考试，考试地点在武汉的右旗营房。笔试内容有数学、文史、国际形势等，还有口试和体检，整个过程非常严格。最后，我们 60 多个同学全部考上了，然后就坐车到了南京本校。

特别的南京本校生活

南京本校在黄埔路，学校占地面积很大。我记得一进校门就可以看到一副对联——“升官发财请走他路，贪生怕死莫入斯门”，印象特别深刻。在开学典礼后，我们开始紧张的学习生活。

到南京后，我被编到第十四期甲级生总队。由于我们在大学军训过，所以不需要经过入伍生阶段就分科了，我被分到工兵科。我们的学制本来是一年半，由于我们不用经过入伍生阶段，所以就只学习一年时间。在第十四期工科生中，高中水平的占多数，大学毕业的不多，大学生有来自南京中央大学、武汉大学、河南大学、清华大学和北京大学等。其中，来自南京中央大学的占多数。

校长蒋介石虽然不来上课，但每个礼拜早会，他都会来。礼拜早会有很多项程序，先是读《总理遗嘱》，然后向抗战阵亡的烈士、同学默哀 3 分钟。早会上，校长来给我们讲故事，讲为什么要考这个学校，怎么样抗日，要一致抗日，抗日不分党派，不分东西南北，不分祖籍，不分男女老幼，抗战必胜，建国必成，国家第一、民族至上等等。汪精卫当时是国民党副总裁，他也来给我们讲过课。

张治中是教育长，总队长是陈继承。教官清一色都是黄埔军校前期毕业的学生。我们的队长是黄埔军校第八期的，区队长有第九、第十、第十一期的。军校当时有德国、美国、捷克的教官，黄埔军校第十一期之前还有日本人，“九一八”事变前就走了。我们一个总队有 3 个大队，有 1300 多人，有七八个德国的教官。德国教官有丰富的带兵经验，会说中国话，不过他们是用德文讲授野外教育、匍匐前进、兵器、劈刺等。他们有一个生活细节，就是每个礼拜都要刮胡子；美国教官是西点军校毕业的，讲授战术课；捷克教官则讲授机枪知识。

我们这一年学习的内容有测量、机械、武器等。野外教育有野外演习、假想敌演习等，还有国际形势、国防地理等，每周还有一节政治课。我们还要学习德语和日语，德语大部分是德国人教，日语是中国人教。武器方面，每个学生配发七九式步枪，一个班有一挺三八式机枪、两挺轻机枪。我们平时的用品，如牙膏、牙刷、毛巾等都由学校提供。

军校对内务很重视。我们是一个排住一个房间，上下铺，区队长睡在最前面。早上起床要先把被子叠好，我现在还是这样，已经习惯了。枪要摆放整齐，宿舍的地大家轮流扫，搞不好要受批评。学生不准抽烟，教官会检查宿舍。每个礼拜都要洗衣服，自己补衣服。有时候在半夜，突然吹号，校长来检查了。这个时候要赶快起来，不能发出响声，内务搞好了才能外出。学生每个礼拜轮流上街，外出时穿皮鞋，出外见到长官要敬礼。

南京的伙食很好，两荤两素一个汤。当时每个月，军校统一发 6 块钱伙食费给我们，家里也寄钱来，花不完的钱就退回给学校。每天吃饭前必须要讲“大哉中华，代出贤能；蒋公中正，健康长寿”，然后喊“开动!”我们就开始吃饭。每次吃饭只有 3 分钟的时间。

在南京和成都，各训练了 6 个月

我们在南京经历 6 个月的训练后，就爆发了“七七”事变。我们就走路从南京搬到成都，途经湖南、贵州。整个南京本校包括第十二、第十三、第十四、第十五期，都是一路走去成都。其中，第十二期在庐山毕业，第十三、第十四期在成都毕业。那时一天走 60 里路，边走路边学习，老师在上课，我们在演习。美国和德国的教官大部分跟着去了。晚上有时候搭棚子，有时候住祠堂庙宇。一般不住在老百姓家里，鬼子来的时候才会躲在老百姓家里。

我们走了一个多月才到成都本校，校址在成都北较场。成都的教学和南京相比没有什么变化，大部分课程在南京都讲完了。在成都，大部分在野外搞教育、定向演习，还有沙盘教育、模拟地形等等。我们在成都也经历 6 个多月的训练。

上高会战后，成为“草皮教官”

我们毕业时，没有举行毕业典礼。但是校长蒋介石来讲过话，并和跟大家合影，宋美龄亲自一个班一个班地颁发佩剑。毕业证书是去到部队才发的，后来都没了。

毕业后，我先是分配到成都练习营，总营长是桂永清，我在那当见习官。后来，张治中把我调到指挥部当班长。3 个月后，我去到第87师当排长，师长是王敬久[①]。当时，第87师驻守在江苏昆山，后来参加了上海会战。当排长没多久，我就调到第52师当参谋，后来当了连长，参加上高会战。

在上高会战中，我的腿负伤不能走了，只能去养伤。腿伤养好后，我给黄埔军校第三分校第十六、第十七期当战术教官。分校教育长是唐冠英，日本士官学校毕业的，政治部主任是胡轨。第三分校有一个女生中队，女生队长也是女的，武汉分校毕业的。总队男女生没分开，上课的地方男女就要分开。我教测量，主要是地形学，如何利用地形、地物等等，他们喊我“草皮教官”。我还讲战历（战争历要）课、筑城学等。6个月后，长官部又把我调回来了。接下来，我给顾祝同当侍从秘书。当了3个月后，我不干了，跑去当副营长[②]，后来在战斗中打死360多个鬼子。

从认识梅珍到“最可爱的人”

1940年到1941年之间，我在太华乡负伤了，在一户姓任的家里养伤。那家父母是知识分子，有一个儿子和两个女儿，小女儿叫任梅珍，16岁，在江苏省宁国女子中学读书。不久后，我就和任梅珍订了婚。伤好了，我就返回了部队，到第5军第5营当营长，参加不少战斗。其中，在太极洞我带着4个加强营和日军打了三天三夜，后来累到昏倒了。

1942年，我在中国远征军集训队当教育副官，负责训练

① 王敬久（1902—1964），江苏丰县人。淞沪抗战爆发后，初任第5军第87师副师长，后升任该师师长，率部回南京担任卫戍任务。

② 按照胡成周在一次口述采访中所述，他应该是任职第三战区第2游击区挺进第2纵队第4团第1营副营长兼政治教导员。

学生。当时的学生有3万人，很多是流亡学生，来自上海、广州等地。学生训练完成后编成第202和第208师，开赴缅甸作战。训练任务完成后，我留在云南青年军总司令部，总司令为卫立煌。我担任工兵署上校署长，负责史迪威公路的测量和油管建设。我同时担任测量组队的组长，组队配有一个宪兵连，负责保护和联系地方。我们坐在美国的吉普车上，从云南一边走一边测量到加尔各答，把导线打好，搞好路标和导线。这项任务从1943年年底到1944年，持续了6个月。1945年，日本天皇宣布无条件投降，我们当时在印度尼西亚的千岛。听到日本投降的消息后，当地人把我们抬起来，喊我们是“最可爱的人”。

接收南京后，跟随陈明仁起义

日本投降之后，我就从印度尼西亚经过香港回到湖南芷江陆军总司令部，见到陆军总司令何应钦和总参谋长冷欣。受降时，按要求日本鬼子在“国军”到达前要原地维持秩序。后来，我被调到第三战区去接收南京。

当时，我跟着顾祝同的弟弟、江苏省专员公署的接收专员顾大荣，同先遣第1总队最先到达南京。一到南京，我们就见到任援道，他是汉奸第三方面军总司令①。在南京保卫战中，黄埔军校第三期生刘其雄②被日本俘虏了，汪精卫保

① 任援道（1890—1980），江苏宜兴人，先后毕业于保定军官学校、日本陆军士官学校。抗战全面爆发后，投靠到“中华民国维新政府”梁鸿志的帐下，后任原南京“维新政府”的绥靖军改编而成的伪第一方面军总司令。

② 关于刘其雄的现有资料不多，已知他在南京保卫战中被俘虏，时任第81师师长，不惧日寇，带领随部官兵苦战10日，后弹尽粮绝被俘虏。被俘后，日军拍下他的照片，以宣扬日军战功。

护他，后来他也投降了。在日本鬼子的大使馆，我见了冈村宁次。投降后，他们回日本，调车子是我负责的。就这样，我们很快就控制了南京、芜湖等地方。接收完后，我被调到首都卫戍总司令部，任二处少将副处长，总司令是孙连仲中将。

1945 年，中国原计划派 3 个师去占领日本，他们是青年军第 206 师、第 208 师和新编第 6 军的一个师，约 10 万人。我当时是这 3 个师中的 36 个参谋之一。我妈妈怕我不回来，把表妹王梅兰送过来和我结婚，我没办法只能结婚了。由于是近亲结婚，我儿子是不完全弱智。抗战胜利后，任梅珍把订婚东西送来，王梅兰没有收，喊她姐姐。

后来国共和谈中，我负责保卫周恩来。最后和谈不成功，当局要我去台湾。我不去，我老婆在上海我怎么能走。我委托青年军把我两个侄子带去台湾，我带 24 个班留守，后转到杭州。周恩来把我老婆安排到老家，把我安排到湖南陈明仁的部队。不到一个月，我就跟着陈明仁起义了。起义后，我南下到了福建，后来又回到安徽。

我们差点就去占领日本

采访者：李岚、陈何毅
整理者：李岚、罗春林
采访地点：浙江省绍兴市

讲述者简介：陶英侠，曾用名陶琼庆，1923 年出生，浙江绍兴人。1939 年，考入黄埔军校独山第四分校第十六期炮科。毕业后，分配到第 10 军第 10 预备师任见习排长，后参加第三次长沙会战和衡阳保卫战等战役。1944 年，以青年军第 209 师军部防御炮连连长身份参加中国远征军，入缅作战。抗战胜利以后，转业到上海公用事业局自来水设计处任工程师，直到退休。

采访手记：采访的前一天晚上，我们和绍兴的志愿者见了面。据志愿者介绍，陶英侠的身体最近不太好，希望我们采访的时间不要太长。然而等我们真正去见到老人时，他非常热情地欢迎我们的到来，令我们感到非常惊喜。

在后面的讲述中，老人思维清晰，声如洪钟，绘声绘色地给我们描述他在军校时期和中国远征军时期所经所闻的小故事，令我们的采访变得生动活泼。等到采访结束要拍照留念时，老人坚持要摆一个当年和日本鬼子拼刺刀的pose，引起我们纷纷去模仿。

保送入军校的也会被淘汰

1939年，我17岁。我的表姐夫方浩然，浙江诸暨人，黄埔军校第八期毕业，在第10预备师第29团第3营当营长，他知道每一个军可以保送5名士兵直接进入黄埔军校。通过他的关系，我被保送进了黄埔军校独山分校，属第十六期。

进军校的时候，学校会看各人的体质加上志愿进行分科。步兵的标准是身高必须达到1.62米，我想去当步兵，但是身高离1.62米还差了一点点，所以被分配到了炮科，进入炮科第9总队第12区队。

虽然我是保送的，但进去后还不算正式生，必须经过半年的入伍生训练。因为保送进去的不一定就会成绩好，所以如果表现不好的话，还是会被淘汰后回到原部队的。有些入伍生吃不消，自己主动退出。半年入伍生训练结束后，各科都要考试，考试内容包括平常学习过的射击教范、步兵操典、筑城等。

因喝酒被罚站

每个星期天，学生有假期，可以身着便装去大街上逛逛，去小饭馆里点上两个菜、一两酒。但喝酒不能喝得面红耳赤，被宪兵看到的话要受罚的。当时我不会喝酒，有一次去街上小饭馆喝了点酒跑出来，面孔红红的，刚好被走过来的宪兵看到了。他画地为牢般的在地上画了一个圈，让我在圈子里笔直地站立10分钟，时间到了才能离开。宪兵不会一直在旁边看着，完全靠军人的纪律性和自觉性。

按照规定，黄埔军校的分校不管在哪，校长都是蒋介石。但是他很少来我们独山分校，只是在我们毕业的时候，才来过学校讲话。学校的教育长是陈诚，他来过学校视察，但是次数不多。

毕业后的军饷算是不少的了

当年正值抗战，前线下级军官伤亡较多，急需补充新鲜力量，原先要求3年才毕业的我们，学习两年半之后就毕业了。毕业时候学校给每人配发一把中正剑。据我所知，第十七期以后就没有发中正剑了。①

从军校毕业以后，我被安排到第10预备师当见习排长。说是见习，那就还不是正式的排长，要经过六个月的观察试用期，表现合格的才转为正式的少尉排长。见习期每个月领取32块法币的军饷，升少尉后加4块，升中尉后再加4块。当时市场上的大米卖6块钱一石，面还要便宜。所以在战争年代，这样的军饷已经算是不少的了。

---

① 1946年3月，国民党在南京召开了六届二中会，在有关军队整编的决议案中提到对军队服装样式重新进行规定并统一制作的要求。其后，国防部颁发相关的服制改进样式，中正剑未列入其中规定。至此，中正剑被取消了。

在长沙会战中，只要能活着回来就算是好事

话说“养兵千日，用兵一时”，到第10预备师不久，我们便参加第三次长沙会战。在第三次长沙会战中，我们第10预备师隶属于第10军，师长就是赫赫有名的方先觉将军。第10军驻防长沙城外，负责配合第4军参与对敌抗战。当时战役打得很激烈，双方攻防数次，进行着拉锯战。同一个地方，日本人夺去了，我们又夺回来。仗打多了才明白，胜败乃兵家常事，三进三出，觉得只要能活着回来就算是好事。

在一次高地争夺战中，我们被日本人逼到一个死角，缺粮缺水的，我们就在空地上摆上标记，等着美国人用降落伞空投援助物资，其中食品主要的是一包200斤的大米。但是没有水怎么办？先是吃生米，后来有人把子弹的弹头扭掉，倒出火药，再找来干树叶，用衣服里的面纱点着后升起火堆，炒锅则用钢盔代替，就这样把生米炒成熟米。这样吃个一两餐还可以，但因为缺乏水分，吃多了连大便都解不出来。人不吃两餐还可以，不喝水真的不行，我们只能在清晨用舌头舔露水解渴。

后来突围的时候，我们就把炮弹打光，把炮埋起来，然后行军经过一个小地方，终于能够住下来，便整训了3天。除了有水喝之外，我们还能把脏的衣服脱下来，到有水的地方洗一洗，大家身上的衣服全是汗渍过无数遍的。没办法，水特别缺乏，有的地方水都没有，有的地方又担心日本人在水里投毒。

在衡阳保卫战中，差一点就要截肢了

衡阳保卫战的时候，我所属的炮兵部队在衡阳郊外10里处一个叫做“462高地”的地方进行战斗。我们虽然是第10军第10预备师的编制，但是炮兵却是由第3预备师的葛先才师长指挥，任务是支援在衡阳城中的第10军以及方先觉将军。当时部队之间虽然建制有所不同，但是还是得讲配合的。部队之间都是用对讲机和电报联系，我们跟重庆方面也是用这个进行联系。

炮兵那时候打的炮叫子母炮，一颗炮弹打过去，“叭”一声，爆炸起来，杀伤力很大。部队的进攻模式一般是先用炮打一阵，再用步兵冲锋，所以当时步兵的伤亡率比炮兵高多了。

衡阳战败之际，我们还在外围的部队分头突围，跟我同行突围的还有两个女同志。其间，我的后背和左腿受伤了，腿还差一点给打断了，好在没有伤到骨头，只是伤到了皮肉。但是当时的医疗条件很差，腿上发炎之后只能用红药水来搽，差一点就要截肢了。不过我的运气比较好，在野战医院住了半年之后，伤口最终还是痊愈了。

参与整编青年军第209师

1944年的时候，蒋介石号召“一寸河山一寸血，十万青年十万兵”，在全国开始招收大批青年入伍。这些青年人之中，有青年学生，也有公务员，最小的才十六七岁。我这时候被派去江西广丰带兵，任职排长，专门负责训练这些青年兵。训练的内容包括有步兵操典、射击教范、筑城等。

我们从广丰到瑞金后，政府将训练之后的青年兵按编制整编，我们这边的成立第208师和第209师两个师。第208师的师长是后来出任南京警察厅厅长的黄珍吾①；在福建上杭招来的青年成立的第209师，师长是国民党第三战区参谋长温鸣剑②。我在整编之后的第209师担任军部防御炮连连长，属于特种兵，一个师只有一个这样的连。

进入印缅战场作战

后来，我们被征召到中国远征军，前往印缅战场与日本人作战。此时，我们已经补充了美式装备，战士用的是卡宾枪，每个弹夹25发子弹。下级军官用的是左轮枪，里面有6颗同花生米差不多大小的子弹。

我们进缅甸是坐着美国人的道奇大卡车进去的，一辆车可以装50个人。在路上，日本飞机每天都在做地毯式的轰炸。我们每天的任务就是打仗，根本没有时间进行整顿和训练。

后来，我还随着部队过野人山。野人山上全是原始森林，在山里走，一点太阳光都看不到的。地上全是掉下来的树叶，在上面就感觉是坐在弹簧上一样的，摇摇晃晃。树林里野生昆虫很多，其中有大黄蜂，毒性很强，要是脸被它叮

---

① 黄珍吾（1901—1969），广东文昌（今海南文昌）人，黄埔军校第一期毕业，曾任黄埔学校第七期政治部主任兼代理教育长。抗日战争全面爆发后，任福建省保安处处长、警官训练所所长、闽海守备指挥官、青年军第208师师长等职。1948年7月20日，出任内政部首都警察厅厅长兼首都卫戍副司令。

② 温鸣剑（1907—1990），广东梅县人，毕业于黄埔军校潮州分校第二期，先后在中山大学、美国陆军西点军校深造。抗日战争全面爆发后，参加长沙会战、中国远征军作战等。1943年，任第三战区参谋长，次年任青年军第209师师长。

一口，马上就肿起来了，然后一群的大黄蜂就全过来了，要把人叮死一样的。

我们差点就去占领日本

1945 年 8 月，我们开拔行军刚到江西鹰潭，突然就听到日本人投降的消息，我们都高兴得不得了。接着，上面有命令，让第 208、第 209 师两个师转向前去日本，要渡海去参与管制日本。

我们到了福建马尾的时候，马上要登船了，突然之间又来了一个命令，叫我们不要去了。原来是“弱国无外交”，美国人说：“小小一个日本，我们去管制好了，你们就不要去了。”上头就叫我们在离福州十里路一个叫新店镇的地方，等待命令。但是当时日本人已经投降了，也没有仗可打了，征召这么多的兵员怎么办呢？于是复员的复员，转业的转业，青年军就这么的被遣散了。

抗战胜利以后，我也转业了，到了上海公用事业局自来水设计处，负责管理煤气、电、水，职务是帮工程师，实际上是副工程师，办公地点在上海市银行二楼。从此之后，我就留在上海，一直到退休。

守土西南——亲历滇西抗战

一个南侨机工的从军报国记

采访者：冯惠、李岚

整理者：冯惠

采访时间：2012年2月28日

采访地点：海南省琼海市中原镇

讲述者简介：吴钟标，又名吴惠民，1918年出生，广东琼海（今海南琼海）人。1933年，因家境贫困赴新加坡谋生。1939年，响应爱国华侨陈嘉庚的号召，回国参加抗战。1940年，进入黄埔军校成都本校第十七期第二十总队第一中队步兵科学习。1943年，参加中国远征军，在荣誉第2师当排长，后历任第5军第48师中尉副连长、第49师上尉连长、国民党降落伞第二大队第八中队上尉分队长等。1945年日本投降后，从广州回海南务农。

采访手记：我们见到吴钟标的时候，他穿着褐色团大花中式服装，戴着黑色高帽，拄着拐杖，第一眼就觉得是一位非常摩登的归国老华侨形象。后在采访中询问得知，发现老人还真是归国华侨。老人还自豪地说："陈嘉庚的孙子都曾经来看过我两次呢!”

吴钟标既是从新加坡归国抗日的南侨机工,又是黄埔军校的学生,多重特殊的历史身份重叠,更彰显出这位安居琼海乡下平凡老人的不平凡之处。

采访时,老人思维清晰,耳聪目明,说起话来侃侃而谈,中气十足,声音在屋外都听得见。他说自己每天都会坚持慢跑锻炼,生活也很有规律,每天早上必喝一大碗水。于是,我们就看到在整个采访期间,老人的身体和精神状况都表现得非常好。老人把这些归功于黄埔军校的生活和学习让他养成了做任何事情都很有规律性的习惯。

到新加坡当小工

我小的时候吃过很多苦,3 岁的时候父亲就不在了,基本上记不得父亲的模样。听母亲讲,父亲是在三亚做小生意的。每年一到春节的时候,父亲就会回来看我们。有一年春节,父亲搭船回来的时候经过黑鱼场(海南万宁和陵水交界处)那个地方,遇上大风浪,风浪把木船打沉了,父亲也在这场灾难中去世。从此以后,家里的生活境况一日不如一日。母亲一手把我拉扯大,非常辛苦。

我 15 岁的时候,母亲用 5 分田换回 100 光洋让我去新加坡。因为我有一个舅父①在新加坡吴氏工会当司理,母亲希望我过去跟着舅父学一些谋生的手艺。从此以后,我便离开家乡,到新加坡跟着舅父当小工。

① 2014 年,吴钟标在《海南日报》的一次采访中称,其去新加坡投奔的是自己的叔叔。

这是别人的地方，我要回国

舅父非常爱国。1937 年，日本入侵中国的消息传到新加坡后，舅父积极参加各种活动，比如通过卖花筹钱，捐给陈嘉庚先生的筹展会购买飞机、大炮等。

1938 年，日机轰炸广州，新加坡华侨青年游行示威，我们 12 个人被英国警察扣留①。陈嘉庚先生去担保我们，但是英国警察不同意释放，说我们是捣乱分子，想把我们赶出新加坡。结果，很多新加坡华侨一起罢市，开车的、卖菜的、扫大街的等一起罢市，连印度人也跟着罢市，新加坡成为一个死城。英国警察迫于压力，把我们释放了。

我出来后，想想这是别人的地方，殖民地，我们不能久留。“天下兴亡，匹夫有责”，作为中国人应该回国参加抗日，我就参加了回乡救护团。但我年纪太小，人家不接收我。但我想着一定要回来，人家的地方不自由。

刚好，陈嘉庚先生号召华侨机工回国。因为当时很多重要国际物资都在缅甸仰光这个地方，要通过缅甸运到昆明、重庆，当时的路很不好走，加上没有几个人会开车，所以陈嘉庚先生就号召华侨懂机工的报名回国支援抗战。我是第九批报名的，但因为不会开车，没有被吸收。后来，我租的士学了一个星期，会开车了，然后再去报名就被录取了。②

---

① 吴钟标在一次口述采访中提到：他在新加坡参加抗敌后援会、筹款总会以及在新加坡的海南华侨组织的琼崖励志社等救国团体，通过卖花等义卖活动，为抗日筹集善款。为了抵制买卖日货，还参加锄奸团，专门打击那些买卖日货的奸商。

② 为了不让舅父（或者是叔叔）知道自己报名，吴钟标还改了名字，取名“吴惠民”。

南侨机工考军校

1939年8月14日，我从新加坡经越南回到昆明[①]。在昆明，我的主要任务是开车，把缅甸的军火运送到昆明。后来，我调往重庆军政部机械修造厂第二修理工场当机工。

那时，海南人出门在外见到老乡很热情。当时海外部有一个副部长叫叶永霖的，海南文昌人，我们几个年轻的南侨机工经常到他家玩。他跟我们说："你们这些孩子，爱国热情我们很佩服，但是打日本人必须要学本领，黄埔军校在重庆招收第十七期学生，所以你们可以先报考黄埔军校。"我说："但是我们文化水平很低，很难考得上。"叶部长鼓励我们说："不要紧，你们是华侨爱国青年，比如说要100分达标，你们只要考50分，我就可以以海外部的名义保送你们到黄埔军校读书。"

后来，我和周经勤（海南文昌人）、何声云（海南万宁人）一起去报考黄埔军校，结果我们三个人都考上了。考上后，我们从重庆行军走到成都北较场就读黄埔军校。

死都不怕，苦就更不怕了

我于1940年进入黄埔军校读书，黄埔军校门口的对联："升官发财请往他处，贪生怕死勿入此门"，让我记忆尤深。进入军校后，我们的文化水平不算高，对几何、三角、代数等更是不懂，但是军校要求必须要学习这些科目。所以，军

① 吴钟标在一次采访中称：1939年8月14日，他坐船经西贡、坐火车从云南蒙自辗转到达设在昆明的西南运输公司（该公司隶属国民军事委员会）。

校经常在中午的时候不让我们休息，专门安排一些教官来教我们几何、三角和代数等。

6个月的入伍生活很辛苦，因为校长蒋介石是从日本军校毕业的，所以他参照日本的教学模式，在军校成立一个军事教育连，有军事训练班、参谋班、劈刺班、特务长班、训练班、高教班等。我就到了军事训练班学习。

我们每天起床后都要参加早操、升旗，然后吃早餐。早餐6人一桌，有花生、榨菜、粥等，午餐和晚餐都有米饭吃，每个月还有3元的生活补贴。我们每人还有两套咖啡色的军服，草鞋是自己打的，有用草来打，也有用布来打。军校校歌天天唱，每天要唱好多次的，夜间经常有紧急集合。校长蒋介石必来参加开学典礼和毕业典礼，还发表演讲，所以我也多次见过他。毕业时我们每人有一把佩剑，是校长蒋介石赠送的，上面刻有“不成功便成仁”。

军校生活虽然很辛苦，但我们死都不怕，苦就更不怕了。黄埔军校的生活给我留下深刻的印象，也养成了做任何事情都很有规律性。当时我们读军校的主要目的是打击日本侵略者，社团活动虽然很多，但我们不是很在意，不感兴趣，就想学本领，把日本人赶出中国。我们一进入军校就要集体加入国民党，对于共产党和国民党的区别根本不懂，我们的目的就是抗日。现在，我心里的愿望就是台湾能早日回到祖国的怀抱。

陈继承的故事

在军校读书的日子里，有一个故事让我至今难忘。这个故事也是我进入军校后听其他同学说起的。我们军校的教育长是陈继承，他原是保定陆军军官学校毕业的。在保定陆军军官学校的时候，他宿舍的一个同学，睡上铺，陈继承睡下铺。睡上铺的同学老是欺负陈继承，有时还朝他吐口水。陈继承说："同学之间，你别老欺负我，万一有一天我出人头地了，你怎么办？"那个同学说："你出人头地的时候，我也不会理你的。"

后来，陈继承当上黄埔军校教育长，他那个同学却在军校喂马。有一次，陈继承在视察军校马厩的时候，发现一个人很像他同学，便上前了解情况，问了他的姓名。后来，陈继承回到办公室给他写了张字条，约他那个同学到办公室坐坐。那个同学见到陈继承后，非常不好意思。陈继承说过去的事情就算了，后来还给他同学一个很好的位置，当了少将高参。所以说，我们不能随便去藐视别人，不能随便看不起别人。

4个与6个的对决，那时真是命大！

我从黄埔军校毕业后，军校便派我到离成都较远的新都入伍生队当教育班长。后来，由于我是南侨机工，远征军荣誉第2师①输送团就把我调过去当排长。我们师长是戴坚②，团长是海南文昌人，对我很好。我当时的工作主要是开车，

① 1943年春，荣誉第2师在第5集团军总司令杜聿明建议下成立，师长为戴坚。荣誉第2师系蒋介石嫡系部队，有深厚的特科兵种背景，汇集炮兵、工兵，辎重兵、装甲兵及通信兵各种兵科的优秀人才，建制完整，兵员充足，装备精良，编制为14500人。

② 戴坚（1913—1999），湖南长沙人，先后毕业于黄埔军校第七期参谋政治科、陆军大学第十二期参谋班。1937年抗战全面爆发后，在第54军第8师历任少校参谋、中校参谋主任、上校参谋长等职。1941年起，任中国远征军荣誉第2师少将师长，率部远征缅甸对日作战。

从缅甸运送物资回昆明。在运输的过程中经常遭到日机的轰炸，因为那时我们没有取得制空权。后来美国支援我们，美国援华空军飞虎队队长陈纳德将军来了之后，我们才拥有了制空权。

我曾经在畹町的一个高地与日本人打过一仗。当时，我带了一排约 60 多人与日本人打了几天几夜，最后只剩下我们 4 人。日本人看到我们所剩无几，便冲了上来，他们也只有 6 个人。当他们冲上半山腰的时候，我们停止了射击，日本人以为我们没有子弹了。其实，我们子弹也不多，我们 4 人商量只有和他们拼了。当他们冲上来的时候，我们 4 人分别瞄准射击，击中 4 人，剩下 2 人，结果我们把他们全部消灭了。回来后，我升任副连长，接着升任连长，再后来就调到空军降落伞班学降落①。

在广州痛打日本人

1945 年 7 月，广西的一个飞机场还有日军在抵抗②，我们就被调去消灭他们。之后，我回到广州，准备接收广州。我们非常痛恨日本人，所以在他们投降后，天天让他们给我们打水洗脸。有一天，我们早上起来没有看见一个日本人，后来突然看到他们在后院拜天皇。我们相当气愤，日本都投降了，他们还拜天皇，所以便把这几个日本人痛打了一顿。

---

① 吴钟标在一次采访中称：他认识国民党空降部队大队长林仕英，黄埔军校第四期学生，海南琼山人。因是老乡，林仕英推荐他学习跳伞。训练结束后，他进入伞降部队任上尉分队长。

② 吴钟标在一次采访中称："1945 年 7 月，日军占领的广西丹竹机场内，我作为降落伞总队第二大队第五队队长与战友们自天而降，对日军发起冲锋。百余日寇被歼。"

在广州的时候，我想起了自己的母亲，便写信回家。母亲接到信后非常高兴，托人带口信给我让我立马回家，因为我在家已经定亲。那时候，定亲是很大的一件事情。所以，我后来就离开广州回家结婚了。

为去中国远征军，我向地主借粮换路费

采访者：徐丽飞、陈何毅

整理者：罗春林

采访时间：2012 年 10 月 13 日

采访地点：湖南省茶陵市

讲述者简介：苏宗华，1922 年出生，湖南茶陵人。1941 年，考入黄埔军校第二分校第十八期步科。1943 年毕业后，在中国远征军第 11 集团军直属第 36 师第 8 团第 1 营第 1 连任职排长，曾参加高黎贡山之战。

采访手记：苏宗华是黄埔军校第二分校第十八期毕业的。毕业时，军校选派 100 名学生参加中国远征军，老人便是其中之一。

毕业时，学校发了一笔路费，但路费数额不足以支撑他们去往云南报道。当时，又恰逢传统春节，老人便先回了趟家。奈何自己家里也很穷，要拿出路费来是不可能的。一家人商量来商量去，最后还是向地主家借了10担谷子去卖掉才解决路费问题。老人借钱奔赴抗日前线的故事深深地震撼我们，这背后深藏着的是一代热血青年满腔赤诚的保家卫国之心。

考军校，身体检查并不严

1941年，我还在湖南茶陵老家念中学。有一个黄埔军校毕业的乡亲回到家乡，告诉我黄埔军校正在长沙招生的消息。当时正值抗日战争，国家最高领导人号召我们全民抗战，有感于此，我便前赴长沙报考黄埔军校。当年在长沙，报考的人数达到1000多人。考试内容主要是数理化，也有政治课，考的就是孙中山的“三民主义”。

在考试之前，必须经过身体检查。当时国家正值用人之际，所以身体检查较之现在是比较松的了。只要身体好，没有病，身体检查就能过关。像那些得过天花病，而且在脸上留有麻子的人，放在现在肯定是不合格的了，但那时候就能通过检查。

我们被迫在长沙待了一年之久

我报考的是黄埔军校第二分校。第二分校是从武汉沿袭下来的，之前名叫武汉分校。北伐战争期间，北伐军打到武汉后，黄埔军校已经办到了第六期，接着就搬去武汉。抗日战争时期，军校改称第二分校，后来又搬到武冈，所以第二分校又叫做武冈分校[①]。

考试过后，我们这些榜上有名的人却未能马上前去武冈，而是在长沙就地参加了入伍生团[②]。团长是黄埔军校第八期的，益阳人，名叫谢声溢[③]。因为长沙会战的缘故，我们这个入伍生团被迫留在了长沙达一年之久。在这一年里，我们在岳麓山的一个训练场里[④]进行入伍的基本训练。除了学习士兵的基本动作外，我们还要学习怎么样指挥一个班的行动。除了步兵的基本教育外，我们还得学习工兵的挖战壕、挖掩体和骑兵的开汽车等其他科目。

一年的入伍生教育即将结束之际，我们团举行了一次考试，只有考试合格才能进入军校。这次考试的内容分两类：一是术科，即这一年来所学到的士兵基本教育，包括立正、稍息、起立、坐下、趴下等；二是学科，这个跟一年前入学考试的时候差不多，也是数理化等的内容。考试看似复杂，其实那时候因为非常需要人才，所以淘汰率是很低的。淘汰

① 1938 年秋，黄埔军校第二分校奉命由武汉迁至武冈。它与中国共产党创办的“塘田战时讲习院”同处一地，从而使武冈成为南方抗日重要集结地。

② 1939 年，军训部部长白崇禧等人联名请示蒋介石同意后，在湖南成立“军事委员会军训部入伍生第二团”，为黄埔军校培训预备学生。该团隶属中央军校系统，由第九战区代办，谢声溢任少将团长。第一期入伍生于 1941 年 6 月毕业，转入武冈第二分校第十八期第十二总队；第二期入伍生于 1942 年毕业转入第二分校第十八期第七总队；1943 年招收第三期，人数较少，仅两百人，于 1944 年上半年毕业转入成都本校第十九期。入伍生团从 1939 年成立到 1944 年撤销，共办 3 期，培养 3200 多抗日军事人才。

③ 谢声溢（1911—1953），湖南益阳人，先后毕业于黄埔军校第八期炮科、陆军大学第十四期。1938 年，任第 79 军上校作战科长，参加南昌会战。1939 年春，任第 9 战区司令长官部参谋处一科科长。同年秋，任军训部入伍生团第 2 团少将团长。

④ 入伍生团第 2 团的驻地是在长沙岳麓山原清华大学战时新建的校舍（现中南工业大学）。

掉的人主要是身体不合格的，其他的都马马虎虎的就算过去了。据我了解，之前第十四到第十七期的学员学了半年就毕业了，因为抗日前线急需人才补充。

武冈的训练，系统而多样

武冈分校的主任是李明灏①，后来由周磐②接任。李明灏是醴陵人，毕业于日本士官学校；周磐是邵阳人，保定军校毕业的。学校的教官都是中国人，很多是保定军校毕业的，以保定军校第六期和第八期的居多。

在武冈，我们每天早上5点起床，5分钟内必须穿好衣服出去集合。集合之后，在值星官的带领下跑步，然后回来吃饭。要进行野外训练的时候，自然是一直待在野外，饭菜都是送去野外吃的。但在校内的，就要在饭后去到教室上课。学校有专门的教室，每个学生一个位子，各坐各的位，由教官给上课。

我们一天要上8个小时的课，总负责教育的是区队长。上课的内容由术科和学科组成，其比例大概是6∶4。术科的

---

① 李明灏（1897—1980），湖南醴陵人，日本陆军士官学校毕业。1923年，任广州陆军讲武学校教育长。北伐时任第6军团长、师长，1928年升任第6军军长。1933年，任南京黄埔军校教育处长兼庐山军训团和四川峨眉山军训团兵器教官。1935年，任黄埔军校成都分校主任。抗战全面爆发时期，历任黄埔军校武汉分校主任、第97军军长等。

② 周磐（1893—1952），湖南邵阳人，先后毕业于保定陆军军官学校第三期骑兵科、陆军大学特别班第一期。1923年，任湘军第2师第6团团长。1926年秋，任国民革命军第8军第1师副师长兼第1团团长，参加北伐。1936年夏，任黄埔军校武汉分校军官总队总队长。1937年秋，任武汉分校第十四期学生总队总队长兼教育处长。1939年冬，任黄埔军校武岗第二分校副主任，并于1942年冬任分校代主任。

内容又依据学生分科有所不同，步科的学生以步科的内容为主，炮科的学生则以炮科的内容为主。

早在报考黄埔军校的时候，我们这些考生便已经选定好科目的了。入伍前选炮科的学生，入伍、升学时念的便是炮科。我入伍前选的是步科，入伍生以及进武冈之后念的就还是步科。步科下的步兵操典、射击教范、作业等，这些我们都要学习。学习后再分开进行练习，有分班进行的练习，还有分排进行的练习，一直到连一级的为止。我们使用的武器一般是汉阳造七九式步枪，每个班里还有一挺轻机枪。轻机枪有两种，一种是捷克式的，一种是苏联的。苏联的弹匣，一匣有几十发，捷克式的只有 20 发。除了这些武器之外，我们每个学生还要学习迫击炮或者重机枪中的一样。

虽然我们是属于步科的，但学习的内容却不限于步科，骑兵、炮兵、工兵、辎重这几个科目的内容附带的也要学习一点。另外还要学习日语，为的是以后跟日本人打仗的时候，能够听得懂他们谈话，能够跟日本俘虏进行交流。

此外还有战术的学习，这些也是术科的内容。战术的学习按照团、师等分开，一般要讲解到师的战术指挥为止。一个典型的例子便是德法“马其诺防线”①。在一战的时候，德国和法国便发生了战争。后来，法国修建了一个很坚固的国防工事——“马其诺防线”，自以为靠它就能挡住德国人的进攻。于是，法国人便相当享受，到处是歌舞升平。谁知

① 马其诺防线，从 1929 年起开始建造，到 1940 年基本建成。防线主体有数百公里，主要部分在法国东部的蒂永维尔，是由钢筋混凝土建造而成，十分坚固，其名称来自曾任法国陆军部长的 A. – L. – R. 马其诺的姓氏。由于造价昂贵，所以仅防御法德边境，至于荷兰则由英法联军作后援。1940 年 5 月，德军诱使英法联军支援荷兰，再偷袭阿登高地，联合荷兰的德军将联军围困在敦刻尔克。而马其诺防线也因为德军袭击其背部而失去作用。

道后来德国人干脆绕过这个防线进攻，法国一下子就沦亡了。

我们还有学科的内容，学科以数理化为主。此外，学校还设有政治课，主要讲的是“三民主义”。学校还设有一个报馆，出版《战斗日报》①。抗战的形势，包括中国远征军的消息，我们基本上就是从这里面知道的。

另外，军校还有长官训话。每次学校的纪念周，都是由政治部长或者学校主任和副主任，有时候何应钦和白崇禧这样的高级长官来给我们训话。但高级长官来的次数非常少，因为武冈那个地方当时很闭塞，没有飞机场，没有通公路，要走路才能进得来。

我们的吃穿问题

学校每天开餐两顿，早饭与晚饭。开餐时间与现在的不同，那时是早上 8 点和下午 5 点。每餐的定额是 12 两米（当时一斤合计 16 两），相当于现在的 7 两 5 钱。12 两米在现在看来是不少的了，但那时候的人经常吃不饱饭，而且一个月都难得见荤腥，所以肚量大得很，一餐能吃得下一斤半。有的同学家里有寄钱过来，他们就能够在礼拜天的时候到学校外面去大吃一餐。这样一来，他们留在学校食堂的晚饭就吃不完或者不吃，转而可以给到吃不饱的同学吃。

我们穿的衣服全是学校发的。每年 5 月 1 日换夏装，10 月 1 日换冬装。军装是黄颜色的中山装，有 4 个口袋。衣领上别有圆形的铜质领章，蓝色的底上面写着“军校学生”四

① 黄埔军校第二分校迁往武岗后，创办了《战斗日报》和《武冈月刊》，由分校主任李明灏主编并题写刊名，政治部主任刘公武担任战斗日报社社长。

个黑色字。这样的军装有两套，棉衣有一套，但却没有罩布，冬天穿棉衣的时候棉絮都露在了外边。建校初期，每人有一件呢子衣服，到了礼拜天可以穿出去，回来后再穿回便装。但到我们时，这就没有了。

由于我们都要忙于学习和训练，没有时间洗衣服，所以我们的衣服都承包给附近的老百姓洗。每个人有一个牌子，把它系在自己的衣服上，再统一送出去洗。要是衣服穿烂了，人人有一个针线包，自己就可以学习缝补。也因为穷，我们一年四季常穿在脚上的只有草鞋，偶尔可见将牛皮缝在一起做成的简易皮鞋。有一年，上头发了一双毛线织就的布鞋，已经是非常难得的事情了。

为去中国远征军，向地主借粮换路费

1943 年年底，我们顺利毕业。毕业生该有的，比如同学录、纪念章、毕业证章，我都有，但就是没有毕业佩剑和毕业证书。毕业佩剑的事，是因为抗战导致国力疲乏，所以抗战后入学的军校学生都没有这个。至于毕业证书，我是之后回到家乡，才发现原来学校已经将它直接寄到家里去了。

毕业后，我们开始面临着去向问题。当时程潜将军是我们老乡，所以有些与他有点渊源的同学便去投靠他。但我和他没什么联系，便没有去走这门子关系。不过，我知道在中国远征军里有一位战死异国沙场的黄埔学长戴安澜将军，还知道中国远征军里第 11 集团军的司令叫宋希濂，他的部队里有很多的湖南人。于是，我便报名申请参加中国远征军，学校依据个人申请，选送 100 人参加。

在离开学校前去中国远征军报到之前，学校给我们每人发了一笔礼金，也就是路费。但是这笔钱实在是少得可怜，根本不够去到云南的。当时已经是年底了，所以我就回到茶陵老家去准备这一笔钱，顺便在家里过了个年。可是我们家里很穷，要拿出路费来是不可能的。后来，还是在地主家里借了租子才解决这个问题。家里借 10 担谷子，以后要还 12.5 担。当时是 400 元 100 斤的谷子，这 10 担谷子换了 8000 块钱，才够路费去到云南。

靠着借来的路费，我在第二年的 3 月，赶到了云南大理报到。我在第 11 集团军直属第 36 师第 8 团第 1 营第 1 连任职排长，团长名叫蒋国忠，黄埔军校第六期毕业的。

挺进高黎贡山

部队在大理待了两个月，进行战前训练，即排长对各排讲完课后，由各班班长带领士兵进行训练。训练的内容主要是战斗训练、射击训练、野战训练等。两个月过后，我们便开拔向前线挺进，先是到保山，然后去参加高黎贡山之战。

保山在东，腾冲在西，中间隔着两座山，其中一座就是高黎贡山，山下就是怒江。要过怒江，得从保山这边的怒山出发。我们的部队在晚上开到怒山的山顶上，一天半的时间后才渡过怒江。怒江的水很急，用渡船过江是不可行的，所以部队过江前，先由工兵加好了一座吊桥。说是桥，其实是几根铁链子连在一起，上面铺上一米半宽的木板，左右两边各有一条铁链作栏杆。为了安全起见，为了减轻桥的负重，队伍得派人一个一个扶着走过去，还要慢慢地走才行。

渡江过后，我们行进在原始森林里。在我们部队到达之前，那里根本没有路可以走的。我们的路都是工兵临时开辟出来的，路上尽是些小竹子，工兵把这些小竹子砍掉，便有了路。一路上，尽是多年树叶掉下来形成的泥巴，那和我们家乡的农田差不多。穿着草鞋走路都不行，得打着赤脚才行。走的时候，还能感觉到脚底下有砍剩的竹子在刺脚。

当时正值 5 月，云南已经是雨季，常常是雨下个不停，我们只有一件雨布罩在身上。那雨布的质量不怎么好，身上常常是湿漉漉的。睡觉的地方是我们剥了树皮临时搭建的帐篷。高黎贡山不比缅甸那边的野人山，这边没有什么旱蚂蝗，也没有什么蚊子，但是瘴气相当的严重，身体抵抗力差点都不行。加上药物缺乏，我们队伍里便有人几个人因为这个瘴气而送了命。

伤亡虽重，但我们打败了日本人

我们在高黎贡山的阵地是一个加强营的阵地，但是我们师派的是包括我们团在内的两个团。我们连 4 个排，其中 3 个是步兵排，1 个是混成排。除了我们步兵，还有工兵、炮兵、通信兵、辎重部队等。使用的武器主要是步枪，每个连有几挺机枪，一个班一挺轻机枪。迫击炮有，那个六〇式迫击炮很好用。

在我们发起冲锋之前，其实攻击早就已经开始的了。先是美国人的飞机在持续不断的空袭日本人的阵地，然后我们大炮轰炸，这个过程持续了十几二十天。等到我们步兵去攻打阵地的时候，敌人其实所剩已经不是很多了。正式的攻击，也就是我们冲锋上阵地，只花了一天一夜的时间。

但是，敌人虽然被炸了，力量减弱了，但是战况仍然很激烈，敌我双方伤亡惨重。以我们连为例，我们连是满编的，100 余人，便死了有二三十个。我非常幸运，仅仅是被炮弹弹片戳中了，伤势不算严重，也就没有下火线。但敌人伤亡更大，山下的敌人被我们消灭后，山上的敌人也不多了。他们在看不到希望后，便纷纷自杀了，我们连俘虏都没有能够抓到一个。

高黎贡山之战后，我们开往腾冲。此时，腾冲已经被我们的部队占领了，已经收复了。部队的主要任务便是休整，中间带着训练、补充兵员。在腾冲期间，我们还遭遇一次小小的地震。不过那次地震比较轻微，因为只是些屋顶上的瓦片跌落了下来。

在腾冲休整了一个月之后，我们部队又回到保山，进行战后的改编。改编后，我们部队驻防在保山。之后的一天晚上，当地的县长叫人给我打电话，说日本人投降了，那天是1945 年 8 月 15 日。

参加滇西抗日是我一生的光荣

采访者：徐丽飞、张长龙

整理者：林瑛子

采访时间：2013 年 5 月 10 日

采访地点：辽宁省抚顺市

讲述者简介：陆湛，1919 年 11 月出生，广东德庆人。1940 年，考入黄埔军校桂林第六分校第十八期第三总队工兵科。1943 年 1 月毕业后，分配到云南滇西中国远征军第 6 军司令部任少尉见习参谋，后自愿到工兵连当排长。1944 年，参加滇西抗日反攻，晋升为工兵第 2 连中尉副连长。随后，历任第 2 军第 76 师上尉参谋、第 164 师第 3 团第 3 营第 8 连上尉连长、第 3 团团副等职。

采访手记：陆湛是黄埔军校工兵科毕业的，毕业后，即被分配到第 6 军，奔赴滇西抗日。老人先在第 6 军司令部当参谋，后自愿到第 6 军预备第 2 师任工兵排长，参加腾冲攻城战。由于日军在腾冲修筑了坚固的堡垒，腾冲一战便打得十分艰难。在前面的两批工兵都倒在了日军的炮火下，老人是作为第三批工兵负责爆破。最终，经过各部队的配合作战，终于攻下腾冲。

老人在讲完自己的抗战经历后，很谦虚地自我总结一句："参加滇西抗日是我一生的光荣，为人民做了一点微不足道的贡献。"或许，这也代表那个年代万千抗日青年的心声。

放弃图书馆的工作，投笔从戎

1938 年广州沦陷后，黄埔军校第四分校搬到德庆，日本飞机开始天天轰炸德庆。那时候，我在德庆的香山中学读三年级，当时已经萌发抗日的想法。暑假的时候，我参加抗日救亡宣传队，到广西梧州去宣传抗日，用油刷在墙上写标语——"打倒日本帝国主义""把日本帝国主义赶出去"等，以此来激励同胞。学校本来为照顾我母亲是学校职员的关系，安排我毕业后在学校图书馆当管理员，但这不是我的志愿。由于德庆每天遭受日本飞机轰炸，后来黄埔军校第四分校就搬到广西。那个时候，我就想投考黄埔军校，参加抗日。

中学毕业以后，也就是 1940 年，我跟我母亲表达这种想法——"国家兴亡、匹夫有责"。刚开始，我母亲不同意，后来在广州做码头搬运工人的哥哥跋山涉水回到德庆之后，母亲才同意我报考军校。我是童工出身，当过码头工人，也算是热血青年，国家危难，一定要挺身而出参加抗日，不愿做亡国奴。

军校的考场设在香江中学，一起考试的还有一些外地逃难来的华侨。考上之后，我们要前往桂林学习。临别的时候，母亲同我一起掉泪，非常伤感。离别母亲，我就前往广西桂林。到了桂林之后，我被安排在李家村受训，被编入黄埔军校桂林第六分校第十八期第三总队。

严格的军校生活

1940年以后，军校生活比较艰苦。学生在礼拜天要出去砍柴火，捡树枝，盖营房。学校对学生要求很严格，学校有明文规定，不许随便离校，要严格遵守作息时间。同学中有一个身份比较特殊的，就是罗卓英将军的儿子。有天晚上，他在熄灯以后溜出去吃夜宵，被区队长查房时逮个正着。第二天，区队长单独把他叫出来，把他送到桂林一个山洞里面关禁闭。

我们每天早上都要集合跑步，动作一慢就要受罚。内务要求也是相当严格，被子要叠成四方块，枪支、洗漱用品都要摆放整齐。有一次，我的枪膛里有点灰尘，因为这个就被教官打了手心，手心都打肿了。到入伍生期满的时候，我们第三总队就到桂林一个宽阔的广场，带着枪具、护心、面罩，表演劈刺等。

在醴陵取炸弹

6个月之后，我们进行分科考试。我的理化成绩比较好，被分到工兵科。学校委托湖南醴陵工兵学校代为培养，所以我到湖南去学习工兵科。学习的主要科目有筑城、渡河、架桥、爆破、战术等。

有一天，飞机轰炸醴陵城，有个炸弹留在城里没有爆炸，引起民众恐慌。区队长派我跟两个同学去取炸弹，我负责当警卫。他们把炸弹取出来，带回到学校，这个炸弹被用来给我们做分析用。学校有个教战略战术的德国教官，知道我擅长绘画，就让我画了一个星期的军事挂图。除了学习之外，我们每天晚饭后都有娱乐节目，一群人围在一起说说唱唱，气氛很活跃。

参加滇西抗日，爆破腾冲城

1943 年，我分配到滇西中国远征军第 6 军。一到保山，我遇到了第六分校的主任黄杰，他当时是中国远征军第 11 集团军副总司令兼第 6 军军长。于是，我被他留在第 6 军司令部当少尉见习参谋。后来，我又辗转到了预备第 2 师，参加爆破腾冲城。

腾冲的城墙非常坚固，第 20 集团军攻打很长时间也没有攻下来。敌人在城内构筑永久的军事工事，火网交叉，使我们攻城的难度非常大。在这种战况下，我们准备联合美国飞虎队、陆空联手，先从空中轰炸，再从地下挖战壕爆破。爆破总共用 3 个汽油桶装黄色炸药，每个汽油桶装两吨炸药。先挖交通壕连接到城墙根底下，将汽油桶对准墙角，然后引爆。就这样通过炮、空、工、步等兵种的联合，终于攻下腾冲城，消灭敌人。

腾冲收复之后，国际交通线就通了，外国支援中国的物资源源不断地回到国内。参加滇西抗日是我一生的光荣，为人民做了一点微不足道的贡献。

翻越高黎贡山后的浴血奋战

采访者： 李岚、杜穗红
整理者： 李岚、白廷兵
采访时间： 2013 年 1 月
采访地点： 广西壮族自治区桂林市谭延煦家中

讲述者简介： 谭延煦，1919 年出生，广西桂林人。1939 年，考入黄埔军校成都本校第十七期。1942 年毕业后，被分配到第 11 集团军总部当见习参谋，后又到“滇西战时工作干部训练团”（简称“干训团”）任学生总队区队长。半年后，加入到 11 集团军直属团参加中国远征军作战，先后任排长、代理连长等。后到第 71 军预备第 2 师任营长，参加过高黎贡、腾冲等战役。抗战胜利后，任第 93 军第 278 师工兵连参谋长。1949 年，在云南昆明起义。

采访手记： 谭延煦是我们到桂林采访的第一人。老人虽然已经 94 岁高龄，但思维仍非常清晰。他曾作为预备部队参加腾冲战役，也曾越过历经惨烈激战拿下的高黎贡山。山顶层层堆叠的死尸和脚下踩到尸体时软绵绵的感受，到现在老人仍然忘不了。还有那攻破腾冲城后，城内满目疮痍的场面，他至今也仍记忆犹新。

老人现在没有退休金，没有经济来源，靠志愿者的照顾和捐献清贫度日，然而他对此却没有任何怨言。我们仍记得老人说过的那句话：“（那时）老百姓虽然生活艰难，但是精神是饱满的。”在他身上，我们看到一位虽历经生活磨难，但仍热爱生活的黄埔老人形象。

从桂林经湖南加入军校

我高中快毕业的时候，正值日本飞机每天轰炸我们那里，我们上课都已经不在学校里了，而是在老人山里上课。那时，我对读书已经不感兴趣了。从大道理上来说，就是“国家兴亡，匹夫有责”，想为国家尽一份力量。原来我的想法也是考军校的，但是我对分校不感兴趣，因为本校各种教学器材和设备更齐全些。

1939 年高中毕业时，正好赶上本校在湖南招生，到桂林来贴招生广告。当时我和同学一二十个人都报名了，后来考上的只有 3 个。当时中国大部分领土都沦陷了，很多青年人跑到后方来，只要有工作、有职业的，都愿意去考。军校规定高中毕业、大学及同等学力的都可以去考，这个同等学力范围就宽了。当时参加考试的同等学力的多一些，因为在当时高中学力就很难得了。

考试的地点是在湖南祁阳。考的是数理化、语文之类的东西，考试纪律相当严格。后来我听说我们那批在湖南考的有 9000 人，被录取的有 130 多个。那些考学术科和体格不合格的，就让你回去，由学校给你回去的路费。只有考试合格了，才能入伍。

我们走路去成都，学校里派了两个带队官带队。大概每天走60里路，看路上住宿情况，起码50里路，多则70里路，原则上是60里路。路上有大的村子、圩镇，能够住下来，就在那个地方住了。我们用了差不多两三个礼拜的时间才到了成都，住在杜甫草堂。那时宿舍和教室全部是临时做的，上面是竹篱笆，下面拿草盖的，没有瓦。

我们是重点培养的一个总队

我被分到第十七期第一总队，教育长是陈继承，一个大队只有两个中队。抗战以后，每一期都有两三个总队，其中有一个总队是重点培养的，而且这些总队里纯粹步科的多。我们要进行起码两年半以上的学习，那些学了两年或者一年半的，在日本人投降、国家恢复正常以后，还要回来学校补课3个月。我们这些超过两年半的，就不一定回去补训了。

那时主要是干部缺乏，伤亡太大。当时有一种说法，军校培养再多当军官的学生，都不够死的。蒋介石对我们这个总队还是蛮看得起的，逢元旦、春节、校庆之类比较重要的节日，他都跑过来看一看。因为我们这个队算是素质比较高的一个队，里面大学生有一两百人，大部分都是高中毕业，同等学力的都很少，也就百八十个。

以劳动为主的预备入伍

我们进去以后是预备入伍，预备入伍和正式入伍都是基础教育。一天都是出操、立正、稍息之类的，我们也都习惯了，因为在广西的时候，我们从初中起就有军训了。像我们桂林中学，从初中一直到高中，都有军训教官，两三个班编成一个队。初中毕业以后，还在南宁武陵正式军训了一年。

在预备入伍阶段，我们还是以劳动为主。在草堂寺和青羊宫那一头有一条公路，预备入伍期间，我们除了早晚基础教育以外，吃了早饭就要出去修那条公路。那条公路挖下去起码有 2 米深，一层石头一层黄泥浆的铺路。预备入伍 3 个月后，正式入伍也是 3 个月。正式入伍是军风纪教育，劳动时间没有了，上课开始讲军事常识等。

我最先想学的是炮科

入伍期满以后开始分科考试，入伍时是在草堂寺，分科以后就到西较场了。那时我们兵种比较多，步、骑、炮、工、辎重、通信都有。我们分科跟那个考试分数没有关系，你要学哪一科就任选一科，比如说你要学英语就报英语，要学俄语就报俄语，你觉得哪样比较有兴趣、有前途，就学哪样，报了以后由学校来定。

我最先想学的是炮科，学校要求身高是 1.7 米，而我那时才 1.66 米。我和大队长讲了几次，他说没办法。后来我想了一下，我在高中时已经学过步科，在武陵又受了一年的军训，步科就没有什么可以再学习了，所以报工科。

当时工科学习内容，讲得通俗些，就是“逢山开路，逢水搭桥”，比如架桥、筑城、挖战壕、做掩蔽、做各种枪炮的掩体，另外就是爆破、炸桥、炸敌人的堡垒等。我们的文化课教官一直到毕业时还有，数理化、语文、外语一直到毕业都还要学。普通科是普及型的，也一直有，主要是学战略战术等。每年我们起码要阅兵两次，国庆和校庆这两个节是一定要阅兵的。阅兵在军校也不算比较重大的事情，主要是看看学生身体怎么样，学习情况怎么样，了解一下。

我们就是一个普通人

入伍期时我们没有假期，之后星期天就可以放假休息了。一般是早上 10 点放假，下午 5 点收假。放假就是在街上逛逛，有些同学是四川的，或者在成都有熟悉的亲友，就去那玩一下。我一般逛逛公园，或者有同学邀请去看看电影。我个人觉得我们这些军校学生没什么特殊的，就是一个普通人。当时社会上对军校学生评价和看法形形色色，有些人觉得学生雄壮，身体蛮好。其他很特殊的，我倒没什么感觉。

我们的军服是黄色和草绿色的。夏季服草绿色，冬季服草黄色。放假出街学校规定要洗干净，划破了洞就打个补丁。有一套外出服，黄呢子的。有个圆形的领章，上面有“军校学生”字样，蓝底白字。当时胸口上有徽章，在左边，小口袋下面写：中央陆军军官学校哪一期哪个大队学生某某。

讲不完的军校伙食，“我们这是陪公子赶考”

关于军校伙食那就讲不完了。我们进军校以后，伙食就不好，特别广州、南京沦陷以后，后方好多乱七八糟的人搞鬼捣乱，我们这些学生比当入伍生的时候还苦。我们那时去买菜，那个芥蓝包、莴苣叶起码都有一半是黄的，只要没烂就行。

我们学生怕炊事班伙夫头在里面抠钱、揩油，所以每天都会派两个学生跟着伙夫头去买菜。伙夫头是军校长期雇来的，做了十年八年的都有，除非是犯了错误开除。他们和外面卖菜的比较熟悉，经常打交道。其实，我们和他一起去买菜也就是做个样子吧，真给他自己去买还要便宜点，比如一块钱买 10 斤，他去一块钱可以买 11 斤。所以，我们同学说："我们这是陪公子赶考"，陪着去罢了，你要是去管他，还买不到那么多呢。后来就让他自己去买，我们挂个账。

有一段时间，我们那个队的学生，突然一下子有二三十个人，到傍晚黄昏时，眼睛就看不清东西了。医生检查，就是吃莴苣叶子，油水太差，那时一斤油 100 多人吃一天，规定吃三餐。早上吃稀饭，或者煮点面疙瘩吃，中午吃一餐，晚上又吃一餐。一餐才二三两油，买的菜又是像给猪吃的那样。

其实，我们的伙食费并没有少，只是跟不上物价上涨的速度。那时社会秩序比现在乱得多，老百姓要涨价，谁也管不了它。现在还有工商等单位来管，那时没人管，虽然有个商会，但是商会徒有其名。

偷吃花生的经历

我不太喜欢跟人家讲话，搞活动也少参加，看电影都很少有一次。星期天放假，我有个习惯就是去外面买花生吃。那时从西较场门口出去就有一条护城河，是清朝时保护城池而建的，也就一丈来宽。过了河上的桥，对岸四川人卖食杂、花生米的很多，这个在我们广西是没有的。那个簸箕很大、很圆，堆起来的花生是没壳的、炒好的那种，我就出去买一斤装在口袋里。那时我们规定在街上是不准吃东西的，我就一个人或者跟两三个同学一起，到公园里去，那时成都的公园也流行泡茶聊天。我一个人可以吃完一斤花生米。晚上回来再买一斤，留着偷着吃，有时候我在床上也偷着吃。

区队长要求还是很严格的。我们衣服的4个口袋都是规定了应该放什么东西，比如这个口袋装笔记本，不能乱装，他第一次纠正你，第二次就处罚你。不过这在入伍期最为严格，纯粹是军风纪生活，升学以后反而没那么严格，区队长和队长把道理讲完就看个人自觉了。而在入伍生那时，真的是官是官，兵是兵，非常严格。我偷吃花生的时候，同学之间也没有告密的，我们基本相互理解，没有什么嫉恨。学生们也都很遵守纪律，我从入伍生到毕业，在学校没见到有抽烟的。

我们对党派没什么感觉

在军校里，我们对党派没什么感觉。我们正式入伍以后就集体入了国民党。那时入党也只是个名义，党员簿上有你的名字，什么活动都没有，党费还要交，每个月到时间，队长就从我们工资里扣收党费就是了。我们预备入伍是二等兵，正式入伍是一等兵，分科后是下士，学校根据这个等级给工资。

我是1939年10月到11月间进军校，到1942年夏天毕业。毕业时，我们发了同学录，还有佩剑。佩剑是去队里去领的，它上面有一个歪皮带（军人带）。佩剑上面一面写着：中央军校哪一期哪一个总队，另一面写的是“蒋中正赠”。现在想起来，那个佩剑上应该有编号，比如你这个总队有1000人，编号就是1到1000号，不过上面没有刻名字。我们还有一个军校的毕业纪念章，不过现在什么都没有了。纪念册也都丢了，纪念册里面是些相片，和同学录差不多一样，大小不同罢了。

分配时，我算是运气好的

1942年毕业以后，我被分到中国远征军第11集团军，总司令是黄埔军校第一期的宋希濂。当时我分配过去以后，好像都没有认识的同学。其实他们都是直接分到部队去的，到后来我当了中尉、上尉，活动能力比较宽了，才发现大家很多都是一个总队过来的。我们被分配时，学校先给个通知，预计几天能到部队，按当时的车费和伙食费给钱，有报到期限的。我在报到之前，回家休息了几天。

分配时，我算是运气好的。刚去的时候谁都不认识，人家就说，你到参谋处工作吧，我就到了总部当见习参谋。我们参谋处分4个科，通信、交通、作战、情报。我是在情报科负责搜集战况，包括搜集汉奸信息或者社会有无扰乱情况等等。我刚去时，根本不知道怎么去收集战况，后来干了一段时间，才慢慢知道。我也不懂怎么写行文，我们参谋主任人很好，告诉我对上面行文怎么称呼，对相等的、对下面的怎么写，这样自己慢慢学，才学到一些。

负责带学生的干训团区队长

当时国内很多学生青年和回来的华侨青年都流散在外面没有工作，宋希濂就想把这些有青年收容起来，在大理成立中央干部训练团①。招生广告我见过，虽然名义上要求至少

① 应为“滇西战时工作干部训练团”（简称“干训团”）。

小学毕业才能入校，实际上只要认识1、2、3，都可以进去。虽然也考试，但也只是个名义罢了，并不严格。主要目的还是收集在地方上的流散青年。我在参谋处没多久，半年还是几个月吧，就去学生总队负责带学生。刚去时，我是少尉区队副，后来升到区队长。

干训团的训练与军校的组织形式是一样的，也是分总队、大队、区队。教学有些也类似军校，但是没有在军校要求的那么严格。教育长宋希濂也不经常来，有时候有什么问题，或者需要就来看一下，一般个把月来一次。另外有一个副教育长负责，是总部派来的，少将军衔。我们的总队长也是个少将，黄埔军校第三期还是第四期的，记不清了。干训团也没有分科，一直以步兵为主。学习时间半年左右，毕业后主要分配到第11集团军，别的地方人家不会要的。学生有的分到部队带兵，有的在部队或者什么单位搞政工。

对宋希濂的印象

我在那边工作一直到学生毕业，大概有半年时间，后来我被分到第11集团军直属团。这个团是后来组建成的，主要是训练士兵。原本是宋希濂想扩充自己的警卫部队，但是他已经有警卫营了，在编制方面说不过去，只能暂时以集团名义成立这个组织。宋是湖南邵阳人，他的警卫营里面的军官和士兵大多是邵阳人。讲个笑话，晚上过了9点以后过路要问口令，他就“嗯啊嗯啊”的。邵阳有个特殊的口音，鼻音特别重，不管用什么口令都好，只要“嗯啊嗯啊”的，就晓得是警卫营的了。

对于宋希濂我没有接触，不过他的生活情况我还是了解一些。因为他的副官和参谋是我的同学，大家遇到的时候，就会时不时爱聊一下他。我最初见到宋希濂时就觉得蛮特别的，30 多岁，佩着中将的金牌牌，头用油梳得亮亮的。那时我个子小，大家开玩笑，说小鬼我们换一下，我说怎么换，他说我下部队，你来服侍老总，我说你在这不舒服吗？日晒不着雨淋不到，出去陪着老总，不是车子就是马，又不用走路，还不舒服？他说不舒服，你跟着他，去哪都去不了，他去开会或者干什么的，你要在车子边或者附近等着他，等他开会、视察回来，看不到你，就要挨批评的。我说我不行，侍候人的事我干不来。

换美式装备后，翻越高黎贡山

刚去不到一个月，我们那个连长被派到昆明学习美国装备的新武器，我这个排长就开始代理连长。当时我们还没有换发美式装备，还是七九式的步枪。后来陆续装备美式装备，但具体时间我记不清了。记得开始大反攻时，我们团长穿一件美国雨衣，其他营长、连长、当兵的，个个都是一件斗篷，拿纸、油漆、竹子编起来的那种。第 71 军第 36 师也没有太多美式装备。

在大反攻前，日本人过了高黎贡山，到怒江边，情况相当危险。我们与日军隔着怒江对峙，第 71 军死守在这一边。在腾冲已经打了两三个礼拜后，我们部队才加入战斗。从保山这边出去，花了三天两夜强行军，过了高黎贡山才停下来，一直没有休息。

高黎贡山海拔四五千米，人走到半山腰，日头还没落，天还没黑，看到上面有太阳，半山腰下面下着蒙蒙雨。我们先在山脚吃饭，因为如果在山上煮饭吃的话，带柴火上去，都会变成湿的。我们刚到时天有点黑，等于现在六七点钟。我从来没有看到过这种情况，那山顶起码有两里长的路上，死牛、死人、死马堆了一大堆，踩上去软软的，有的生了蛆，有的只留下些枯骨头。天黑了，走到什么地方，踩没踩到也不知道了，一路过去都跌跤，我们连里士兵跌过跤的超过半数。山上面是黄泥浆，到腾冲时都跟泥猪一样。日本人那时装备好些，都拿汽车拖引，所以就在高黎贡山修了一条马路，是一条很窄的路，骡马、单人可以过。

腾冲战役中的预备队，没有什么怕死之类的顾虑

到了腾冲以后，我以为会马上进入阵地。结果到了离腾冲还差 5 里路的时候，上面说停军待命，也没说什么任务，就是待命。开始我们以为情况紧急，马上要投入战斗，连我们团长也不知道什么情况。后来说要看前方部队什么地方吃紧，或者缺人员的话，我们就补充上去，另外也怕日本人跑出来。

那时腾冲攻城部队死伤相当严重。到腾冲可能有半个月，一直等。日本人在城里待不住了，东西吃完又送不进来。有一次，10 多架日本飞机飞到腾冲，那时我们防空力量差，保山有陈纳德的飞机队在，我们得了情况立刻通知他们。大概过了 20 分钟，日本飞机还没到腾冲城上方，就看到陈纳德的飞机到了。有些不要命的敌人就把东西投下去，城里得了 1/3，大部分投在城外，粮食、罐头等都给中国军队得了去。日本飞机逃命要紧，顾不得那么多，陈纳德的飞机也不去追他们。

在腾冲战役中，我们虽然没进入战斗，但是也在战斗系列里头。上面有命令就要随时准备战斗，也不知道哪个部队需要补充，不一定是一个团去补充，也可能是缺一个营、一个连，我们就补充上去。我们当时讲笑，干脆早点上火线，打死就算了。无论是当兵的还是当官的都不怕死，现在窝在这里，就是耐不了这个烦，死不死、活不活地等着，莫名其妙，精神特别不舒服，还不如干脆上前线。

中国的士兵，战斗思想和战斗精神其实是很旺盛的。

虽然我们部队不在第一线，可我同学多，我经常去第一线找他们玩，我有好几个晚上在凌晨以后跑到他们那儿去。凌晨两三点钟，这段时间是最安静的，没有枪响，偶尔有枪响，也像小孩子放鞭炮一样。我们预备队和前方部队也就距离一两里，我们下象棋、打扑克，就跟平常一样，大家都没有什么紧张、怕死的。那时的战斗情绪你想不到的，在第一线没有什么怕死之类的顾虑。

腾冲城破后，他死的不值

腾冲城破以后，我们就去清扫战场，有10多天。我和我们连的一些士兵、干部进去里面看了一下，里面很惨，鸡、狗都没有了，房屋和树木都烧焦了。当初估计腾冲、龙陵有一次战役，就提前疏散老百姓，老百姓倒是伤亡不大。中国军队死得多，日本人最后就剩一个。那时听上面战略方针，一是防止在印缅边境的日本人往中国撤；二是防止中国腾冲、龙陵、松山的日本人在中缅边境的腊戍会师，一会师他们兵力就强大了。所以，无论龙陵也好，腾冲也好，都不准一个日本人跑出来。

我记得预备第2师有一个团的团长①，他个子比我矮点，也是湖南人，带了1个警卫排和3个营在腾冲城里。当时敌人那边还有一个日本人没死，从城墙的枪眼打了一枪，就把他打倒了，正好打到头上。后来说他这个团长死的不值，我们把日本人打垮了，他却被日本人打死了。

我们直属团作为后备补充部队基本上没什么伤亡，伤亡都是病痛的多。之后，各个部队由上面指定到什么地方驻扎，等于是整训一样就地休整。我们部队就回保山，我们那个连在保山守卫飞机场。

随身带着“鸦片烟”

在战场上，我们医药缺乏，云南瘴气又厉害。到了怒江附近，老百姓说，你们外头来的人，要抽点烟。我们这个地方瘴气严重，得了瘴气，是没有药整的。我当时带着烟，自己不抽，给别人抽，听了老百姓这么说，我也抽起烟来了。

在怒江那个地方蛮多神话的。老百姓说，你们口干了不要喝江里的水，那个水有毒的。有一次，我口干得不得了，等我们连的兵过了，我在后头走到河底下捧了几口水喝。那个河又深，走下去起码二三十米。我那时身上都带着“鸦片烟”，不是真正的鸦片烟，是烟杆里的烟屎，把它挑出来的，拿个瓶子或者纸包着。那个蛮有效的，拉肚子、感冒，吃了特别灵，没有开水，用冷水喝下去，我的挎包里随时都有半把斤。

---

① 李颐（1912—1944），湖南醴陵人，黄埔军校第六期毕业。1943，任中国远征军第6军预备第2师第5团上校团长，率部在滇西漕涧、腾冲北部地区展开抗日游击战争。1944年，在腾冲战役中牺牲，后被追任为国民党陆军少将。

那时野战医院离得远，药又缺乏，得了感冒什么的不好治就等死。特别是在云南，有一段时间很多人发高烧，人发高烧，就好像疯子一样，那个架子床一米多高，他都有本事跳到那个上面去。当时什么毛病也不知道，我给他吃点我带的鸦片烟，效果不大。现在回忆起来，那时年纪轻，社会常识差，分析不出来。当时只有社会上的草药医生，请来看了一下。病刚发作的时候，还有办法把烧退下去，一发到高烧时，他也没有办法了。由地下一跳到架子床时，那就没治了，高烧发热已经到了顶点。

战争是不好的东西

日本投降的时候，我们还在保山守卫飞机场。云南没有进行什么受降仪式，在越南有一个受降点，云南省主席卢汉去搞的，我们部队也去了。那时我们的广播很少，电视也没有。听说日本人投降了，我不太相信，想当初日本人都从东北打到西南，半个中国都没有了，他们怎么会投降呢？后来确认是真的投降，无论城里还是乡村都放鞭炮，无论是老百姓还是官兵都是一片欢呼，场面相当感人。这时，我才相信日本人是真的投降了。对于战争，虽然不说有什么意见，但总觉得相当难受，战争毕竟是不好的东西。

我在保山待了不到一年的时间。1945 年日本人投降以后，第 11 集团军还存在，到 1946 年中国远征军撤销，宋希濂去西北当了西北行营主任，第 11 集团军就不存在了。

我跟士兵关系很好

虽然我是一个穷光蛋，但是分外之财我不取，我有自己的原则。那时我对士兵蛮好，我本来当连长有82块钱，用不完的，家里又没负担，自己也年轻，想着士兵们没烟抽，我就每个班一个月发一两斤烟丝给他们。他们衣服烂了就让一个班买一个针线包，给他们去缝。因此，士兵对我也很好。

那时，我们吃饭就跟打冲锋一样，而我不管在哪个部队都没有这样过，我都保证他们能吃饱。一个人的肚子有多大量，尽着他们吃，今天不够吃，就拿明天的量来补，明天不够拿后来的补。这样一个半个月下来，煮点粥给他们吃，也吃不去多少了。我那时也和他们一起吃，不像人家说的，当官的另外开伙。无论我在哪个部队，都是让大家一起吃。那些士兵开始两天会抢着吃，看到不抢饭也不会挨饿了，他们就不抢饭吃了。如果抢的话，一连一百多口人，一人多抢一口，都不得了。看到饭快没有了，立刻煮一锅出来，吃多少舀多少，大家都不再抢饭吃了。那些饭就能剩出来，一人一天一斤半米，吃不完的，如果抢饭吃只会越抢越厉害，吃多少也没数。

我随预备第2师血战腾冲

采访者：徐丽飞、刘小翠
整理者：崔殿斌、吴峥嵘
采访时间：2012年11月19日
采访地点：江苏省溧阳市

讲述者简介：孙恒之，1917年出生，江苏溧阳人。1940年，考入黄埔军校第七分校第十六期第十四总队第一队步科。1941年毕业后，分配到第71军第87师司令部任见习参谋。后又调到预备第2师任参谋，跟随部队在腾冲打了一年多游击。1944年，参加腾冲反攻战，任第5团第2营机枪连连长。腾冲战役后，任师部搜索连连长，负责清除滇缅公路上的日本散兵。1949年起义，后回家务农。

采访手记：孙恒之是位安静少言的老人，一问一答，并不多说。访谈中，他的老伴也静静地坐在一旁，聆听我们的谈话。老人主要是在腾冲一带抗日，先是在腾冲打游击，后来参加攻打腾冲战役，苦攻来凤山。

也因如此，老人与腾冲结下了一段难舍的缘分。他的老伴是在云南腾冲作战的时候认识的，当时她是一名老师。部队攻下腾冲以后，住在老百姓家里好几个月，孙恒之老人住在老伴的姨妈家，姨妈看这小伙子人不错，就将外甥女介绍给了他。后来，老伴跟随他一起回到江苏老家。

从第 61 师到第七分校

1937 年，日本发动全面侵华，我被迫逃难。后来到了部队，在第 61 师打了两次仗①。武汉会战以后，我到了西安，我所在的部队在黄河边的韩城守防。得到黄埔军校招生的消息后，我去报名了。那时从部队去考军校的不多，一般都是部队抽调干部过去的，我就是凭部队证明去考的。考试的内容是政治、算术、地理、外语，相当于初中程度。

1940 年，我考入黄埔军校西安第七分校第十六期步科。当时我是个初中生，还没有 18 岁。西安到终南山有个子午镇，我在那里报到的。先到校务处报到，之后被分派到了第十四总队。那时考取军校的不多，只有四五十个人。我们去报到的大概有二三十个。

在第七分校学习怎么打仗，怎么指挥

在军校分两个时期，先是入伍生，再是军官生。入伍生

---

① 孙恒之在一次口述采访中提到，他是 1938 年 1 月逃难到南昌后参军，在第 61 师任上士文书、准尉司书。他提到的两次仗，应是他于 1938 年参加的兰封会战和武汉会战。

一般都是3个月，军官生是6个月，加起来是9个月。实际上一年多一点，我们是提早毕业了。入伍生教育是在子午镇，一般就是军事教育，也就是受训教育，受训考后就是军官教育。入伍生教育结束后有考试，但是不严格，一般都可以转为军官生。

我们总共有4个总队：第十三、第十四、第十五3个总队是步科，第十六总队是分科的，步、炮兵都有。军官生教育学狙击、射击、战术、战略这些东西。我从排长学起，学到连长之后就不学了。排长就是要带一排兵，要学怎么样训练。之后当连长，一个连100多人，有3个排，看你怎么打仗，怎么指挥，教战术方面的。我们这个队有100多人，每次学习都有一个人当连长，没有部队，就我们这些军官由他一个人指挥。把你挑出来当连长，看你怎么指挥，下面出了什么情况，看你怎么处理。

第七分校的主任是胡宗南。纪念周的时候，我们在操场上集中，他来讲讲话，一个月也就一两次。因为我们在子午镇，到王曲有好多路，我们要去集合不容易，光跑路就要跑几里路，所以一两个月他来讲一次话，就要总队集合。那个时候我们分散得很，这个地方住一个连，那个地方住一个连，所以一个礼拜集中一次很困难的。胡宗南在纪念周上讲话的内容就是讲些抗战的事情，号召青年学生团结抗战。对于抗战形势讲的都是大方面的，我们也看不到报纸，外面的情况我们也不知道。我们就是学习，学习怎么打仗，怎么指挥。

艰苦的“吃、穿、住”

军校的伙食苦得很，那个时候吃不饱。大米24两，面粉

26两，这个是老秤，就一斤多一点点。那个时候我们都是20多岁的小伙子，当然要吃多一点，可是都吃不饱。我们吃米饭的时候，一个人两碗；吃馒头的时候，那种叫“连块”的馒头一块，菜就是一个盆子七八个人围着吃，生活苦得不得了。家里在西部的，跟家里通信寄钱来，有钱的人到外面买点吃的，买点大饼什么的吃吃，什么菜也买不到。像我们跟家里没有通信的，就什么资源都没有。

服装也没有什么好服装，都是穿部队的，破破烂烂的。刚去军校的时候，部队剩下的服装旧的发给我们，破了自己就缝缝补补。第七分校属于第34集团军，总司令就是胡宗南，他指挥的部队很多。上面发给他们衣服，部队里节约下来的发给我们了，都是灰的粗布衣。像中山装，有4个口袋，两个小的，两个大的。至于鞋呢，我那个时候自己没有钱，像我们逃难出去的也没有经济来源。有的学生是西北人，在西北一般都是马皮做的鞋，赤脚穿，苦得很，那没办法。戴灰灰的帽子，前面有一个党徽。呢子衣服是在阅兵或者高级军官训话的时候，我们才穿上，因为我这一套穿完了还要留给下一级，不可能自己拿去。有大人物来讲话，就要把衣服穿好，这样好看一些。讲过话回到部队，把衣服脱下来，平常不能穿。呢子衣服是灰色的，也是中山装那样的口袋，领章是“军校学生”4个字，字是蓝的。

我们就住在老百姓家里，睡老百姓家里的炕，小小的。一个炕起码要住三四十个人，都挤成一块了。我们这边睡一个那边睡一个，位置很小。冬天，大家就聚在一起取暖。

用泥在纸上写字

我们每天6点多起床。军官生教育一般上午上课，下午出操，晚上回来。一天吃两餐，9点钟吃早饭，下午三四点钟吃晚饭，吃不饱也没办法。

课本都是统一的，是第七分校校本部编的，大概都是根据军训部规定要学些什么东西编的。没有外国老师，都是中国老师，老师都是老一点的，有些是保定军校的老教官。武器就是步枪，机枪有马克沁机枪、重机枪。炮就有八二式迫击炮，是中国制造的，顶好的武器。原来的步枪是汉阳造的，很差。后来，我们拿的是中正式步枪，比较先进一点，打起来比汉阳造好得多。我们有的机枪都是进口的，重机枪都是从德国进口的。

讲到上课，那很可怜。一人一个小板凳，给你一个土块，教官教你写。那个时候我们都没钱买纸，自己搞一支笔，弄点纸，上课的时候做笔记，弄点泥在纸上写字。下雨就在家里，学生在炕上，大家挤在一块听教官讲课。没有黑板，凭教官讲的做笔记，教官怎么讲，你怎么记。娱乐活动很少，就是唱唱歌，也没有假放，礼拜天也是照样要上课做操的。如果下雨了，就在家里休息。

在军校里，我们没有学外语，没有时间学习，也不需要学习。大家都觉得来了是学作战，其他的学了没有用。我们那一期西北人多，第七分校到我们江苏这边招过一次生，大概江西也有一些，少得很。当时我们的生活很苦，我们真是为了国家全心全力去打仗。

毕业了，才晓得有共产党

我们对于共产党的情况不了解。我们一进校就是国民党党员，到毕业的时候，好像有个党员证，其他什么都没有。

因为这个学校是国民党办的，所以我们就是国民党。到毕业的时候晓得了，那个时候我们第七分校是有共产党过来的。他们很多扮成普通学生，因为西安距离延安很近。但是，我们学生不分党派，什么党我们也不过问。

不过，每个队都有指导员，会调查你是否是共产党，是怎么派过来的。我们在学习的时候都不知道，就是共产党员到我们那里学习，他也不暴露身份。到分开的时候，有的指导员知道了，那些从平时的行为各方面看来像共产党员的。我们一起学习的同学都不晓得。

毕业时，我们有一个典礼宣布毕业，在王曲举行了一次会餐。大家在一起吃一顿饭，也没什么好菜，就多一些菜。毕业佩剑有一把，那个时候条件很差，有的同学有，有的因为来不及制造就没有了。我们没有毕业证，就宣布毕业了，只有一个证明。同学录每个人一本，就是我们总队自己搞的，上面只有我们总队的同学，其他总队的同学都没有。同学录的纸张很粗，就是西部的粗纸，封面是布面纸。

从第 87 师到预备第 2 师

1941 年毕业后，我被分到第 71 军第 87 师，我们一起来自第七分校的有 30 多个人。我们到了部队，参谋长给我们讲话，根据我们的学习进行一次正规考试。考什么呢？就是作文，然后画一张军事图，看看你的水平。我运气好得很，我被分派到司令部当见习参谋，做了一年多，因为他知道我作文写得比较好，画的图也比较好。

第 87 师和预备第 2 师都在西北，这两个师和第 88 师是一个系统的。原来的军校总队长顾葆裕[①]当时是第 88 师师长，后来被调到预备第 2 师。他调到那边后，我就给他写信，说我想到他那边去，他也同意了。他给我的师长打电话，我的师长也同意了，就把我调到预备第 2 师。我到那里是给顾葆裕当侍从参谋，他到哪里我就到哪里。参谋有 4 个科，第一个是管人事的，第二个是管情报的，第三个是管作战的，第四个是管补给的。我是在第三科，管作战。

在腾冲城外打了一年多游击

我参加中国远征军大概是在 1941 年，在西南总共待了 5 年。我们这个部队本来是要到缅甸作战的，因为缅甸战况不好，就没有去，留在西南了。我们到了昆明，然后就等情况。因为日军已经朝中国边境打来了，要阻止日军过来。怒江有两座桥，一座叫惠通桥，可以走汽车的；一座叫威盛桥[②]，是人走的。我们把这两个桥都破坏了，日本人没办法过来。

怒江边上还有瘴气，我们差不多一个连，住了两天，就有一半的人病死了。所以在那就不能待了，要赶紧往山里

---

① 顾葆裕（1906—1959），江苏松江人，先后毕业于黄埔军校第四期、中央训练团党政研究班第三期、陆军大学特别班第八期。历任国民革命军东路北伐军第 1 军第 3 师排长、连长、营长，第 87 师团附、参谋、师参谋主任，第 36 师上校团长，第 192 旅副旅长。抗战全面爆发后，历任第 192 旅旅长，第 88 师副师长、师长，以预备第 2 师师长身份，参加腾冲战役。

② 怒江上并无威盛桥。在高黎贡山脚下的怒江，历史上遗留下来的索桥，比较著名的有三座，最南边的惠通桥，中间的惠人桥，北边的双虹桥。其中，过了双虹桥，便会途经斋公房翻越高黎贡，过了惠人桥，便会途经禾木树翻越高黎贡，翻过高黎贡之后的目的地都是腾冲。滇缅公路开通后，古老的惠通桥经过重建，变成能走汽车的索桥。而惠人桥与双虹桥，依旧不能走汽车。

跑，于是我们翻越高黎贡山到了腾冲。高黎贡山是雪山，山上有雪，我们站不住，没有吃的，也没有歇脚的地方，也没有药，只能走快一些。这个山很高，到处是原始森林，树上面都是自生自长的千年藤蔓，在山脚下能看到几只野兽。山上除了古树外什么都没有，在山里分不清东南西北，那时没有指南针。高黎贡山弯弯曲曲，难走得很，翻也翻不得，爬也爬不得，都是悬崖。只能找过去有人走过的路，都是老百姓、采货的人走的，一般人不愿意走这条路。我们走了一天一夜，天还没亮我们就开始爬，到天黑了才走到。

日本人把腾冲占领以后，腾冲城也不能进去。我们就在腾冲周围，在周围乡村，在一些抗日老兵比较多的地方，打了一年多游击，基本是靠老百姓的补给。我们的部队都分散在乡下，这边住一个人，那边住一个人，从乡下到市区都有，不能固定在哪里。这样日本人来了没办法打，抓一两个人就走。在腾冲也遇到过危险，日本人来“扫荡”，一不小心就可能被抓走。打游击这段期间，我在师部当参谋。

3 个月的永平整训

后来，我们又翻越高黎贡山，在保山永平县整训了 3 个月。我们知道大概要打反攻了，因为部队兵源不够，要补充新兵，补充之后就要训练。训练内容就是练射击，那个时候新兵不知道怎么打枪。整训时补充一些美式装备，实际就增加 60 炮，这是美国人带来的，再就是每个人发几条军毯，其他就什么都没有。每个师里都有一个联络官，部队怎么作战，联络官会辅助。

我在整训时，当的是机枪连连长，用的是马克沁机枪。我们连只有 6 挺，3 个排，每个排有两挺。来凤山打下来之后，我们只剩下4挺机枪，那两挺打坏了，不能用了。

攻打腾冲时，来凤山一仗打得最苦

我们整训后，就开始攻打腾冲。我们到腾冲的时候，补给根本就没办法。我们在山上饿了几天，口粮跟不上。翻高黎贡山的时候，要下来是不可能的，要等到上面命令来了才行。山上粮食不够，下面老百姓也上不来，没得吃。我们整整饿了三天，草啊什么的，我们都吃。后来，我们就要求美国人空投，用飞机送来吃的。等到粮食来了以后，差不多就是我们集中起来开始打仗了。粮食解决了，和老百姓也接上了，各方面都有补充，我们就开始打。你这个团打完了，他这个团打，都是拼命的。

来凤山一仗打得最苦。来凤山就是腾冲南边到西边的一座山，包围着腾冲。要把腾冲拿下来，必须要把这座山拿下来。但是，日本人在山上的工事坚固得很。山上有宝塔，叫来凤塔，日本人来了以后就把这个塔拆掉，用拆下来的砖头、石头做工事。我们一看，来凤山不容易打下来，我们又没有炮，虽有八二式迫击炮，但起不到作用。最后就和美国人联络，用美国的空军来支援我们，等到飞机轰炸了以后我们再开始攻。例如今天飞机来炸，明天天还没亮，拂晓的时候，我们就开始攻击。发动攻击的时候，所有的部队都上去，一个预备队都不留。山上一棵树都没有，光秃秃的，没有地方可以隐蔽。我们是拼命把这座山攻下来的，士兵死伤很多，许多连差不多都消耗掉1/3。

攻这座山的时候，我是连长，我这个连是战斗连，有7个官，到后来只剩3个，一个团长，我这个连长，还有一个排长，其他人伤的伤，死的死。我当时没有受伤，我的副连长[①]就是死在我旁边的，他本来不会死的。作战的时候，我跟他说你跟我在后面，供应伙食。他中午送饭过来时，看到我们快要打下来了，很高兴，就跑下来扔手榴弹，被日本人发现了，用机枪扫射死的。攻打来凤山，我们从拂晓开始攻击，到差不多 10 点钟就攻下来了。当时在山上我们自己也搞不清楚死伤人数，伤的能抬下去的就抬下去，不好抬下去的只好就地治疗。

腾冲人民很惨

来凤山攻下来后，我们就下山了。上面就开始整编，一个团编成一个营，一个营编成一个连，这样就编成一个加强团。3 个团编成一个团，这样就好指挥了。经过一段时间的整理，开始攻城。攻城的是第 5 团，指挥的就是我们的团长。攻城前，美国人来看过，我们的司令官、高级司令也来看过。具体从哪攻城，几天可以攻下来，大家意见不一。美国人说要采用火攻，我们就说不行，这些房子烧掉多可惜啊。所以我们就包围了腾冲，腾冲四面都是我们的人。

炮放在山上，然后我们就开始攻城。很难攻，日本人死守，炮又不能用，枪又打不到，就靠手榴弹、枪榴弹等。城里面的房子很坚固，下面都是青石，铺得很高。这个仗就是这样慢慢地、慢慢地往前打。在这里打了 30 多天，苦得很，

① 在顾少俊所写的《血战腾冲——访黄埔抗战老兵孙恒之》中，孙恒之说到那个牺牲的副连长叫周楠，湖南人，跟他同是黄埔军校第十六期的同学，牺牲时腰部中了 5 发机枪子弹，在云南国殇陵园里有他的名字。

没办法。我们团长是李颐[①]，本来还有两天就把城拿下来了，他被日本人一枪给打死了，很可怜。腾冲打下来后，连瓦片都没有一块是整齐的，全碎了，里面什么都没有了，腾冲人民很惨。

清扫滇缅公路上的日本残兵

打下腾冲之后，我当了师部的搜索连连长。搜索连就是特务连，特务连和通信排合起来称为搜索连。当时，滇缅公路上有日本人打败后留下的兵在那搞破坏，就叫我们去清扫这段路。我就从腾冲到龙陵，再到芒市，通过这条路过去到了畹町，把这条路清扫干净了。在芒友，我们中国远征军举行了典礼。滇缅公路打通后，第一批差不多过来了200多辆车，都是美国的军用物资，全新的两吨半卡车。我们看到之后心里很高兴，因为都是接应我们打仗的，有物资了，有汽油了，心里自然高兴。我们在畹町，一直等到我们的车队过来，这条路安全了，我们就出来了。

任搜索连连长也有危险。一天，我们吃完饭后出去，旁边有一挺机枪向我们打来。因为我是连长走在前面，两个兵跟着我，把我的兵打死了。是日本人的一个散兵干的，他没办法一个人走，就拿了一挺机枪，向我们报复。当时连长穿的衣服和当兵的一样，没什么区别，唯一特别的就是连长会带一只驳壳枪。他知道我是连长，向我打过来，结果把我的

① 在顾少俊所写的《血战腾冲——访黄埔抗战老兵孙恒之》中，孙恒之说到对团长李颐的印象是："李团长是黄埔六期，湖南人，当时40多岁。他个子不高，是一个矮胖子。平时，他和我们有说有笑，一点都没有架子，很能容人。在他的影响下，我们团里上下很团结。"

兵打死了。

解放时，我们是起义的

之后，部队开始整编，根据上面的指示，编到哪里就去哪里，我被编到第2军第178旅。那个时候师改为旅，军改为师，我们的师长过来当旅长，我去旅部当参谋。本来师长想让我去当连长，可我不愿意带兵，就说当参谋吧。后来，师长把我调到军械处当主任，升了少校。

解放战争时，我们是起义的。那时候我们在重庆，我们的师长被调过来当重庆司令宋希濂的参谋长，我就跟着师长过来了，在总司令部。这时跟共产党打仗，根本没有力量打，就起义了。起义很简单，不和共产党打就算是起义了。

后来，我们集中思想改造学习10个月后，就等分配。分配还要鉴定的，要鉴定看你的思想怎么样，如果思想不好还要继续学习10个月。我回来的时候是带着鉴定证的，领导说回来好好劳动。我自己也知道，以前做过国民党，现在做老百姓要靠自己劳动，要自食其力。

我随荣誉第1师参加滇西抗战

采访者：徐丽飞、陈何毅

整理者：徐丽飞

采访时间：2012年10月10日

采访地点：湖南省长沙市

讲述者简介：黄天，原名黄时建，1923年出生，湖南湘潭人。1941年，考入黄埔军校第二分校第十八期第七总队步科。1944年毕业后，任国民革命军第8军荣誉第1师第2团第3营机枪连连长，参加松山、龙陵等战役。1946年，考取广州燕塘的中央警官学校，后参加湖南和平起义。新中国成立后，先后任小学教师、长沙电表厂工程师。

采访手记：黄天记忆力很好，也特别能讲，之前也接受过电视台的采访。因此，我们刚跟老人讲明来意，老人便有条不紊地讲了起来，足足讲了3个小时。这中间除了我们偶尔抛出一些问题，都是老人一个人在讲。

老人将细节讲得特别生动，比如他会讲在军校生活时，每天早上同学们唱着歌去河边洗漱，那条街上的人都被他们的歌声吵醒了，所以“武冈街上无懒汉”。又如他对第8军各个师的情况作了详细描述：第103师是何绍周的基本部队；荣誉第1师是由负过伤的军人组成；第82师是土匪部队出身，等等。老人所讲述的这些丰富的历史细节，有助于我们了解和探寻更多有血有肉的历史真实。

从日知中学报考军校

那时兵荒马乱，初中毕业后，我考进日知中学。日知中学原本在武汉，武汉沦陷后，就迁到湖南，在湖南湘潭招生。我入学后当插班生，越过高中一年级，直接读二年级。学校办了一年，由于缺乏经费无力再办了。

在湘潭时，遇到日本鬼子轰炸，炸死了170多人①。我躲进山里、瓜棚、树后，才逃过一劫。于是，我决定不读书了，看到报纸上黄埔军校招生的广告，便决定报考军校②。参加报考的多是浙江、南京、武汉、广东沦陷逃难的学生、有志青年，以及像我这样来自湖南的，招了1600多人。我便于1941年考入了黄埔军校第二分校（即武冈分校）第十八期第七总队步科。

---

① 黄天在2014年《湘声报》的一次采访中提到：1940年，日军空袭湘潭，他和同学一起躲在湘潭中学风车坪后面的瓜棚下。因汉奸告密，当场炸死70多人。

② 黄天在2007年《民主与法制时报》的一次采访中提到：1940年秋，15岁的他同约1500名入伍生参加“军事委员会军训部入伍生第二团”，在湖南大学操坪举行的第一期学生开学仪式。该团成立于1940年上半年，由军训部部长白崇禧等在湖南成立，为中央陆军军官学校培训预备学生，隶属中央军校系统，由第九战区代办，谢声溢任少将团长。

从入伍生成功毕业

考上黄埔军校后，先是6个月的入伍生活，即士兵生活，学基本知识、基本教练。我们在岳麓山训练，利用的是清华大学迁到长沙时盖的房子。那时长沙也不安定后，清华大学就迁到云南了，我们就把那些房子作为营房。

由于招考人数多，素质参差不齐，有许多初中未毕业的。所以，在6个月的训练考试中淘汰了一部分，里面也有一些是因为身体不合格或者生病被淘汰的。这样，只有不到1200人升学了，后来在毕业之前又淘汰几十人，所以毕业学生共1100多人。

第十八期共有3个总队，第七总队和第十二、第十三总队。我们的总队长、大队长、队长都是黄埔军校毕业的。当时成都本校只有两个科，步科和炮科。像炮兵、工兵等科，各自有专门的炮兵学校、工兵学校、辎重兵学校、机械化学校、通信兵学校等，如辎重兵学校是在贵州。

第二分校主任是李明灏，副主任周磐。李明灏，湖南醴陵人，是日本士官学校毕业的，是除了蒋百里之外中国很著名的军事教育家。他名气很大，办学很严格，很重视训练学生的特殊性。比如他要求学生每个礼拜打一次射击，每天要练卧倒、举枪、劈刺、武术等。副主任周磐原来是第6师师长，保定军校毕业的。彭德怀就是他一手提拔的，由一个小兵进到讲武堂，毕业后由排长一直到营长，再升到团长。新中国成立后，周磐被镇压了。彭德怀给他写了封保信，因通信很不方便，所以迟了一天。

八大教程

士兵的训练，在入伍的时候已经学完了。到了军校就学班教练、排教练，一直学到营教练。如果是到部队里去当一个营长的话，知识就全学会了。我们在军校要学八大教程，包括典范令等。典范令就是步兵操典、射击教范、阵中勤务令等。此外，还有测量学，我们去武冈山测量地形、地势地貌，并把测量绘成图。筑城学教程是最重要的，挖散兵坑等，要学建筑学、拆碉堡、建营房、架桥等。因为我学得很认真，新中国成立后，我在长沙建筑业很有名气。

一个礼拜还学 4 次战术。战术，就是作战的方法，如何包围敌人，搜索敌人的情报，如何攻击、如何退却等，这是八大教程中最重要的一种。射击要求数学要好，要瞄准，子弹打出去，它本身有弧，要用标尺调准，才能够打中目标。我们使用的是马克沁重机枪、八二式迫击炮。还有政治经济学，但我们不感兴趣，因为军校学生出来是要当排长的，会打仗是最重要的。我们还受了一个月骑兵训练，第二分校有很多马。除此之外，我们也学了点日文。

第二分校的两大特点

第二分校有两大特点：

（一）第二分校的劈刺最著名，这与一位叫曹玉诚的教官有关。他的武术最好，曾在日本士官学校当过武术教官，蒋介石还是他的学生。有一次，蒋介石来学校点名，点到曹玉诚时，眼睛望着他，不喊他的名字，而是尊称“曹老师”。于是，全校上上下下都称他为曹老师。他教我们劈刺，因此第二分校的劈刺最著名。

（二）第二分校的学生特别能吃苦。我们一年四季都没有穿过布鞋，都是穿草鞋。武冈的草鞋也不是稻草打的，是用笋子叶子打的，很坚固耐穿。我们这些青年伢子，穿着草鞋，跑个几十米，没有一个人脚是好的。走路走习惯了，赤脚也行，什么都可以干。到了冬天，发两双厚点的布袜子。那时，我特别想要一双布鞋。军装是由军校统一每个人发两套衬衣、两套外服。冬天发一件棉背心、一条比较厚点的裤子，没有穿过棉服。夏秋季节的单衣是黄色的，冬天的棉袄和裤子是灰色的。大概两三个月时间，发一条洗脸毛巾。一年四季，每天早上起来都是洗冷水，有牙刷没牙膏。

每个人有个水壶和饭盒。吃的饭是糙米，糠也吃，一个月打两次牙祭，平常就豆腐、白菜、萝卜、青菜等。我们的校歌是“怒潮澎湃，党旗飞舞，这是革命的黄埔”，被我们改成“萝卜白菜，青菜豆腐，这是要命的黄埔”。

我们早上 5 点 30 分起床，把内务整好就集合。6 点出发，一路唱歌到河道边洗脸漱口。武冈街上的人，每天早上都被我们的歌声吵醒了，所以“武冈街上无懒汉”。晚上洗澡也是在早上去的河道边，睡觉就在城里面的祠堂。因为祠堂小，所以要分开住，每个总队住在不同的地方。我们第七总队第三大队住在杨氏宗祠，第一大队住在李家祠堂和周家祠堂，第二大队住戴家祠堂。祠堂是古建筑，中间有个祠堂正堂屋，两边两厢房，厢房有两层，楼上楼下都有。我们 100 多人一个队，上课在楼上，睡觉在底下。生活真的很苦。

强壮的汉子，苦中作乐

通过两年的艰苦生活和训练，我们吃苦耐劳，会劈刺，会打枪，成了非常强壮的汉子，走在街上也很威武。因为过惯苦日子，所以生活到现在，90多岁，想吃什么基本都能满足，就觉得生活还不错了。

军校生活虽然很苦，但我们也学会自娱自乐，自我放松。比如吃过晚饭后，我们坐在一起表演个人特长，唱唱歌、吹吹口琴、表演魔术等。礼拜六的晚上，还去会看看戏。京剧团是我们自己组织的，戏由我们自己来唱。曹老师唱京戏唱得很好，毕业时他已经70岁，还唱了一段华容道的关公，拿把大刀，唱得真不错。

每个礼拜放一天假，可以出一次街，可以写写诗、作作文。军校附近还有个戏台，戏台上面有文娱室，去那里玩的人不多。在那里，还可以下象棋、围棋，还有个很大的篮球场，有4个架子，我会打篮球，常在那打。除了这些活动，学校还会举行一些比赛，比如射击比赛等。每个人发3发子弹，我打了35环，枪法最好。学校还组织过一次游泳比赛，我取得第21名的成绩。

毕业的时候，我们发了毕业登记证。举行毕业仪式时，集体加入了国民党，仪式完成后，自由自在在街上玩了两天。这两天伙食很好，餐餐有肉吃。在这两天的时间里，我们拿毕业登记证去领路费，去分配到的部队报到。

河对面就是法国的军队

我们这批毕业生中，有100个毕业成绩优秀的学生被选中，分配到中国远征军，准备派到印度和缅甸。报到的时候，去了99个人，有1个没去。我被分配在第9集团军第8军，总司令是关麟征，部队驻地在中越边境的文山。我们在那受训一个月，跟随美国教官学美式武器，如卡宾枪、冲锋枪、火箭炮等。

一个月后，我被分到荣誉第1师，驻守在马关[①]老河口。老河口那有一条小河，河对面就是法国的军队，他们把日本鬼子赶到这里。我们在这驻守3个月，主要工作是守河岸，跟法国部队联系。当时，我是荣誉第1师第2团第3营第3连少尉排长，河对面的法国军官大概也是一个排长。我们在那里没有打过仗。3个月之后，一个紧急命令把我们由滇南调到滇西，去支援缅甸和印度的军队。

中国远征军到达印度后，补充训练了一批新兵。美国的援助很多，很多部队用上美式装备，武器方面较之前先进，可以与日本人抗衡。滇西这边，日本鬼子几次试图通过惠通桥到达保山。第71军在那里抵抗，把日本人打退了。为了配合缅甸的战争，陈诚离职后，卫立煌当司令长官，与美军合作，指挥两个集团军：第20集团军总司令霍揆彰，湖南人，负责攻打腾冲；第11集团军总司令宋希濂，副总司令黄杰，都是湖南人。为补充第11集团军的兵力，第8军调归第11集团军指挥。

我们由滇南跑到滇西，中间由马关到文山，再到昆明，一直走到楚雄[②]，全部是急行军，每天要走60公里。到了楚雄就轻装，换了衣服，坐汽车到保山，然后就开始战斗。

---

① 马关县，地处云南省东南部，东与麻栗坡县相连，并与西畴县隔盘龙河相望，南与越南的老街、河江两省的箐门、新马街、黄树皮、猛康四县接壤，西南与红河州的河口、屏边两县毗邻，北与文山县交界。

② 黄天在《黄埔杂志》（2008年第6期）中的一篇文章中提到：接电令后，第8军将防务迅交第54军，随即强行军日行60—70公里，昼夜兼程，经开远、弥勒、砚山、宜良、昆明、绿丰、一平浪、东山到达楚雄远征军司令长官部。

“天下第一师”

第8军军长为何绍周，参谋长为梁筱斋，这两人比较书生气，何绍周是何应钦的侄子。第8军下辖3个师，第103师、荣誉第1师和第82师。第103师师长为熊绶春，是何应钦的嫡系部队，装备好，训练有素。

荣誉第1师师长原来是李弥。他很会打仗，被调去当副军长兼师长，后来师长一职不兼了，由湖南安县人汪波担任。荣誉第1师有3个团：第1团团长为周开成，湖南长沙人；第二团团长为周藩，湖南攸县人；第三团团长为赵发毕，贵州人。

荣誉第1师的兵不是正规部队来的，不是抽壮丁抽来的，也不是师管区补充的新兵，而是在上海、南京、河南、河北负伤下来的住在医院的伤兵。他们集中在长沙、衡阳、常德、湘潭等地方，伤好后，在长沙闹事。所谓“闹事”，指他们看戏不买票，吃饭不给钱，他们也没钱。当时张治中当湖南省主席，看到伤兵闹事后，冒冒失失枪毙了两个伤兵。伤兵就集中起来闹事，闹得很大，说：“我们打日本人没被打死，还被你枪毙了，那还得了!”蒋介石正好在南岳开军事会议，知道这事就跟宋希濂说：“你是湖南人，36师师长，你去把这些伤兵组织起来，组织一个团就叫荣誉团，组织一个师就叫荣誉师，组织荣誉团你就当团长，组织荣誉师你就当师长。”就这样，宋希濂把在湖南养好伤的伤兵组织起来成立一个荣誉师，就叫荣誉第1师。他后来被调去当军长，郑洞国接任师长。

没多久，广西告急。日本人从越南打到广西来了，昆仑关已经被日本鬼子占领了。荣誉第1师编入第5军，军长为杜聿明。荣誉第1师和第200师都是非常会打仗的军队，他们打昆仑关，荣誉第1师立了大功，第200师也打得好。第200师是机械化部队，但机械化部队上山不行，所以占领山头都要靠荣誉第1师。荣誉第1师的兵都是有经验的兵，打过日本鬼子负过伤的，所以打得好。日本鬼子称荣誉第1师叫做“天下第一师”。

土匪出身的第82师

第82师是土匪部队出身。从清朝开始，贵州和广西的边界上有个“十万大山”，在森林里头，山上有土匪。清朝剿匪也没剿清，民国没剿清。土匪看到中国半边江山沦陷了，自愿投诚，组织部队去打日本人。所谓“天下兴亡，匹夫有责”，我们的民族精神就反映出来了。根据他们的志愿请求，把土匪组织起来变成第82师，兵都是贵州的。编好后，哪个军都不要，怎么办呢？何应钦是贵州人，他就和何绍周说：“你也是贵州人，你把第82师编入你的第8军。”

第82师的兵是没有受过正规训练的，每个人都吃鸦片。每人拿着两样东西，一个打仗的步枪，一个鸦片烟。他们虽然没有受过正规训练，但是枪打得好。他们都是亡命之徒，打起仗来比较凶猛。因此，这个部队打仗非常厉害。

翻山越岭，包围日军

第8军到达保山后，军队的战略部署是这样：由副军长李弥策划，第103师走攀枝花下来，围攻松山的北线；第82

师走惠通桥正面过江，围攻松山的东线；荣誉第1师从楚雄走下去，从南面进攻。这样，东、南、北三面围住，西线紧靠印度，那个地方跑不掉的。

松山是军事重地。我们先过江，怒江的水流很急，江面比湘江稍微宽一点，不到一公里的河面。我们的竹筏用的竹子很大，沿途经过的山里都是原始森林，树都很大。山里没有狼、豹这种地下动物，只有松鼠，因为那里有蟒蛇，动物都被蟒蛇吃了。我们遇到过蟒蛇，因我们人太多，所以我们不打它，它也不咬我们，互不侵犯。最难让人忍受的是瘴气，瘴气会致人死亡。原始森林里有很深的污泥，因为有树叶子不断落下来，被雨水淋后，日积月累便成了腐殖泥巴。森林里面还有很多的蚂蝗、蚊子。我们每天在烂泥里面行走爬山，到了山顶就睡觉。每个班挖一米多深的坑，七八个人轮流在坑里面背靠背睡觉，另外的人就坐在挖出来的土上面休息。因为挖出来的是干土，蚂蝗不会爬过来，蚂蚁也不喜欢风口，蚊子喜飞上不喜下，也不来。

我们过了山顶就到西线。西线情况就好多了，因为东线雨水多，而西线阳光充足，比较干燥，没有瘴气、腐殖泥。早晨起来后下山，走了45公里，就悄悄地休息睡觉，这时就没有蚂蝗、蚂蚁了，只有蚊子。休息两天半，然后就口头传命令起床，全副武装，吃干粮，用竹子煮米饭。饭后下山，用一个钟走了15公里。

激战老东坡，我负伤了

我们4点钟起床，5点30分占领长岭岗。它是日本鬼子的一个仓库和兵站，有几十个人驻守，我们第2团把他们解决了。之后，第1团跟第3团抢占黄草坝。黄草坝是个军事要地，是滇缅公路中的一个站。这样就切断了日本鬼子的补给线。

随后，第2团去攻龙陵。第71军的第87师、第88师来接第1团和第3团的防务，看守黄草坝，第1团和第3团去包围松山。龙陵城四面环山，有马栏山、老东坡，我们攻打的是老东坡。第88师也来支援，从西线进攻，我们从南北线包围龙陵。日本鬼子听说黄草坝被截，很着急，我军在缅甸那边也屡战屡胜，他们就从太平洋战区调来两个师团。战争打得很激烈。我们占领老东坡后，日本鬼子想抢回来。我们守在老东坡西端，日本鬼子冲锋上来，我们的战士倒下很多。怎么办？日本鬼子一冲锋，我就用机枪扫射，马克沁机枪一根子弹带就是250发子弹。别人问我打死多少，我说没有一千也有好几百。

我打枪的时候，日本鬼子一个冷枪打过来，我就负伤了。当时我忙于战斗，未注意到受伤了，旁边的一个班长看到了，大喊："排长，你挂彩了！"我回头一看，果真流血了。班长把我拖下来，自己继续去打枪。副班长在我受伤的地方拉上一泡尿消毒，然后我把上战场配的救急包拿出来进行包扎。这是我第一次负伤，但依然留在战场指挥。战场上伤亡很大，日本鬼子死的多①，我们也一样，我们一个营600多人只剩下一两百人。后来，我伤好后被擢升为中尉排长。

---

① 黄天发表在《黄埔杂志》上的《松山攻坚战》一文中提道：第2团攻占老东坡制高点并扫荡日军驻西北郊之敌，歼敌军300余名，俘虏日军大尉1名，士兵16名，随即集中火力直攻龙陵城。

第71军派部队来接防后，我们就回到师部所在地，补充部队。这时，我们渡过怒江，占领黄草坝，在松山、龙陵的日本鬼子得不到补充。再加上我们开始有制空权，美国人组织了飞虎队，日本鬼子飞机很少来或者不敢来，没法进行空投，这样他们就很孤立了。我们的部队也可以通过惠通桥过江了，士兵很快得到补充。第3营补充到800人，叫做加强营，配一个小炮排、一个重机枪连、一个担架排。

松山之战中受到嘉奖

日本鬼子在松山修的战壕，两米多深，战壕里面可以走汽车，非常难攻。第82师一层层地占领很多山包，接近主碉堡。靠近主碉堡的一个山头叫滚龙坡，打滚龙坡的时候，第82师几乎全军覆没，只剩下副师长王景渊，他是后来的贵州黄埔军校同学会会长。这场战役后，第82师番号也不存在了。我们800多人去打滚龙坡，把滚龙坡碉堡打下来，死了200多人，连长、营长阵亡，副营长断了一只手。

我们攻打松山时，蒋介石在保山召集军事会议，黄杰、宋希濂、霍揆彰、李弥等参加。蒋介石下死命令，两个月内拿下松山。李弥等想了个办法，调工兵去挖地道，炸主碉堡。日本鬼子鬼得很，在山上搭了个瞭望台，我们工兵作业要换班，不能躲在洞里。日本鬼子只要在瞭望台看到我们的部队行动就会打过来，这样我军就只能在晚上作业，导致行动迟缓。我就叫我们小炮排的班长①过来，调了10枚60小炮。我测量到瞭望台的距离，把角度调整，炮安置好，就下

① 黄天在一次采访中提到自己的班长名叫“王运祥”。

命令放炮，一举把瞭望台炸毁。鬼子的瞭望台被端掉后，宋希濂连说打得好，并问这个炮是谁打的。得知是我打的后，他马上下命令，让副官送来嘉奖令和800元票子，大概值200光洋。这下士气大振，工兵很快把3吨黄色炸药（是那时候最先进的炸药）装好。点火是第8军工兵营营长点的，炸药爆炸后，地动山摇。大家都很高兴，跳了起来。

主碉堡被炸了，还有小碉堡，以及战壕里的日本鬼子，我们便去清扫战场。清扫的过程中，一个日本鬼子跳了出来，副班长心脏上面挨了一刺刀，负伤了，但没有倒下去，用冲锋枪把那个日本鬼子打死了。我马上叫人把他背下去，之后我们就分散了。日本鬼子又打出一个炮弹，离我1.5米远，我马上趴到地上。结果，有两块炮弹片插入骨头里，我立刻不省人事了。

我喊宋美龄“妈妈”

我被运到大理的医院，这里有美军支援的医生，医生为我打完针后我就醒过来了。两个多月，我没洗澡，骨头又受伤，全身发臭。有认识的战友来看我，我让他们带我去洗个澡。他们把我抬的抬，扶的扶，带我去温泉洗澡。把衣服一脱，往水里一丢，由于身上有伤我就晕过去了。他们赶紧把我抬回去，医院赶紧急救，才醒了过来。接着正式动手术，把弹片取出来。

在医院住了一个月，身体还是没好。当时来了一个慰问团，总团长是宋美龄，副总团长是李德全（冯玉祥的夫人，新中国成立后任卫生部部长），昆明分团的分团长是顾映秋（龙云的夫人）。另外，团员还有沈钧儒、翦伯赞等知名人士，还有宋庆龄的代表等。他们慰问前线部队后，来医院慰问伤兵，亲自送上一个慰问包。

宋美龄到我面前时，看到我的衣服上面有“中央陆军军官学校 18 期”几个字，便问我叫什么名字，并说：“你是校长的学生?”我讲话上气不接下气，奄奄一息的，吃力地拿出毕业证书。毕业证是我从黄埔军校到部队服役一年后发的，不到部队服役，就只有登记证。我也把嘉奖令拿出来，再加上昆明的报纸，当时我的事迹登在报纸上。她看到了，连夸我是好学生。她问我多少岁，我说 21 岁。本来一个人只发一个慰问包，宋美龄多送一个给我。顾映秋拿了 50 元钱，放在我枕头上。宋美龄又问我是哪里人，我说湖南长沙的。她告诉我长沙沦陷了，这时我才知道家乡沦陷了，日本鬼子打到贵州了。

这三个人都跟我妈妈年纪差不多，40 岁左右。我那时年纪小，就有点想家了，喊她“妈妈”。后来，报纸印刷出来，报道我抱着宋美龄喊“妈妈”。宋美龄用英文告诉美国的主治医师，大概意思是说我是蒋介石委员长的学生，年纪轻，还只有 21 岁，大有前途，要用最好的药、最高级的医疗，一定要把我诊好。我懂一点英文，听懂了大概意思。这样，我就变成了特殊人物，医院给我开小灶，用进口的最好的消炎药，美国的少将军医亲自给我主治，我慢慢就好了。

我闯了大祸

伤差不多好时，我闯了大祸。宋子文的老弟叫做宋子良，他的堂客（即爱人）是广东佛山人。他的小舅子就是广东佛山的，在西南运输处当处长。滇缅路打通后，物资运进来，汽车川流不息。那时候逃难到那的湖南人和广东人多，他们都学会了开汽车，所以滇缅公路的运输统统是广东或湖南司机的。

湖南人和广东人争抢生意，西南运输处处长偏袒广东人。广东人常仗势抢生意欺负湖南人，经常打架。我那个时候伤已经慢慢好了，有一天，拄个棍子就到大茶馆里喝茶，我喜欢喝普洱茶。突然，一个人一脸血闯进茶馆倒在地下，我把他扶起来，他就说谢谢，我一听是湖南话，就问他是哪里的，他说是衡阳衡山的，姓王。我问他怎么回事，他说广东司机不准湖南司机开汽车，看到湖南司机就打，把我们打成这样子。我那时候21岁，趾高气扬，一听脾气就上来了，拄个棍子就走，喊了百八十人，拿着棍子沿着公路拦住广东司机开的汽车。结果打死了两个广东人。

宋子良打报告到中央，中央追查谁为首。因为医院院长是湖南醴陵人，对我很好，美国医生也对我好。抓我的命令到了医院，医院的人就告诉我，让我赶快走。美国的吉普车把我送到昆明第8军办事处，负责人也让我赶快走去贵州，到第8军师管区去当副营长。

离开部队后考入警校

我在贵州时碰到一个同学，他有个叔叔叫夏声①，黄埔

① 夏声（1893—1953），湖北新洲人。1924年1月，任广州大元帅府禁烟帮办。北伐战争时期，调任第3军第9师少将参谋长。1929年，由冯玉祥保送赴日本陆军步兵学校学习。1936年，任71军参谋长兼87师参谋长，后参加淞沪会战。1938年，调军政部任参事兼军政部驻桂林办事处副主任、军委会桂林行营军政处副处长。1940年，升任军政部驻桂林办事处中将主任。1942年，调任军委考核处副处长。1944年，入陆军大学甲级将官班第二期学习。其履历中，并未提到其毕业于黄埔军校第一期，也未出任过贵州省公安厅处长一职。

军校第一期的，当时任贵州省公安厅处长。他就写了封信，让我回湖南，我便来到第73军当搜索连连长。等到第73军要调去打共产党的时候，我有荣誉证，又是伤兵，便以负伤未好，请假离开部队。离开部队后，我又考到了广州燕塘的中央警官学校①。

① 1936年，国民政府为统一全国警官教育，合并内政部警官高等学校及浙江省警官学校，于同年9月1日成立中央警官学校。抗战全面爆发后，学校西迁重庆。抗战胜利后，学校迁还南京，校址设于南京光华门外。为配合因应建警需要，扩大办理军官转警训练与各种专业训练。除南京外，并在西安、广州、迪化、重庆、北平、沈阳等地设立6个分校，及上海、台湾两个警官班。包括南京总校、各分校、各警官班在内，在校学员生达12000余人。

我印象最深的松山战役

采访者： 李岚、陈何毅

整理者： 李岚、陈何毅

采访时间： 2013 年 4 月

采访地点： 浙江省台州市

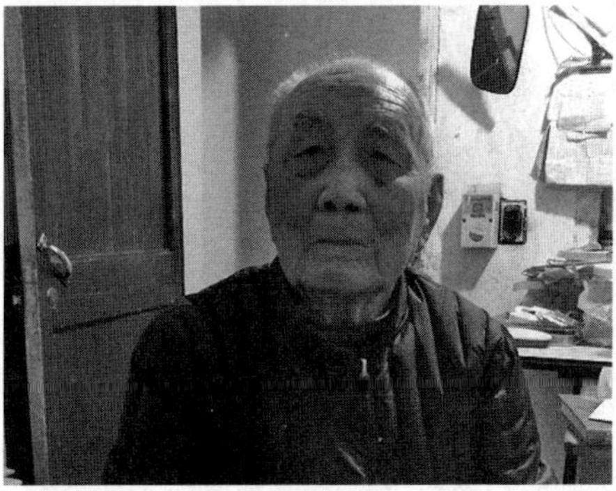

讲述者简介： 王凯，曾用名王永华，1922 年出生，浙江台州人。1941 年，考入黄埔军校第十八期步科第二总队第六队。1943 年毕业后，分配到重庆第二补训处任少尉排长。1944 年，编入中国远征军第 71 军第 88 师，参加松山战役，后在龙陵与日军作战时负伤。抗战胜利后，分配到巫家坝机场守备团，后被编入第 26 军①。中华人民共和国成立后，回到家乡台州。

---

① 第 26 军的前身是云南警备第 93 旅等部。1948 年年初，国民党军为加强云南地区的军事力量，以云南警备司令部所辖第 93 旅等部为基础组成第 26 师，隶属重庆绥靖公署，余程万任师长，主要担任云南后方守备任务。同年 9 月底，该整编师扩编为第 26 军，余程万出任军长。

采访手记：从采访开始到结束，王凯一直用着极快的语速跟我们聊天，似乎跟我们有说不完的话。他给我们描述在战场上与日军交火的情形，就像是在说昨天的事情。说到紧张的时候，他还经常站起来给我们做示范动作。老人还告诉我们如何根据子弹的声音来辨别子弹与自己的距离，让我们好像走进了当年硝烟弥漫的战场，明白枪林弹雨中的切身感受。

最后，老人告诉我们，他今年92岁，这一生很难得，经历过很多事情，有坏的也有好的。人生本来就是要自己深深地体会，要乐观面对一切，笑对每一天，才能让自己过得更舒心。

从黄岩中学考入军校第十八期

1941年，我在黄岩中学读书。日本人的飞机经常来轰炸，学校没法正常上课，只好搬到西乡的临时学校里继续上课。但是，日本人的飞机又追到西乡来轰炸。我意识到这书是读不成了，宁愿去部队当兵，也不愿在家当亡国奴。于是，我瞒着父母，跑到江西上饶去考黄埔军校第十八期。

入学考试要靠国文、物理、化学、英文等科目，还要经过体格检查。虽然不用面试，但是我觉得体格检查的时候，可能也有些面试的意思。录取后，由于火车已经被日本人炸光了，我们就从江西桐城一路步行，先走到湖北宜昌三斗坪，又步行到重庆，再由重庆步行到四川成都报到。

在军校，每个人可以填报自己喜欢的专业。经过分科考试后，军校会根据成绩来分配。如果报了专业但考试不及格，就全部分配到步科去。我选了步科，是学迫击炮的。当时校长是蒋介石，教育长开始是陈继承，毕业时换成了万耀煌。

在南校场受训，总队长王化兴，他是日本军事学校毕业的，区队长是王庆华。

在军校里主要是学军事学，就是学怎样打仗，枪和子弹怎样用。还有普通学，包括数学和外语，都是由华师大和西南联合大学的教授任教官。一个礼拜学数学两个小时，外语也学两个小时，有英文、俄文、德文、日文，可以挑自己喜欢的学。我以前在学校学英文，所以我选了英文。军校还发了《三民主义》和《领袖言行》这两本书，读这两本书就算是政治教育了。由军训处处长邓文仪①负责，后来又调来一个肖赞育②。

也许我们是黄埔军校最苦的一期

在军校的生活很苦，吃稀饭只给几分钟的时间。烫得受不了，只能把碗转着吃。哨子“哔”的一声，不管你吃饱没吃饱，马上放下筷子跑去集合。我想我们这期应该是最苦的，连饭都吃不饱，家里寄过来的钱都买面条吃了。在南京

---

① 邓文仪（1905—1998），湖南醴陵人，毕业于黄埔军校第一期。1928 年后，任蒋介石侍从秘书。抗战期间，历任军事委员会战时工作训练团政治部主任和政治总教官，黄埔军校成都本校政治部中将主任兼军校特别党部书记长，第三战区政治部主任，国民党中央执行委员会委员、中央党务委员等。

② 肖赞育（1905—1995），湖南邵阳人，毕业于黄埔军校第一期。1924 年毕业后，历任黄埔军校教导第 1 团排长、队附，第 6 军第 17 师连长、师部代理少校秘书主任，第 6 军第 19 师上校政治主任，黄埔军校南京本校毕业生调查科主任，军事委员会委员长蒋介石侍从秘书。抗日战争全面爆发后，历任黄埔军校成都本校政治部中将主任、军事委员会委员长侍从室第三处中将副主任等。

军校有四菜一汤，我们连个浓米汤都没吃到。在饭里面还经常掺沙子，说是要训练我们刻苦耐劳。总体来说，军校第十六期之前生活都很好，第十七、第十八期都不行，第十九期也是苦的。

入伍生的6个月，是没有休息时间的。成为正式的学员后，每个礼拜天休息一天。每个月军校有津贴，也就几毛钱，根本不够用。到了休息那天，我们拿着家里寄过来的钱上街吃馆子，然后就回学校了。生活用品都是军校发，衣服、袜子、布鞋都是军校的。毕业以后，还发一套新的棉军装，过去发的都是呢军装。可能当时国家没钱，我们这一期就只能发棉军装了。

在毕业前，我们还进行了有攻防对抗的野战演习。在演习地段范围内的农作物，军校都出钱买下来了。我们第十八期是攻方，补训总队第十四、第十五、第十六期是守方。演习开始用的是空炮弹、木子弹，后来用真家伙了。这样一来肯定是有伤亡的，教育长怕负不起这个责任就下令停止了。

1943年毕业，我结束了两年半的军校生活。毕业时，军校发了好几个纪念章，军校纪念章、总队纪念章以及自己小队的纪念章，还发了同学录和佩剑。毕业以后向东边走的，学校用车子送到重庆；向西北走的，送到宝鸡。旅费算算多少，给你带走，不能多发，具体数目我记不清了。

从第二补训处到滇缅战场

毕业后，我被分配到重庆第二补训处，任少尉排长。补训处主要负责重庆江北的警备任务，我在补训处负责训练新兵。1944年，滇缅战场需要大量的兵源，我们整个补训处编入中国远征军第 71 军第 88 师，军长钟彬[1]是广东人。

补训处很多官兵听到要去缅甸前线打仗，都不愿意去。很多都偷偷溜走了，也就是我们这么傻，愿意去。第二补训处处长胡朗[2]，是温岭人。上面要求交兵到中国远征军，他交不出来，因为兵跑光了。结果他被蒋介石关到陆军监狱，关了 6 个月，听说后来放了。

胡朗叫我带一连人去，还指定我当连长。我说我是排长，你给我当连长，我下面的排长没有怎么办。他说你可以指定几个资格较老的上士班长当排长。于是，我带了一个连的人从重庆机场坐外国的飞机到云南保山。到了第 71 军，事情曝光了，我还是当回排长。

我们没有马上投入战斗，在保山训练了 3 个月，我也当上中尉副连长。主要学习如何使用美国的新式武器装备，如火焰喷射器等各种武器，由美国教官来教我们。装备也都换成美式的，穿的皮鞋都是美国货，待遇好得很。受训 3 个月以后，开赴前方，在前方吃的都是干粮，牛肉干、香烟、口香糖等什么都有，每人每天一包。部队送饭的上不来，我们就吃干粮。

印象最深的就是松山战役

在中国远征军，我印象最深的就是松山战役。我军和日军隔江对峙，他们在西面，我们在东面，两军对峙僵持。

---

① 钟彬（1900—1949），广东兴宁人，先后毕业于黄埔军校第一期、陆军大学第九期。从黄埔军校毕业后，历任军校入伍生区队副、排长、连长、第 20 师营长等。抗战全面爆发后，历任第 88 师师长、黄埔军校汉中分校主任、第 71 军军长等职。

② 王凯在 2011 年的一次口述采访中称自己的处长为“吴郎”。

1944年8月，我们这些新兵源补充进去后，才又开始打松山。松山战役是由宋希濂的第11集团军负责进攻。友军有第8军，何绍周的部队。曹立德①是台州椒江人，是第8军的，他也打过松山这个地方。

由于敌人的工事实在太厉害了，我们久攻不下，用尽各种方法。我们组织敢死队，三四个人一组，背着火焰喷射器，摸黑划着橡皮艇渡过怒江，跑到日本的阵地里面去，摸到日军的攻击死角。敢死队在出发前已经跟指挥部联系好，用信号枪发信号，绿色是怎么样，红色又是怎样。炮兵、空兵也配合好，各个兵种同时发动攻击。敢死队负责近距离攻击，顺着日军的弹道用火焰喷射器攻击。火焰喷射器相当厉害，喷出的火焰温度很高，对日军杀伤很大。

松山战役足足打了一个多月，原本郁郁葱葱的山林，经过飞机的轰炸和炮火的毁灭后，只剩下黄土了。双方战死的士兵漫山遍野，胜利后这些士兵的尸体都被埋葬了。这算好的了，有的时候打了败仗，部队一撤退什么都顾不上，很多战友连骨头都没有了。整个松山战役中，我们一天换了5个连长。其中一个山东人，个子高高的，姓汪的。我说："你的个子太高，日本人的狙击手专门打指挥官的，一枪打过来就死一个人。"他说："老王，怕什么……"他话还没说完，就被日本人从背后打过来。

我还记得第一次上战场的时候，还是挺提心吊胆的。随着时间长了，次数多了，生死也见惯了，人就自然也就不那么害怕了。子弹从头上飞过，我们可以从子弹的声音就能判

---

① 曹立德，1921年出生，浙江台州人。1943年，毕业于黄埔军校第十八期独立第七大队工兵科。在松山战役中隶属第8军工兵营，曾用火焰发射器在战斗发挥巨大作用，获军政部"忠勇"勋章，晋升中尉排长。

断距离。如果子弹的声音是“哔、哔、哔”，那还远着呢；要是“嘘、嘘、嘘”，距离就很近，就要小心了。

在龙陵，我了负伤

攻下松山后，我们趁势直扑龙陵。在龙陵，我们和日本人在外围作战时，我受伤了。当时，我正在冲锋准备攻击目标，一个手榴弹打过来，我的腿一阵剧痛就晕过去，什么都不知道了。是勤务兵把我背送到团部，然后团部派人送我到师部，师部再用吉普车把我送到保山第37兵站。

到了医院检查后，发现情况很不乐观，炮弹碎片卡在大腿和盆骨之间的骨头里。中国医生没办法，美国医生主张把腿锯掉。院长是浙江张田人①，和我是同乡，对我很好。我跟他说：“锯掉了，我就剩一条腿，残废了，能尽量给我治吗？实在不行再锯。”院长把我的想法跟美国医生说，他们同意给我治。医生先把我的骨头取出来，把炮弹碎片拿出来，再塞了些东西进去，再把骨头接回去。手术后，我的整条腿都绑着绷带，医生每隔一个星期就来检查一次。我的这条腿总算是保住了。我在第37兵站养伤，一直到抗战胜利。

中华人民共和国成立后，一路走回家

中国远征军撤销后，很多军官退伍了，我被分配到巫家坝机场守备团，后来又编成第26军。解放战争时期，第26军撤到滇南。解放军来了后，把我们包围了，我们最后只有投降。接收后，士兵有的回家，有的被编入解放军部队。没

① 王凯在一次口述采访中，说第37兵站医院的院长是陈安邦，浙江临海人。

有学历、资历的都是排长级别的，解放军也接收过去。剩下我们这种黄埔军校毕业，有学历和资历的，要接受3个月的培训，思想改造好了就可以回家。

受训3个月里，大家集中一起上课。解放军接收了我们的武器不会用，还叫我当了3个月的教官，教他们怎样使用这些武器。到了可以回家的时候，国家按规定发给我们路费，一宿两餐，沿途还可以补给。拿着发给我的遣散证，沿路就可以通行了。

我是从云南到浙江，汽车不能坐，火车可以坐，一天走30公里，走3天休息1天。到了住招待所的地方，凭遣散证报到，晚上就可以在招待所住宿和吃饭。第二天有早餐吃，还发8毛钱的中餐费。这时，我就深深体会到共产党政策好，不用钱可以一路走回家。我先走到衡阳，再坐火车到株洲，株洲转车到杭州。从杭州步行到黄岩，总共320多公里，山路没通，都是小道。从杭州到金华走永康，爬过苍岭，到仙居走黄岩。单是从金华到黄岩就要5天时间，几百公里就这样走回家。到家的时候，我就只剩下一条短裤和腰带了。

我在树上指挥，血战黄土坡

采访者：李岚、徐丽飞、张遂新

整理者：张遂新、徐丽飞

采访时间：2012年6月28日、7月13日

采访地点：广东省广州市

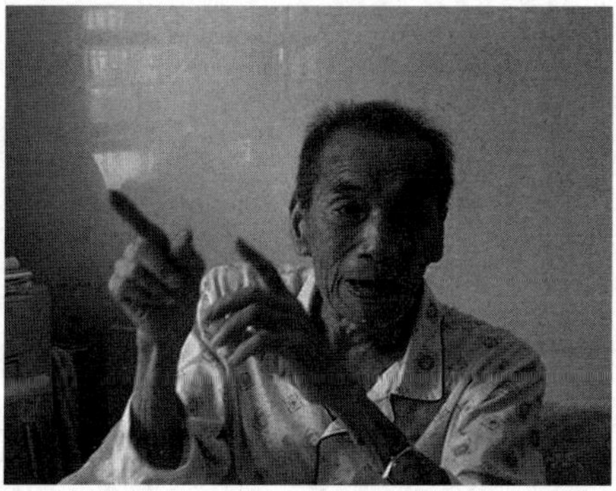

讲述者简介：林裕琦，1915年2月出生，广东茂名人。1934年，考入黄埔军校第四分校第十二期步科。毕业后，留校做军训教官。1944年在潮州完成征兵后，以广东省远征军第7团第1营营长身份加入中国远征军序列赴印度受训，后参加松山、龙陵、畹町等战役。

采访手记：林裕琦的经历很丰富，也很健谈。如此，我们便前往进行了两次采访。第一次，老人住在海珠区一家环境比较艰苦的老人院。后来林老得到志愿者的支持，搬去了条件较好的广州市老人院。第二次的采访便在广州市老人院进行。看着老人居住环境的改善，很是欣慰。老人对在滇西对日作战中国军队壮烈抗日的经历讲得特别详细，他说在战

场上，为了减少牺牲只能将牺牲了的士兵遗体堆起来做掩体。战争的残酷，由此可见。

从海军学校偷偷报考军校

进黄埔军校前，我在长洲岛的海军学校①学习。当时海军学校只办了一期，3 个班 100 多人，学制 5 年。那时候海军学校培养学生，每天花费差不多 12 元，按照这个数字，我们念了 100 多天就花了几千块钱。如果我们离开学校，那就得赔这么多钱给学校，所以当时只能选择偷偷地离开学校。

黄埔军校招生考试的时候，我跟学校撒谎说家里有事。因为考试要考 3 天，我就请假 3 天。我同海军学校的其他 6 个同学偷偷地报考了黄埔军校，其中 3 个人考取了，我是其中之一。录取之后，报纸上登了我们的名字，我在 700 多名录取考生中名列第三。军校开始报名的那天是周五，因为我们海军学生只能在每个礼拜放假时才会安排舰船接我们到广

---

① 1912 年，广东政府改广东水师工业学堂为“广东海军学校”。1917 年，该校改归海军部直接办理。1921 年，该校隶属广东省省长公署，经费由该署发给。同年 12 月，由于经费缺乏，广东海军学校被迫停办。1924 年，黄埔军校以广东陆军小学和广东海军学校原址为校舍。1930 年，陈策任海军第四舰队司令，请求复办广东海军学校，未获批准。是年秋，陈策举办第四舰队服务员训练班。1932 年，广州成立“西南政府委员会”，陈策任海军第一舰队总司令，再次要求复办广东海军学校，得到西南政务委员会批准，暂用录顺船坞（现黄埔造船厂二号船坞）旁鱼雷局址办学，校名改称“黄埔海军学校”。原第四舰队服务员训练班 28 人转入该校，并招收部分学生插班，作为第十八期学生，初由陈策兼任校长。两三个月后，调刘永诰任校长，同时招收初中毕业学生为第十九、第二十期学生，学制改为 5 年。1934 年，黄埔军校原址校舍恢复，改作黄埔海军学校校舍，第十九期至二十一期及新招收的第二十二期学生均迁至此。

州，所以周五我就没法出去了。

为了能顺利报名，我想了个办法。从学校写封信让人帮忙从外面寄回来，信上说哥哥最近生病住院了，我得请假去看他。队长收到了信，却不告诉我，因此这个办法行不通。后来，我又想了个办法，去跟队长说："刚刚有个人在门口找我，说我哥哥病得很重，一定要我去看看他。"队长问："谁来告诉你的？"我说："刚刚来了个人告诉我的，你可以问门卫。"队长问："那你打算怎么办？"我说："我打算明天去医院看哥哥。"队长不同意，让我礼拜天去医院。从队长那出来后，我拿了书箱，来到卫兵看守的地方，让卫兵帮忙拎到山顶去，然后我再去山顶拿，卫兵答应了。就这样我从学校出来了，在市内找到一位住在大学里面的朋友借宿一晚。第二天，我就到军校报到了。

难忘的黄埔岁月

我是黄埔军校第四分校第十二期学生，学校地址在燕塘瘦狗岭那里，校长为蒋介石，分校主任为陈诚。黄埔军校本校在第七期时已经搬去南京了。我们第十二期分步、骑、炮、工、辎5科。我是学步科的，步兵为一个大队，下面有5个中队，一个中队150人，有3个排，每个排45人，排下面再分班，15个人一个班。我们的队长叫罗及彬，黄埔军校第四期。3位区队长中有两位来自广东，都是黄埔军校第七期毕业的，一位来自贵州的是黄埔军校第四期毕业的。

刚进军校，我们先念预科，学步兵操典以及一些操场的基本动作。后来转为本科后就学战术、战略、变阵防御、沙盘教育等，如将沙堆起来作为阵地，有山有水，敌人在一处地方，我军在一处，这个时候就要判断敌人在哪里，有多少人，地形如何，我方多少兵力，敌方有多少兵，该怎么打，如何防御等等。

其他期别的学生一般念 3 年，但我们第十二期中的 100 多人念了 4 年。因为当时陈诚是我们分校的主任，他从我们这一期 700 多人的学生中挑出了 100 多人进一步训练，想让我们出校后可以教导他人做参谋等。所以我们就学习了 4 年。中途也有同学病退、去世。我们在燕塘念书时，蒋介石也来过，给我们训话。

在后来的一年学习中，我们主要学空军知识、飞机的性能、战车知识、海军知识等。在这基础上，再学习如何指挥海陆空协调作战等，都有专门的师傅教我们。其实，学习也很简单，比如学习飞机的性能，教练机就这样推下去，拉下来，飞机就起飞了。战车也类似，它走履带的。

军校给学生发了 3 套衣服，冬天发的是草黄色的棉大衣。平时出操时穿黑色的衣服，没有领章。出去逛街就穿草黄色的衣服，衣服的领章是圆的、蓝底，贴在衣领的左右两边，左边写着“军校”，右边写着“学生”，字是白色的。出操穿的鞋是马靴，出操回来就穿胶鞋，出去逛街的时候就穿皮鞋。平常在课堂上课就穿白色的布便服，白衫白裤。军帽也是草黄色的，上面有一个五角星。毕业时发中正剑，蒋介石校长赠的，每个学生都有一把。平常出去逛街就戴着，不是黄埔军校的学生就没有这样的剑，所以出去戴着剑就很耀眼，一看就知道是黄埔军校的学生了。

辗转各地当教官

毕业后，有同学留校做区队长、队副，还有七八十个同学被派到湖南当排长。我则同其他十几个同学被派去做了军事教官，给广东学校培养军事教官。当时全国皆兵，高中、大学都要学习军事。每个省有一个军管区，军管区成立一个军训处，军训处就派出人员到中学、大学当军事教官。一个省有很多学校，所以需要很多的军事教官。我们就先培训军事教官，3 个月后，他们毕业了就到学校去教学生。一个学校一般派两三个军事教官。当时的训练也很简单，只需要学习如何打枪，如何打敌人等，战术战略就很少教了。

后来我押运军训的材料到梅县时，广州沦陷，无法回去了，便被派到梅县东山中学和省立第七中去做军事教官。教了一年后，调回曲江受训，后来又到了阳江的省立第二中学（后来改名叫“两阳中学”[①]）教了一个学期。再后来，军区又将我调回来当队长。那时候刚从澳大利亚、英国买了 50 架飞机，又从英国买到一些高射炮。我负责编织猪篓笼，织得跟飞机一样，找些布匹拽着它，用飞机在空中拉着飞，与飞机相距 30 米左右，我们就在下面练习用高射炮打假飞机。训练了 10 天后[②]，我被调去曲江东河坝做连长。

那时候，每个县都要征兵，18 岁到 30 岁，抽到谁谁就得去。每个县城里有 6 个征兵科。有些科长不熟悉如何征兵，县里就派人来训练 3 个月。这些被派来训练的人都是在军队里面做了很久的军人，黄埔军校毕业的居多。我就负责管理这些征兵科科长，教这些人怎么去征兵、怎么抽签，对

---

① 广东两阳中学历史悠久，建校史可追溯至 1903 年创办的广府中学堂，原为广东省立第二中学，校址在广州市越华路。后因校舍烧毁而停办。1931 年阳江绅士陈章甫为两阳地方营谋，取得省教育厅同意在阳江重建，校址选在阳江髻山。1934 年建成招生，校名仍为广东省立第二中学。1936 年更名为广东省立两阳中学。

② 林裕琦在《树上指挥攻打松山黄土坡》一文中称：“军队从英国、澳洲买高射炮回来，派我出去做主任，指挥训练高射炮。我让飞机拖着布匹在 300 米的空中飞，让士兵用高射炮对着布匹打。每三天训练一次，训练了 3 个月。”

那些抽中签的人怎么说。当时很多人不愿意当兵，抽中了就跑了，要学会怎么处理。我在这教了3个月后，就调到潮州的普（宁）丰（顺）师区做模范队队长，又训练了6个月。这6个月主要学无线电，有专门懂无线电的教官来教，教A就“嗒嗒滴”，B就“滴滴答”。后来办第二期学无线电时，就有两个队了，我就升为大队长了。

征兵完后去印度受训

1944年，政府要求每个省要成立远征军一个团。我们团是广东省远征军第7团，四川的是第5团。军区就调我去当远征军第1营的营长，到潮州去征兵，每个县负责征一个连的兵。

征好兵后，我去到曲江军区司令部。从军区司令部坐汽车去衡阳，在衡阳等车等了很久。因为那时候日本人天天来炸铁路，交通很不方便。到昆明住了10多天后，一个团的官兵就坐大飞机飞去印度。一到印度，部队马上换军装，每人领便装一套，军装两套。同美国军队一样，也按照一等兵、二等兵、上等兵来发，军装上都是印好的。便服分两种，有灰蓝色的，也有白色的。军装是黄色的卡其，没有肩章，但有两朵梅花。大衣是毛的，同美国人一样。帽子是中国式的，不是美国式的，钢盔正面是五角星。

在印度受训很紧张。刚开始先在帐篷里通过电视学习如何装备、如何出操、如何打仗等，学完后就出去实习。就这样训练了3个月，装备好了，就从印度穿过喜马拉雅山飞回昆明。到昆明点阅部队后，实地训练3个月，包括射击训练、如何拿枪打飞机等。这个时候的部队装备很好，比日本人的还好。以前，我们一个班有一挺机枪，现在一个班有5挺机枪。一个班16个人，10个人用卡宾，6个人用冲锋枪。卡宾枪可以打5发，也可以打10发，也可以打单发，瞄得也很准，子弹也很好。

开赴松山战场

受训3个月后，我们搬去大理，第11集团军在那。然后我们被调去蒙自，蒙自是第20集团军所在地，后来又调回第11集团军。在大理，我们这个团归第71军指挥。上战场前①，我们的部队先在保山住了一个晚上。保山在云南属于比较好的城市，其他地方比较落后，蒙自人生活得很苦，吃洋芋，很少有饭吃。然后坐汽车，我们去到远征军司令部所在的楚雄，归中美联合参谋作战指挥司令部指挥。

接下来我们被调去打松山、打龙陵。之前，松山、龙陵、腾冲这3个地方被日本人占领了，所以中国便不能从印度运回军火，需要打通这条线。我被调去第2营当营长，指挥第2营同第1营共1600多人，打黄土坡。上面命令我们一个星期攻下，可是没有告诉我们那里是有铁丝网的。我们按照地图走了20多公里，看到了铁丝网，铁丝网离松山有三四百米。怎么打呢？铁丝网阻住了，没法打，上面也很无奈，之前没得到这方面情报，所以没通知我。这样，头一天便不能打。

---

① 林裕琦在《树上指挥攻打松山黄土坡》一文中称：他经过保山、永平、太平，到达惠通桥。然后走到茅坡，在那驻扎并训练。一个星期后，接到命令负责指挥第1营与第2营共两千人攻打松山黄土坡。

树上指挥，血战黄土坡

我亲自爬上高树去侦察，可是拿着望远镜也看不清楚日军的工事，只看到日军走来走去，知道工事里有兵守着。日军也很厉害，也爬上高树，开枪向我这边扫射，我就趴下，一动不动。我可以看到日军，但他看不到我，子弹就在树枝和树叶间穿过。我预料战争会很艰难。敌人有堡垒，你一出去就被打死了，地形也很复杂。怎么办呢？我打电话给团长请求调两个炮兵排过来，打敌人的铁丝网。希望可以将铁丝网打坏，过了铁丝网后离日军堡垒就只有几十米了。这样，我们的军队就可以过去打开路，冲到敌人面前扔手榴弹了。但我们两个营打了两个钟头，都打不开路，一出去就被敌人打中了，伤亡不小，尤其是潮州人。

第二天早上，我跟一个很能打仗的叫李蕣财①的连长说："我让一个迫击炮配合你打，你安排一排人在前，两排人在后打，离开你大概 100 米。我一吹哨子就开打。"本来一般作战是两排人在前，一排在后，前面死的人多了再由第三排补充。但是现在我们不知道敌情怎样，不能这么打。后来打冲锋的时候，我跟李连长说："要小心啊！"他说："不怕！"他穿有防弹的衣服。后来，一个排的人差不多打光了，不能再打了，我就让部队停止前进。

当时在阵地挖掩体也做不到，因为黄泥下面的石头很硬，树根很大，没法挖。我便让部下将尸体拿过来堆在一起作为掩体。连长见到用死尸做掩体有些害怕，我说："有什

---

① 林裕琦在《树上指挥攻打松山黄土坡》一文中称其为"王永台"，在第三次冲锋战斗中牺牲。

么好好怕的，一起身就被敌人打死了，能怎么办呢?”我鼓励他要勇敢，不要怕。我画了个地形给他，告诉他敌人出来才打，以免自己人一起身就被敌人打死了。

敌人的堡垒在这建设了一年多，有很多层，很坚固。那时候，第一次打我们大概就死了100多人，伤了100多人。第二次打，死了300多人，伤了100多人。我们1000多人的队伍差不多就死掉了四五百人了，没法打下去。到晚上，我打电话给团长。团长问：“打得怎么样?”我说：“这一仗，我们牺牲了很多人。连长战死了，排长也牺牲了两个，士兵牺牲了100多人，满地都是血。”

我让通讯兵打电话给团长，报告这里的情况：“我们的队伍还没有前进，敌人堡垒的子弹就打出来了。我们一往前敌人就把我们的人给打死了，这根本没办法打。团长问：“要怎么办?”我说：“不能前进，一前进就被打中了，可是我们又打不到他。”团长命令我死守阵地，既不能前进，也不能后退，没有接到命令后退按军法处置。我让团长补充兵员，1600人差不多死了四五百人。上面知道阵地的具体情况后，也就没有再命令我一个星期要占领了。

就这样，一个星期过去了。我每天去阵地看看，带10个敢死队员，有通信兵，副官带着3个运输兵。我跟副官说我要到前线去指挥。副官说：“不行啊，你这样很危险的，你不能再被俘虏了。”我就跟部下讲话：“我们来的时候，大家送药给我们。我们为了父老乡亲要旗开得胜，打赢仗，不要怕死，怕死是很糟糕的，要冷静。”当时的药就是万金油、清肺水之类的，我们营部有两担。每天晚上我都召集排长以上开会，告诉他们怎么打，100个人如何当做1000个人用。

有一天早上，我又到前面去侦察敌情，敌人一般早上会换班，但换班的人不多。但我发现那天早上多了很多人，还背着行李。我就在想他们是不是准备打我们，我们这几天没有主动开枪打他们了。这时候团长打来电话，说："指挥部接到命令，有3000多人的军队准备前来包围，一定得消灭那些军队，你的意见呢？"我就叫来第二营一个姓郑的排长，让他带一个排的人去离我们驻扎地1000多米的地方看看，那里有个深坑，有水流，树林很茂密，无人居住。

有一天，那个排长打电话过来跟我报告说："我琢磨敌人想从后面包围我们。"我问："你怎么知道？"排长说："水流中有一些树木、草是从旁边掉下来的，而这些原生的自然森林，树枝一般不会这样掉。所以敌人应该在旁边挖了地道，导致土松了，草、树木就掉下来了。"我问："你怎么知道？"他就带我去看，往上爬两百米，就看到一棵树掉下来了。树怎么会无端掉下来呢？肯定是下面有暗道，土就松了。敌人从后面挖地道，想从前后两面包围我们。这时候要如何处理呢？排长建议装地雷，但我们没有学过装地雷。我就问他："你会装地雷吗？"排长说他会，在上海地雷学校学过。我问："要装多少个呢？"他说："大概100个就够了。"我赶紧打电话给团长，让他在当天晚上12点前无论如何送100个地雷过来。团长二话不说便派人送来了。拿到地雷后，郑排长便拿去安装好。第二天天刚亮，地雷就爆了。通信兵很兴奋地说打到了。我爬上最高位置看，日本鬼子一身泥，有的背着，有的抬着，大概炸伤炸死了100多人。敌人往回走，也有地雷埋着，只能沿着墙走。我们机关枪早就准备好了，一爬上来就开枪打。打得差不多了，我让排长派十个八个人去把枪支收回来，太多了就会暴露我们军队有多少人。这一仗打得很漂亮。

为了更好地保护部队士兵的性命，打击敌人，我命令部下在一天内挖出战壕，并在战壕前面堆着土堆，这样我们可以看到敌人，但敌人就看不到我们。我跟士兵训话："挖好了就可以保住性命，挖不好就没有命。"挖了5条战壕，3条是真的，一条就通到前面的铁丝网。因为敌人飞机会常来侦察扫射，所以就准备了两条假的战壕给敌人飞机轰炸。挖战壕的知识，我们在军校都学过。敌人也一定有战壕，通过铁丝网出来的。假如挖到离敌人近的地方，敌人会从暗道里出来打，那我们就要牺牲了。所以，我白天晚上都要去巡。在巡兵时，我负伤3次，一般的轻伤只能随便包扎了事。

黄土坡这个地方瘴气很重。有一天，排长打电话给我说，100个兵中有二三十个发烧了。松山这个地方，高高低低，黑色云来了一下就下大雨了。山上的雨很大，连续下了一两个钟头后太阳就出来了。雨多了就容易生病。我也发烧过两次，吃奎宁就好了。在昆明的时候，一个老乡就特意跟我说，去到那里，生病就吃孔明草，孔明擒南蛮的时候发明的一种草药，煲水吃就可以解这个病，发冷发热吃奎宁也可以。

当时由于惠通桥还没有修好，弹药、枪支、粮食都很紧张。美国的飞机从昆明飞过来，通过降落伞将食物一包一包扔下来，有面包，一包甜的一包淡的，里面有10块饼干，还有一包牛肉粉。打仗那时候不穿军官服的，都穿士兵服，是布的。打仗的时候穿麻鞋，之前训练的时候发了两对胶鞋，但都穿烂了。武器是卡宾步枪。我有两支枪，一支冲锋枪，一支航空曲尺①，美国人发的，连长、营长、团长都有，

① 航空曲尺，就是美国柯尔特M1911，为了方便弹夹供弹，设计成了直型把手，整支枪恰好就是一把曲尺形状，因而得名。在中国，流行的名称大多是"勃朗宁""盒子炮"。

可以打10发。

敌人的堡垒实在太坚固了，飞机打不了，大炮炸不了，没办法了。大概过了20天，司令部派来四川的一个团，派来一个副团长、两个连长，来接我们的工作。那时，我已经负伤3天，在掩体里面走不动了。

我是在巡视阵地时遇到敌机轰炸，一个通信兵、一个传令兵当场炸死，我也负伤了，先随便包扎了下，后来晕倒在地上了，副官将我背出洞口，然后上了担架。我告诉副官敌人的堡垒是品字形的，这边一个，那边一个。看得到的堡垒有7个，看不到的有10多个。我跟副团长讲这里的地形，敌人机关枪打得到的地方不要去，打不到的就可以去打他们。我被送到医院，医院就在山洞里面，医生是美国人。但医治士兵的就是中国医生。相比士兵，我们在医院的待遇就好些，药品、食物都好些。伤兵太多了，没有办法提供更好的条件。差不多20天，我的伤就好了，美国的医学很发达，X光什么的，可以看到子弹在哪里。

龙陵、畹町之战

伤好后，我就回到中美联合参谋作战指挥司令部。司令部交代我住一个晚上，后来又将我派到前线龙陵。那时候已经没有1600人了，实际能作战的估计只有700多人。我继续当第一营的营长，指挥着两个营。第三营归团部做预备队。

龙陵是日军最多的地方，工事建构得很好。敌人在龙陵建有坚固的堡垒，既可以支援松山，也可以支援腾冲。龙陵差不多打了半个月。松山已经被炸下了，龙陵也没办法再守了。日军派两个联队大概两三千人支援松山，我们就截住他们打。我在那打了一个礼拜。我们占领的那个地方很好，日军所在的地方有个山坑，我在半山上就可以看清楚那山坑。打到第六天，日军就没什么兵了，援兵也不敢再来了。

龙陵收复后，我们开去畹町，路上写有标语：欢迎胜利军。本来那里有很多树木，到处可以看到大树林，整山都是。美国人开大炮、飞机打了一个星期，将大树打光了。

到畹町以后，我的部队已经只剩100多人了，便到昆明大理去征兵。大理派一个连去征兵，下关派一个连去，凤仪派一个连去，征了3个多月，一个兵都没有征到。因为我在战争中立过功，升了团长。后来一个黄埔军校第七期出身的师长就来找我，调我去他那个师当团长。一个同学跟我说，我要去的那个地方走私鸦片烟土，去那里就是受罪。我听了他的话，就没去了。

后来，梁华盛调我去东北当主任秘书，管理经济人事。那时，日本已经投降了，东北三省变成九省①，梁华盛是东北九省地区副司令，兼吉林省省长。后来，梁华盛又调我去当保安团团长，我没去，回广东了。我先在湛江做买卖，后来公私合营，买卖也做不成了，转而教书。

---

① 1945年抗战胜利后，国民党政府决定将伪“满洲国”分成的18个行省合并成9个行省，分别为辽宁省、安东省、辽北省、吉林省、松江省、合江省、黑龙江省、嫩江省、兴安省，即把原来的东三省每一个省分成3个省。

在松山挖坑道的黄埔工兵

采访者：徐丽飞

整理者：钟祥宇、吴峥嵘

采访时间：2012 年 11 月 20 日

采访地点：江苏省金坛市

讲述者简介：徐沅甫，1923 年出生，江苏金坛人，祖籍安徽徽州。1942 年，从黄埔军校第六分校第十八期工兵科毕业，分配到第 6 军工兵营任排长，曾担任黄杰的警卫排长，参加过松山战役等。中华人民共和国成立后，定居广东合浦县。后返回家乡金坛，在煤球厂工作到退休。

采访手记：徐沅甫从黄埔军校毕业后，分配在第 6 军。在自己的从军生涯中，老人最得意的事是在芒市拆炸弹。那是部队到达芒市后，徐沅甫跟随总司令黄杰等一行人来到一个土司衙门的会议室里，看到中间摆着一架钢琴，总司令部准备就设在这个地方。徐沅甫发现了其中的问题，连说不行，得先排弹。结果，真有炸弹在里面。老人还告诉我们，在部队撤退的时候，他曾跟后来出任台湾“行政院”院长的郝柏村同在一个办公室待过，不过人家是参谋长，比自己大一级。

除了老人的经历，最吸引我们的是老人保留下来了不少中国远征军时期的物品，如行军床、毛毯、在畹町时获得的日本手表等。老人告诉我们，手表去年都还在走动。

从大户人家流亡到醴陵

我的祖籍是徽州，老太公时候到金坛来的，我是第13代，我家就在当时太平天国戴王府[①]旁边。1998年的时候，我才搬到这里，老房子很大的，可惜没了。太平天国的时候把老金坛人都杀光了，现在的人都是后来迁过来的。新中国成立前，每一条街都有我家的铺子，卖布、衣服和糕点等。

我16岁时，金坛已经沦陷了，日本鬼子来两三年了，金坛金城中学也停课了。我们这条街都是日本鬼子，每次进出都要行礼。我跑到江苏溧阳，再从溧阳跑到安徽、浙江、江西，一直到湖南。大后方的人待我们很好，我们住在老百姓家里。我在湖南醴陵的坪石中学读了一两年书，吃饭念书都不要钱。在那里，我们还有个话剧团，是爱好文艺的学生组织的，礼拜天演戏给老百姓看。

---

① 太平天国戴王府，为太平天国戴王黄呈忠府第，在江苏省金坛区县前街18号（城南风景区愚池内），因府内有大量极富有文化价值的建筑、雕刻和绘画，被列为江苏省省级文物保护单位。改革开放后，太平天国戴王府对游人开放，现为常州市著名旅游景点。

报考军校，我年纪最小

后来看到黄埔军校招生，我就报名了。但那时我人小，体重不够，我就把铜板放在鞋子里，勉强给录取了。到了第六分校，班里编册的时候，我年纪最小，比苏联的枪都矮。虽然我是大户人家出身，家里有几百亩地，但我小时候在家就锻炼自己洗衣服了。我到湖南是一个人去的，到部队碰到几个无锡的，我的衣服他们就帮我洗了。因为我最小，当时只有十六七岁，军校毕业的时候也才 20 岁。

我在广西桂林李家村入伍，生活是很苦的。在军校只有两餐，8 个人一桌一个铁盘子，上面看起来是红色的。吃饭就几分钟，哨子一吹就没得吃了。吃的菜就是盐水加红色的辣椒粉。那时候都是夜盲，因为吃的都是盐水。入伍两三个月的学生轮流上街买菜，轮到的时候就到队长那领钱。买什么菜呢？就是广西那里的芋头杆子，根本就没有肉吃，要改善生活就自己去上山砍柴。

我们平常早上晨操，回来吃早饭，上午两小时上课，下午进行战斗训练。每天如此，训练是很严格的。每一次排队开饭之前，先要完成一系列动作，包括跳高、跳远、双杠、木马、单杠，这几关过不了就站在那，都过了才能进食堂吃饭。有一个人叫刘彩申的，是部队保送的，因为没有文化也要参加学习。他是山东人，人高马大，身体很不灵活，挂腿挂不上。教官就叫我教他，他一直就过不去这一关。

我们主任是黄杰，我对他比较熟悉。蒋介石有时也来讲话，有一回，他来训话，我们大队长姜望山做了一个报告。蒋介石很识人，就问他是哪个部队的，然后跟他个别谈话，后来就把他提拔上去了。

军校里的两三件事

入伍6个月以后，我们要集体入党。我还记得我的党证号码：军元字07981，有光着头的像。刚入伍的时候，我留着西装头，教官让我去剪一下，我一天理了4次头他都不满意，最后对我说你干脆剃光吧，结果我就剃了个光头。

学校里有回教队，他们在桂林做礼拜，不吃猪肉，不过学校也没有猪肉。那些比我大的人要吃3碗饭，我就吃一碗。很多人觉得军校太苦就跑了。

我们同学中也有华侨。有一天，教官在上课，我们在下面做小动作。有个新加坡的华侨和别人谈恋爱，部队里是不能谈恋爱的。教官在上课，我们就传那个华侨和那个女人的画。教官发现了，他就问我上课上了啥，我都答出来了。最后，那个新加坡华侨同学被开除了。

桂林那边全是石头山，石头很锋利。我有一回爬山，上去了下不来了，只好跳下来，后来觉得真是很危险。漓江的水也很清，可以看到江底。有一天，一个来自苏州的教官的女儿在漓江边洗衣服掉下去了。教官对学生说，谁把她救出来就把她给谁做老婆。后来救上来了，但她还是死了。那个教官就把一个丫鬟给那个人做了老婆。

工兵科的主要课程

6个月以后，我们开始分科，个人自愿填报。其中，步兵、工兵、骑兵、炮兵、航空兵要有很好的体格。我有一个同学本来要开汽车，因为眼睛不行被刷下来，就到步兵来了。我填的志愿是工兵，分科以后就到专科学校去了。工兵学校在湖南醴陵[1]，教育长叫林伯森[2]，广东客家人。我在那学习了3年，毕业后分到部队。

工兵学的主要课程是战术、地形、兵器、筑城这4门课，还有附带的驾驶。学习爆破铁轨，用5个黄色炸药管，引信就放在铁轨交接处，雷管一炸就爆了。打仗前要熟悉桥梁的情况，有道路测量、天文测量、坑道测量等。一座山两边挖，要对的上，数学几何三角都要用。还有架桥，比如说这个桥在战争的时候，要用53加仑的汽油桶并起来，因为怒江下游的萨尔温江流速很快，架桥是有吨位限制的。

随第6军驻防怒江，在松山挖坑道

我们在工兵学校学习两年多毕业了[3]。因为我们是第六分校委托教育的，所以黄杰就把我们调回第6军[4]的部队，后来我也一直在第6军。我们先到昆明，住在昆明翠湖军部招待所。之后下部队，部队驻扎在凤仪，经常调动。

到第6军后，我被分到工兵营第2连任少尉排长，营长叫姚一，浙江人。我们主要负责防守云南怒江，一个排守3

---

① 徐沅甫在《金沙周刊》上的一篇口述采访中称：他是在桂林学习一年半之后，随所在的第五中队被派往湖南零陵的陆军工兵学校委托教育，住于千秋岭的老城隍庙中。

② 林伯森（1896—1960），广东蕉岭人，先后从保定陆军军官学校第九期工兵科、日本炮兵学校及工兵学校毕业。1938年，任中央陆军工兵学校教育长、代理校长。

③ 徐沅甫在《金沙周刊》上的一篇口述采访中称：他在湖南零陵的陆军工兵学校学了一年半时间。

④ 1943年后，第6军编入国民革命军第11集团军，归昆明行营指挥，主要任务为整训与怒江布防。1944年，第6军编入中国远征军，下辖新编第33师、新编第39师、预备第2师。

个渡口。这3个渡口，相距很远的，一个叫中渡，一个叫酸枣陵渡口，一个叫瓦答渡，一个排3个班刚好。晚上要巡逻，到每个哨所检查，不能睡觉，因为鬼子就在对面。

在第二次过怒江时，我们一个连的连长牺牲了，叫杨华兴，黄埔军校第十四期的，他的爱人是湖南的大学生。当时，我们出发到云南楚雄，坐在军车上，连长也在上面。国军飞机过去的时候，我们都抬起头看飞机，但是车后面没有挡板，车一开，连长就被抛下，头上跌破很大一个口子，就死了。

松山打的都是坑道战，很惨。我们死了一个叫吴克航的同学。在松山挖坑道时，我接到命令，调去司令部给黄杰当警卫排排长。黄杰叫我“小排长”，待我很好。我跟他们打到龙陵、芒市，一直到畹町会师。

在芒市发现敌人炸弹，日本人野心很大

记得在芒市的时候，那里有个土司衙门是西式的洋房，里面会议室很大，中间摆着一架钢琴。总司令部准备设在这个地方，我说不行，要拆弹。西南联大的学生做翻译，但学生不知道什么军事名词，我就和美国佬说有5个山炮弹，要是爆炸，房子就没了。我本来要自己去排弹，黄杰叫美国人去拆弹。那个美国人去拆炸弹的时候还跟我说，他如果死了怎么办？我说不怕，还叫他把排出来的炸药给我。那种炸弹有震动就会响，我本来是准备拿来炸鱼的。后来，美国人成功把炸药拿出来了，但是没给我。

我们本来还要打到密支那，英国人还不让我们过去，结果他们又不行，一个坦克营被日本人围着还叫我们救命。日本人说不怕皮鞋兵，就怕草鞋兵，我们就是草鞋兵。我有一

块日本表的战利品，叫 dustproof（英语：防尘的），是防沙尘的，日本人准备打苏联时用的，可见他们早有准备。日本人平时教育自己的小孩，说苹果好吃吧，苹果在中国河南，要吃去那里吃。可见日本人野心很大。

在途中俘虏的日本兵

后来，我随部队返回云南保山，在途中还俘虏了一个日本兵。他会说中国话，能写一手漂亮的中国字，我就让他做文书，帮忙刻钢板、抄文件之类的。他本来说他是台湾人，父亲在上海做生意，训练了一个月就来当翻译了。我看出他根本就是个武官，他骗我说是文官。他在昆明待了一年多，后来说要回家。我说你家不是在台湾的吗？他说他其实是大阪的，名字叫佐竹一。他还给了我一个帆布船，他一个我一个，还留下一些东西让我保管，说是宝贝，是日本货。后来，我就把他送到昆明机场，他就回日本了。

回到保山后，我做了副连长。有一个同学从云都那边过来给我带了很多战利品，有日本造小地雷，还有磁性地雷。没多久，当我们听到日本人无条件投降了，我就把 10 个地雷连着放，庆祝胜利，高兴啊。

从澳门回来，“中国人不打中国人”

后来，我们团①到广东惠阳东江那边。我们团长是做情

① 徐沅甫在一次口述采访中称：1946 年，他随部队回昆明整编，编入预备第 2 师，后改为预备第 2 旅驻衡阳，升为工兵连连长，又任师长任同堂的参谋，负责教育与情报工作，直至准备撤退台湾。

报的，原来是南京情报第二厅下面的团长。一天晚上，他要用汽油桶放火烧惠阳那个桥。我说："不能烧，一烧就火光冲天，就暴露了。我们没有任务打仗，可以撤退的。"结果他一烧，解放军的部队就跟着来了。

我们从海南岛回到北海，准备从这里去台湾。后来，我们又从北海回到珠海，住在一个叫玉珠村的小村子，对面就是澳门。我们经常去澳门玩，穿的都是西装便衣。有共产党人做工作，叫我们把部队拉过去。我说我们都想回家了，不打了，中国人不打中国人。①

其实，我们这些在部队里面的，都不怎么管政治，目的就是保卫国家。政治很简单，字面上分析，"政"就是大家的事情，"治"就是管理，管理大家的事情就是"政治"。你要把大家的事情管好，让老百姓吃得好、用得好就好，老百姓过得不好就要造反。

---

① 徐沅甫在一次口述采访中称：他曾到广东合浦县，在那成了家，还开过小酒厂。1961 年，因思乡心切，回到家乡。后到煤球厂工作，一直到退休。

我随中国远征军第15团攻打松山

采访者： 徐丽飞、陈何毅
整理者： 钟祥宇、徐丽飞
采访时间： 2012年12月26日
采访地点： 广西壮族自治区南宁市

讲述者简介： 熊寿明，又名熊金泉，1917年出生，广西南宁人。1937年，考入黄埔军校南宁分校第十四期交辎科。桂南战役期间，任第46军第170师参谋处见习官，参加过高峰坳阻击战[①]。1942年，任中国远征军第15团第12连连长，后参加松山战役。抗战胜利后，任第93师第1营营长。中华人民共和国成立后，从南宁某厂退休。

---

① 1939年12月4日，日军侵占昆仑关，南宁门户尽失。国民政府军事委员会鉴于南宁的重要战略地位，调集4个集团军25个师15万余人，分东、西、北三路进行桂南大会战。12月18日，中国军队以第170师为主力，配备山炮营（欠一个连）和战车连，从琴林、腾翔、伏梁、坡重出发向高峰坳进攻。

采访手记：当我们来到熊寿明之前告知的地址时，发现房门紧锁，拨打他的电话，也无人接听。此时我们也别无他法，只能一遍一遍地拨打电话。后来电话接通了，然后听到窸窸窣窣走路的声音，老人打开了房门。

我们是在老人所居住楼房的一楼堂屋进行采访。堂屋里堆了不少物品，自行车之类的居多，光线偏暗，老人还特意开了电灯。整个采访过程中，时不时有人推着物品走进走出，有些嘈杂。再加上老人的地方口音，我们便有些听不清楚。所幸，老人思维清晰，采访便在一问一答中结束了。

进了军校就是要打仗，牺牲在所难免

“七七”事变前，我在南宁读高中，准备一直读到大学。事变爆发后，为了抗战报国，我不再读书，转而报考黄埔军校。当时，父母并不愿意我去军校，不过最后还是由我自己做决定。考军校时，我就考虑过生死的问题，早把生死置之度外了，进了军校就是要打仗，牺牲在所难免。

我在南宁考上黄埔军校第六分校第十四期，学的是交辎科。第六分校最初叫南宁中央军事政治学校，和广东的中央军事政治学校一样。之前，广西政府和蒋介石不和，不受蒋的监管，财政上也一文钱不交中央，现在国难当头，大家就团结起来了。

军校招生有招生广告。首先要进行身体检查，精力体力要强。除了身体健康外，还要经过文化考试，包括政治、历史、数理化等。大概有1万多人报考，1800多人被录取，包括炮兵队1队、特种科（也就是交辎科）1队、工兵队两队、通信兵两队，还有9个步兵队，一个步兵队100多人。

这些人有来自北方的，也有来自南方的。广西的子弟多，回民也有十几个，他们是不吃猪肉的，厨房会特别注意他们的生活习惯，不过我这个队里面没有回民。除了回民，还有个别华侨子弟，到第十五、第十六期后，华侨子弟就多了一些。

从南宁到桂林李家村

我们是在南宁入伍。南宁的学校后来被日军发现，他们派飞机前来轰炸。头一次就炸死了好几个人，后来就把学校炸毁了。我们没法在南宁待了，只好徒步走到柳州再到桂林，每天走25公里，一共走了半个多月。广西的省会最初在桂林，民国元年①时，陆荣廷把省会迁到南宁。我们一路除了行军就是休息，如此循环，并没有其他活动。

就这样，我们到了桂林李家村。李家村当时已经驻扎了一个营，没有足够的地方给我们住了，于是我们就自建简单的兵房。我们住的地方还有个很大的岩洞，可用来躲避日军飞机的轰炸。日军飞机一来，警报响起，我们便躲进岩洞，枪支也放在岩洞里面。

我考上交辎科，见到蒋介石

入伍后3个月时间，主要进行基本训练。后来，教务处

① 1912年10月，在陆荣廷的暗中支持下，省临时参议会在南宁表决迁省案。1913年，陆荣廷兼任广西民政司司长，六司相继迁到南宁。1915年5月，在省会南迁已成事实的情况下，旧桂系政府要求把南宁定为广西省会的请示获得北京临时政府内务部的批准。至此，南宁取代桂林成为广西的政治中心。

根据考试成绩，进行分科。比如炮兵就选择数理化成绩好的，而特种科就都是些成绩比较好的。分科后就正式成为军事学校的学生。我被分到交辎科，学习内容包括步兵操典、汽车、马术、战略战术、看地形、派兵抢占山头等，其中学马术的只有交辎科和炮兵队。那时物资困难，中央军校拨了4辆汽车给我们学。开的汽车是美国的雪佛兰，当然和现在的汽车没法比。我们使用的步枪起初是汉阳兵工厂造的，后来换成中正式，一个枪筒5发子弹，可以连发5枪。

第六分校的主任原来是刘士毅，后来刘士毅调到军需部，由冯璜接任①。汽车教官都是中国人，是第十一至第十三期的军校毕业生。队长、区队长也都是军校毕业的，其中，第九、第十一期毕业的、资格老的军校生当我们的队长，第十二、第十三期的当我们区的队长。我们的总队长是少将，安徽人，我们一毕业，他就被派到安徽当保安司令了。

在军校里，我们一天两餐，四菜一汤，8个人一桌。在吃饭前，排队报数检查人数，进入饭堂，哨子一吹正式开动。几分钟后，值星官说集合，大家就扔下饭碗集合，再排队报人数。晚上，我们住在用木头建的兵房里，没有和老百姓住在一起。衣服也是由军校统一发的。

因为抗战，国家需要基层军官补充部队，我们在学了不到两年后，于1939年毕业。毕业的时候，蒋介石来到学校，当时整个桂林放警报。警报本来只是用来预防日军飞机轰炸的，这样做是为了不让其他人知道蒋介石来到桂林，为了他

---

① 1912年，白崇禧邀请刘士毅出任黄埔军校南宁分校的教育长。刘士毅担任教育长达5年，为桂系培训了大批军政骨干。“七七”事变发生后，南宁的军事政治学校改由南京中央军校统一管理，刘士毅调任第31军军长。1939年，白崇禧任国民政府军训部部长，刘士毅被任命为军训部政务次长。冯璜是在1944年10月，出任黄埔军校第六分校主任。

的安全着想。毕业的时候，我们还发了把佩剑，上面写着“蒋中正赠”。

在第170师的战斗生涯

毕业后，我先回到了家里。南宁被日本人占领后，父母也逃难了，我的不少东西也丢失了。我的父亲逃难到田东的时候，被日本人炸伤，死在那里。我和日本人有国仇家恨。

后来，我被分配到第170师，师长是黎行恕①，后来成为第46军军长。师部参谋长见我是交辎科毕业的，就留我在参谋处当见习官，负责看文件。有一次，部队要把驻扎在广西大明山那里的一个团调过来。师长见我年龄小，像个小孩，好打掩护，就让我拿着一把德国驳壳枪连夜赶去。当时的广西人有些野蛮，会抢枪。我走在路上的时候特别小心，发觉后面有人跟着我就停止不走，等他走到前面去了才继续赶路。那天就我一个人传令，结果很快就把那个团调过来了。

还有一次，敌人派3架飞机轰炸，炮兵被派去守卫高峰坳。当时我在司令部跟着师长。敌人利用冬天的干茅草用火攻，我们快守不住了，师长说死都要守住。最后，一个团的人马守不住了，垮下来了。师长就让我在后面处理通信连、卫生队、担架排、士官处、参谋处等撤退的事情，因为每个单位都有些文件杂物要处理。最后，我们退到广西陆斡。后

① 黎行恕（1894—1949），广西阳朔人，毕业于陆军大学第十期。毕业后，历任第四集团军少将参谋处长、黄埔军校南宁分校高级班少将大队长。抗日战争全面爆发后，任第五路军总部参谋处长、第五战区副参谋长。台儿庄大捷后，出任第170师师长。1941年，出任第46军军长，镇守衡阳。

来，我们又反攻高峰坳。杜聿明在昆仑关打，我们就在高峰坳打。打仗的时候，来不及收尸，第170师的士兵不少尸骨留在那里，后来藤翔村的老百姓就捡起来埋了，集中起来建成第170师阵亡战士墓，每年清明节我都去那凭吊战友。

到中国远征军第15团第12连

我在部队从排长一直做到第46军的连长。第46军是第九战区与第四战区的机动部队。第九战区是湖南人薛岳管理的，第四战区是张发奎的。我们部队是机动军，薛岳那边有事就去湖南，张发奎那边有事就到柳州。后来，我回到南宁，跟着冯璜，他问我敢不敢去中国远征军第15团[①]，结果我就去了。

虽然我学的是交辎科，但不是到处都有战车的，所以我到第15团第12连担任步兵连连长。第15团中广西人多，湖南人也有，连长、排长是广西的。部队准备从广西开到昆明训练，先走路，再坐一段法国人建的单轨火车到昆明。我们刚到昆明，就接到通知说人满了，不需要我们去了。于是，我们就往云南弥渡那边走，归属宋希濂集团军，直属于中国远征军司令长官部，长官是卫立煌。

渡过怒江，攻打松山

当时云南主席是龙云，他不准中央的部队进城，我们去保山的时候，只能从外面绕一圈从东门到西门，再从昆明到

① 根据我们采访林裕琦老人得知，当时每个省都要成立一个中国远征军团，广东成立的是第7团，四川的则是第4团。

宜都，再到保山。1944年5月，我带一连人过怒江，因为惠通桥被炸了，过不去，只能渡江。那时候，过江要坐美国橡皮艇，一个艇坐6个人，一个连渡江用了一天，然后我们就开始爬山。当时云南处在雨季，5月以后就是天天下雨，当兵的就苦了，没有胶雨衣，只能拿竹帽子、棉衣挡雨，冒雨爬山，很辛苦。我们到了老百姓家里，就一边烤火一边烤棉衣。

过了怒江后，我们就直接去攻打松山。第71军先去，我们跟在后面，结果都没有将松山攻下来，最后攻下松山的是第8军。日本人布置的堡垒很隐蔽，我们攻到了松山前面的黄草坡，伤亡很大。在战斗中，有一次我的裤子被射穿了两个洞，但子弹没有打中我。后来攻打龙陵城时伤亡也很大，我们就回到保山休整。到保山后，部队人员不够，就到云南大理旁的一个县征兵补充部队，征够兵了就回到保山训练。

我在云南起义

我们在保山休整了几个月后，日本人就投降了。抗战胜利以后整编，我升任大队副，之后又成了少校团副，后来调到第93师第1营当营长。

快要解放时，我这个团布防在文山，解放军一直不知道。后来，台湾派飞机到蒙自，一部分坐飞机到了海南岛。于是，解放军知道我们在蒙自，派部队连夜从南宁往龙州插过去，我们军长就把部队拉到了越南[1]。后来，联合国不让

---

① 第8军在湖南战败之后，第93师一路败退南下，从广西逐渐退到缅甸和泰国、老挝的交界处。

我们在那里了，我们部队就回到台湾，但是我们这团人赶不上，就在云南开远这边起义了。起义之后，官兵继续学习改造，我到昆明学习了6个月，然后就退役回到广西。

攻打松山时，我们俘获34匹驮马的战利品

采访者：李岚、徐丽飞
整理者：徐丽飞、张长龙
采访时间：2012年4月27日
采访地点：广东省广州市

讲述者简介：陈念良，现名陈高翔，1920年出生，广东广州人。1938年，考入黄埔军校广州第四分校第十四期工兵科。毕业后，曾到南岳游干班学习，后分配到第92军第82师工兵连，参加三次长沙会战。1943年，随第8军参加中国远征军，任第82师第244团副营长，作为预备队参加松山战役。中华人民共和国成立后，在广州市东山区人防办工作，直至退休。

采访手记：陈念良是我们口述采访项目组采访的第一位黄埔老人。当老人开始讲述时，我们立刻就被他生动活泼的诉说给吸引住了。老人声音洪亮，记忆清晰，思维连贯，战争岁月里发生的那些事情，具体到哪一月哪一天，

一些微小的细节，他都记得清清楚楚。第二次上门采访时，我们还特意带几件我们新征集到的黄埔军校文物请老人帮忙辨认。

陈念良参加中国远征军，目睹松山之战的惨烈，他对此间的战斗生涯仍然充满深深的回忆。老人在日常生活中爱读关于中国远征军的书籍，还曾发动广州的战友专门撰写过一些关于松山战役的回忆文章。电视剧《中国远征军》热播的时候，老人还亲自到广东革命历史博物馆，说了自己对剧中对松山之战演绎失真的看法，并给我们详细叙述松山战役的经过，特别强调中国军队挖地道埋设炸药和美军提供的火焰喷射器在此战中所起的关键作用，并慷慨地表示将其所收藏的一批关于中国远征军的资料书籍赠予我们做研究之用。

从广州考入第四分校

我是1920年7月在广州出生，抗战爆发时在禺山中学寄宿读书。那时，参军风气高涨，年轻人都去参军。招生情况也很复杂，有空军招生、雷电学校招生、军校招生、战干团招生等。共产党也在地下招生，有些青年去了西安，不过不是很多，因为不是你想去延安就能去的，需要私人的介绍才行。国民党不给青年过延安，派特务在路上能拦就拦，拦不住就抓。有些青年到了西安但去不了延安，要找地方吃饭就到了第七分校。

1937年秋，黄埔军校第四分校在广州招生，要求一定是初中毕业，高中毕业的更好。我后来去到的工兵队里面就有一个学历比较高的，是香港大学三年级的学生，他从军校毕业后就留校了，再后来军校要选派人去美国留学，他就优先去了。这些学生中，有来自广西、海南、湖南等地，北方人比较少。里面也有些北方部队保送过来的防空兵、高射炮兵、汽车兵等，来自香港、澳门以及东南亚的华侨也有不少。当时大家都想参军报国，所以报考黄埔军校的青年很多。

军校考试地点就在我们禺山中学，即现在的南越王墓博物馆附近。考试科目有政治、数理化等。当时有4000多人在广州报考，合格的有2000人。考完试要体检，一般都是可以通过的，但如果身体有病就不行。因为在军校里面生活很苦，大操练、野外生活等体力消耗很大，要身体健康才行。体格差点、成绩差点的就备取，后来因为抗战下级干部阵亡不少，这些人也都被录取了。我们有些同学毕业后分配到昆仑关那边，没多久就阵亡了。

那些不及格的人有的去了战干团，战干团的名称是“战争政治干训团”①。战干团同我们性质不一样，属于军委会，搞政治的，而我们是军校，属于军令部，搞军事的。他们集中起来后，跟着广东省政府到了连县就改成战干团，后来毕业后转成江西瑞金的军校第三分校第十六期。本来他们比我们还早，结果变成在我们后面的了，我们是第十四期，他们是第十六期。

---

① 此处的“战干团”应是“国民政府军事委员会战时工作干部训练团”的简称，是抗日战争时期国民党中央所开办的一个大型军事、政治训练机构。共设4个团，均由蒋介石自任团长，当时的军事委员会政治部部长陈诚任副团长，由教育长实际负责。第1团创办于武昌，后迁四川綦江，教育长桂永清；第2团设山西，实际未成立，而由阎锡山另办了一个集训团；第3团设江西雩都，教育长唐冠英；第4团设西安，教育长先后为胡宗南、蒋坚忍。

在德庆的入伍生活

我们入伍以后没有在广州训练，而是到德庆入伍。我们先在广州第51小学集中，出发到大沙头上船到西江去。我们到了德庆后，第十五期就入伍了，跟我们第十四期差3个月。在德庆，我们前面的第十三期在这里毕业，而我们和第十五期在这里待了一段时间后，行军到了宜山。

我们分校主任开始是陈芝馨，罗定人。有一次，陈芝馨从广州到德庆，在三水码头乘船过海，不幸淹死了，我们才见过他一面。以后就是韩汉英，海南文昌人。他住在学校里面，但不是经常见，开大会、纪念周的时候会见到。其他教官太多了，不记得了。

军校给每人配草绿色军装，配有小皮带。两边衣领有圆形蓝色的领章，领章上有“军校学生”字样。帽子上有青天白日的帽徽。我们第十四期有个期章，写着“中央陆军军官学校14期”等字样，平常操练不带。有的学生会在军装的左边戴孙中山徽章，不过一般不带这个，是毕业了留作纪念用的。

因为抗战需要，入伍生原来是半年的，后来改成了3个月。学习很紧张，天不亮就吹号起床、洗漱、跑步、整理内务、吃早餐，有时候连大小便都来不及，搞得很狼狈。入伍生时期，我们在军校学习的科目有工兵操典、野外勤务令等，都是当兵需要知道的。上午上两节课，中午强制午睡，然后晚上有两个钟头自习，接着就吹灯睡觉。

因为喜欢机械，我自愿到工兵科

入伍期满以后要分科，正取生和备取生没有差别。分科主要是学校分的，个人填报志愿，但要批准。炮科因为炮比较大，一般要个子高、懂数学的；瘦弱些就通信兵，装无线电、有线电；工兵就矮个子。广州人都喜欢搞技术、工程，我那时也喜欢机械，但军校没有这个科，只有工兵科，要学架桥、爆破、建筑这些技术，所以我就自愿到工兵科。工兵科、通讯科是在广东德庆，炮兵在广东郁南，步兵在广西桂平。

我们工兵中队有128人，中队下再分3个区队，每个区队有3个班，一个班16个人，我在第三区队第七班。我们那时没有固定谁当班长的，排头的当班长，排尾的就当副班长。排队时，个子高些站前面，个子高拿机关枪，矮个子拿步枪。

学习的有八大教程，工程、筑城、盖房子、架桥等。工兵主要学习地形测量，因为在打仗时要画地图，需要懂这些。我们有专门的沙盘室，如果需要用，教官就带学生到那边专门教授。平时我们有考试，没几个不及格的。

军校给学生发布袜、草鞋、衬衣、布衣服，衣服比外面当兵的好些。还有皮鞋，不过要礼拜放假时才能穿。在广西时，一个礼拜发广西的票子2元，当时我们东西都够用，不需要买什么东西，这钱主要是拿出去喝茶、玩耍。一个礼拜就放假一天，10月10日当天会放假。放假不是每个人都能出去的，要擦枪和皮鞋，临出去前检查，枪或者皮鞋不干净不能出去。课余时间有一些娱乐，例如我们会去后面的西山吃晚饭，那里有豆腐和豆浆吃，还会去江边游泳。

军校有政治部，还有刊物《军人魂》，是军校宣传科办的。也有报纸，不过那时我们不重视这些搞宣传用的，因为我们没有时间，睡觉都没时间。我们有指导员管学员的思想。学生也不会说自己是共产党，都规规矩矩的。我们谁也不管，你是共产党也没关系，因为你跟我没利害关系。地下党肯定有，不过是在暗地里活动。在毕业以前，我们集体入党，部队以后就没有党务活动了。虽然师里面有个政治部、团里面有个指导员，但只是摆设不起作用。

毕业后到南岳游干班学习

我们毕业没有经过考试，只进行过一次大演习，地点在广西宜山，大约 3 天到 5 天的时间。那时候是在野外生活，睡觉就是随便躺在地上就睡了，也没有房子，跟作战的生活一样。演习强度还过得去吧，当然身体太弱了不行，少数有病史的学员演习时就受不了。

演习后，我们在宜山举行毕业典礼，由韩汉英主持。蒋介石在重庆没空来，我也没有见过他。毕业时发了毕业佩剑，上面刻有“成功成仁”字样，剑柄一面是“中央陆军军官学校第 14 期第 × 总队”；另一面是“蒋中正赠”。也有同学录，由同学中选出几个有能力的、文化高点的成立委员会来编辑。

1939 年 5 月，我们整个工兵队调到南岳游干班，学习游击战术。那时是国共合作时期，叶剑英在那里负责。我们待了两三个月，主要是学习爆破、游击战、化妆术、动员群众等。从南岳干训班毕业后，我和 4 名同学被分配到湖南平江的第 92 军。先到军部报到，军部分到师，再分到工兵连。我被分到第 92 军第 82 师的工兵连，军长是李仙洲，师长是罗启疆。

参加三次长沙会战

我第一次参加战斗，是在湖南临湘羊楼司、羊楼洞[①]爆炸铁路，时间是在长沙会战前。那地方被日本人占领了，是游击区，上级要我们去打游击搞爆破，破坏敌人的交通运输。我那时刚从军校毕业，在部队任见习排副，什么都不懂，就是去学习的。爆破时，我是跟一群老兵去的，我们把炸药绑在铁轨、电线杆上，爆炸后就回来了。

后来，我跟着大部队参加三次长沙会战。我们工兵不直接战斗，主要做后勤。正面交火那是步兵，筑工事也是步兵，他们搞永久工事的话，我们就负责检查，检查他们做得怎么样。工兵连的任务是架桥、爆破，平时就警卫师部，虽然我们兵不多，但是任务很重。第二次长沙会战时，我们从湖北增援湖南，到了地方日本人就跑了，没赶上。

随第 8 军参加松山战役

1941 年，我被调到师部当参谋，第二年到第 82 师步兵团当副营长，师长是王伯勋，他对人比较真诚的。我们那个步兵团改编没多久，战斗力比较弱。部队番号就变了几次，先是第 92 军，后来到了湖北就改成了第 79 军，以后又改成第 8 军，军长何绍周。番号变了，人没变，还是原班人马。

1942 年，我随第 8 军到了贵州，第二年又到了云南。开始是在滇南文山那一带，后来调到保山接受几个月的训练。

① 陈念良在其他相关文章中把羊楼洞音译为“杨柳洞”。羊楼洞位于湘鄂交界之要冲，现属湖北省赤壁市。

我们团里面有两三个美国顾问负责教学，工兵营也有几个。那时候武器换发了美械，服装什么的还是中国的。我们这个军是第20集团军里面的预备队，任务是守卫怒江。

攻打松山的时候，第71军攻不下来，就由第8军接替。松山在龙陵和芒市中间，日本人占据着那里，如果不攻下来的话，部队通不过去。当时军委会下了死命令，一定要攻下来，不然师长、团长都要负责，说得不好听就是要枪毙。

松山大爆破的时候，除了我们团作为预备队，其他都攻上去了。大爆破是重点，日军在那里构筑了两年的工事。那个碉堡是分三层的，第一层是作战的战壕，第二层睡觉，第三层是装吃的东西，如罐头等。日本人打算长期驻守的，怎么打都不出来。飞机炸不到，大炮也打不到，人更不用说。我们一上去就阵亡，死的人很多。后来没办法就用炸药来炸，挖地道来炸，然后剩下来的日军用喷火器一喷就跑出来被打死了，几千日军就跑出去十来个人。

缴获34匹驮马的战利品

大爆破后，碉堡陆续被攻下来，日本人的士气也受了影响，没有那么顽固了。我们部队也跟着调上前线，江不守了，因为周围都是我们的人了。我们没有正面打，而是包抄他们的后面。日本人只顾着前面，我们跑去占领阵地时根本没有人。我们在那守了两天，等大部队来了以后，就回去了。回去的时候，正好碰上日本人拉着辎重撤退，一打日本人就跑了，行李辎重、武器都给我们缴获了，有34匹驮马的步枪、行李，都是贵重物品。我们在整理好战利品后，第5军才从正面追击敌人上来。

抗战胜利后，我们坐飞机回昆明。我们作为战备部队，没有参加受降。立功的军官升一级，其他人就不一定了，没有那么多编制，要扩充才能升级的。到昆明后，我被调到第8军部工兵营当上校副营长，工兵营直接隶属于军部，军长是李弥。松山其实是李弥打下来的，他战斗意志很强，打下松山后就升任军长，原来的军长何绍周任昆明城防司令。

我们是中国远征军的“挑夫”

采访者：徐丽飞、陈何毅

整理者：罗春林

采访时间：2012 年 10 月 15 日

采访地点：湖南省衡阳市

讲述者简介：严海清，1921 年出生，湖南衡阳人。1940 年 6 月，考入黄埔军校武冈第二分校第十八期第七总队第一大队第一中队。1942 年年底，被分配到中国远征军司令长官部直属第 15 运输团第 8 连任中尉排长。抗战胜利后，在畹町后勤司令部监护第 5 大队第 25 中队任中队长。解放战争时，参加湖南的和平起义，后被分配到衡阳市公交公司工作。

采访手记：严海清是湖南衡阳人，讲话带着浓重的当地口音。虽然我们的采访人员中也有正宗的湘妹子，但依然听得很吃力。即便如此，老人依然怀着无比的耐心和热情讲述着他在军校和参加中国远征军的往事。

老人在中国远征军中担任的是运输团排长的工作。让我们印象最深刻的是，老人讲述的他们在楚雄的经历，因为当地少数民族居多，语言不通，刚开始部队连茶水都喝不到。后来，通过努力学习，他们掌握当地语言，与当地民众有了良好的沟通。而我们这次进行的采访谈话，也是由于语言不通的原因导致交流障碍，幸亏老人的儿子帮我们承担翻译沟通工作。

在常德、长沙的两次考试

1940年，正值多事之秋，日本人早就占领了东三省，并且已经打到武汉来了。他们侵略中国，在中国的土地上烧杀抢掠，无恶不作。在国家有难之际，有志青年们纷纷参加到抗日救国之中，很多人参军去了。当时我已经19岁，有志于此，我便去投考黄埔军校。

黄埔军校的考试一共分两场进行。第一场是在湖南常德的七里桥考的，考试的内容很多，有语文、英语、数理化，还有历史、地理等，一共有8门。考试过程也很严格，一个考室里有4个老师分布在四个角落里监督考试。第一场考试过后，我们在常德等了20多天，结果我通过考试。和我一样通过的考生欢欣雀跃，落榜的人有的还哭哭啼啼的。

第一场考试过后，我们面临第二场的复试。复试是在长沙进行的，内容虽没有第一次那么多，但包括身体检查。我的复试也通过了，正式入学。通过全部考试的人被称为入伍生，大家在以前清华大学在长沙待过的地方集合①，准备去到军校。整个入伍生被编为一个入伍生团，团长是谢声溢，共有3个总队，一个队1500多人，总共四五千人。

我们第十八期只有步科

学校设在湖南武冈，被称为黄埔军校第二分校，我属于黄埔军校第十八期第七总队第一大队第一中队。入校的前8个月属于入伍生阶段。在这一阶段，我们主要学习科学和军事两类课程，科学包括有历史、地理、英语等，军事教育则更为详尽，不过主要还是依照《步兵操典》来进行的。

8个月的入伍生毕业之后，我们便直接进入到黄埔军校第二分校学习，地点是在武冈的法相岩。在那里，我学习了两年多，加上之前的入伍生8个月，一共是3年多。武冈第二分校是黄埔军校的分校，所以校长还是蒋介石，毕业的时候，他来武冈参加我们的毕业典礼。分校主任为李明灏，副主任是张太祥（音）②，两人都是保定军校毕业的。

我们第十八期只有步科，但是在步科之下还分有迫击炮科、重机枪科、防毒科、筑城科、游击科等，我在重机枪科。不过，像测量、防毒、筑城、迫击炮等其他科目，我们

---

① 1937年抗日战争全面爆发后，清华大学南迁长沙，与北京大学、南开大学联合组建长沙临时大学筹备委员会，其中清华师生人数占近一半，并在岳麓山建立两个研究所。后经过清华校方与美国教会协商，筹委会获准在韭菜园圣经学校设立办公场所。

② 应为周磐。周磐（1893—1952），湖南邵阳人，先后毕业于保定陆军军官学校第三期骑兵科、陆军大学特别班第一期。1937年秋，任黄埔军校第二分校第十四期学生总队总队长兼教育处处长。1939年冬起，历任黄埔军校第二分校副主任、代主任。

还是要学的。

吃的是糙米饭，书籍有两米多高

军校的生活平静而艰苦。我们到了军校以后，身上穿的还是短衣短裤，因为国家那时候比较穷，又值抗战，发的东西非常有限。不过睡的还好，有钢丝床、毛毯和蚊帐。吃饭是 8 个人为一桌，大家都蹲在地上吃，每个人一盒饭，吃的是糙米饭，菜就只有青菜和萝卜。每个礼拜可以打一次牙祭，这个时候才有肉吃。不过，在学校里吃饭管饱，因为每个人一天有一斤米的定额。一些日常用品，还有穿的衣服等，都是学校里发的。军装的衬衣和外衣只有一套，只是在毕业的时候穿。平常在军校里上课、出操，穿的都是粗布衣服，这样的衣服有两套，以供换洗。衣服的领子上会别上一个蓝底白字的领章，上面写着“军校学生”4 个字。

除了吃饭，其余时间都在上课。课余的时候，我们会看报纸，了解时局变化，还会和同学们谈论当时的战况。课余也有一些娱乐活动，比如礼拜天，可以唱歌、游泳、做游戏等。

当时在军校学习的课程很多，书籍堆起来有两米多高。教课的老师级别很高，都是将一级的官员，中校的一个都没有。他们都是中国人，不过有在日本留学过的老师，因为要由他们负责教授我们日文。当时我们是要学习外语的，包括英文、日文和俄文 3 种语言，尤其是日本话，因为抗战的缘故，全国都要学讲日本话，日文不好对我们来说是不行的。

中国远征军的“挑夫”

黄埔军校毕业以后，我直接去到云南的中国远征军司令长官部，被分配至直属第15运输团第8连任中尉排长，隶属于第20集团军，军长是霍揆彰，他也是湖南人。部队驻扎在云南孟勇①，我们团负责的是粮食和弹药补充工作。

刚到孟勇的时候，便遭遇到了语言问题。因为孟勇当地住着很多的少数民族，我们和他们语言不通，互相之间都听不懂，结果造成我们一旦离开军营就连茶都喝不到。无奈之下，我们只好花了几个月时间学习当地的语言。慢慢地，我们之间一般的对话才可以进行了。军营的生活很艰苦，吃的只是白菜萝卜，但每天的工作还得做。

我们团一共有9个连，每天做的事就是物资分配。具体说就是把粮食和弹药运送到前方去，从部队驻守的孟勇运送到前方的耿马，耿马已经处于中缅边界了。运送的粮食主要是大米、面粉，弹药则包括迫击炮弹和子弹，有50迫击炮弹和80迫击炮弹，子弹有重机枪子弹和步枪子弹。

从孟勇到耿马，中途每30公里算作一站。我们完全是靠人力肩挑背扛走山路，一站一站地往前走，每走完一趟得花上两天时间。云南那地方全是山，从孟勇到耿马一路上全是原始森林，刚开始的时候连路都没有，得靠工兵连的人开辟出一条路来。

---

① 应为楚雄。1943年春，蒋介石下令在云南楚雄成立中国远征军司令长官部，由陈诚任司令长官。之后，陈诚调霍揆彰任第20集团军总司令，进驻弥渡县。1943年11月，卫立煌接任司令长官后，将位于楚雄的司令长官部迁往保山。

需要应付的困难

由于处在战争时期，我们在运输的路上时常会遇到日本兵的骚扰，经常会有战斗发生。因为我们进行粮食和弹药的运输，日本人是知道的，而且他们也很缺乏给养，所以会来抢粮食和武器，故而我们都是带着武器进行押运。我是排长，佩戴的是手枪。我不需要背运粮食，但是得指挥整个排跟着大队一起走。由于敌人在暗处，我们在明处，所以时时得注意小心，随时应付突发的情况。

我们需要应付的不止是日本人的骚扰，还有一路上的毒虫野兽。我们一路上走的都是小路，需要翻山越岭，穿过原始森林。森林里有着各种各样的毒虫猛兽，防不胜防。一路上有旱蚂蝗，好像能飞到人身上来咬你似的。还有疟蚊，人被疟蚊咬了之后很容易就打摆子，也就是得疟疾。一旦得了疟疾，发病后很麻烦的。听说一般是打了 3 次摆子，人就会死，很难医治好。丛林里还有野兽，有很多的猴子在树上跳来跳去，还有野猪、豹子、老虎等在树林里游荡。它们数量多得很，有时候还会攻击人。我们在路上就曾经打死过老虎，还把它的肉吃了，当打牙祭。

云南的天气也是我们严加关注的。云南长时间处在雨季之中。雨季时，有时候突然就下雨，然后接着就是晴天，然后又是下雨，接下来天又放晴了，一天之内变换数次。一下雨，路面就湿了，然后天晴，路就干了。遇到下雨时，我们就暂停运输，或是中途休息，等到天一放晴，又马上启程。艰苦的生活，艰巨的运输任务，加上战争的危险以及恶劣的自然环境，导致很多士兵中途逃走了。但我们还是坚持下来了。

一年多以后，我们部队调到了保山，休整了3个月，然后又被调到了芒市。在芒市，我们被编入到第11集团军第8军。部队的任务还是运输给养，线路是从芒市到遮放，持续5个月。不过这时候条件好多了，因为是在滇缅公路上进行运输，我们有了美国人的汽车。从芒市到遮放，距离并不算远，25公里多的路程，一天就可以跑一个来回。

迎接湖南和我的新生

抗战胜利后，我们的队伍进行了改编，原来的部队撤销了。我和另外一个战友被编到后勤总司令部监护团第5大队第25中队，由我担任中队长，驻守畹町，在当地的粮食仓库里进行监护工作。一年多以后，队伍又被撤销，我到昆明的警备司令部后，被分配在保山第1中队第10连任上尉连长，驻守思茅、普洱，负责接兵任务。

当时国共内战已起，我感觉人命就像黄纸似的，随时会死得没有一点价值。我对时局很失望，所以接兵任务完成以后，便离开部队，请假回到了保山我的丈人家中。直到1948年，我接到命令，要去南京报到。

在去往南京途径湖南长沙的时候，我一个在长沙的侄儿劝我留下。他对我说，国民党已经没有希望了，不如留下来参加湖南的和平起义。考虑到蒋介石政权不得人心，贪污腐败严重，军队里也是贪腐横行，可以说是无官不贪。吃缺捞空饷的比比皆是，闹的是民不聊生。于是，我便留在湖南，参加程潜和陈明仁率领的湖南和平起义，迎接湖南和我的新生。

我在龙陵看油管

采访者：徐丽飞、刘小翠

整理者：于广、吴峥嵘

采访时间：2012 年 11 月 14 日

采访地点：江苏省南京市

讲述者简介：程绍颐，1921 年 8 月出生，安徽潜山人。1942 年，毕业于黄埔军校第七分校第十七期步科，后又进入机械化科深造。1943 年年底毕业后，被分配到昆明第 5 军司令部担任汽车队中尉排长。1944 年，参加中国远征军，在龙陵第 9 支部任参谋。1949 年，在四川双流起义，后被分配到南京某中学任教，直至退休。

采访手记：采访程绍颐那天，正是中国共产党第十八次全国代表大会召开期间。来到老人家时，老人给我们开门后，马上又坐在电视机旁，转过头来跟我们说了句："我们先看看电视，待会儿再聊。"

几分钟后，老人终究觉得有怠慢我们的嫌疑，将电视声音调小，转头讲述起自己的故事。聊起日军的侵略暴行后，老人忘了电视的事，满是愤慨地说起日军的各种恶行。对于老人来讲，这种仇恨是铭记一生、无法忘却的。

在老家做救亡工作

原来安徽的省会是安庆，我在安庆读中学。抗战全面爆发后，安庆让鬼子占领了，立煌①变成了当时安徽的省会，就是现在的金寨。为什么叫立煌呢？因为卫立煌是国民党的军官，国民党打共产党的时候，是他把这个地方打下来的，所以就用他的名字命名了。日本鬼子打过来后，学校就撤退，我没地方读书就回家了。我家在大别山南麓，是务农的，可我不愿意在家里种田。我就往后方去，可平汉线（北平到汉口）给鬼子占了，我就又回来了。

当时全国有个民众总动员委员会②，地下党领导的，负责人是周新民③，目的是团结大家一起抗日打鬼子。县里也成立民众动员委员会，我就在那里当秘书，做救亡工作。我们没有补贴津贴，只管饭吃，穿草鞋，穿简单的衣服。我还参加救亡工作团第32团的救亡活动，在棋盘乡工作一个多

---

① 立煌县，因著名将领卫立煌而得名，即今金寨县所在。1932年10月，国民政府在原属六安县的金家寨设立煌县。抗日战争时期，这里是国民党鄂豫皖大后方，并在1938年6月27日至1945年11月是安徽省临时省会驻地。

② 1937年，李宗仁为第五战区司令长官兼安徽省主席。翌年2月，他到当时的省会六安就任，组建了“第五战区民众总动员委员会”，后改为“安徽省抗日民众总动员委员会”，主任委员由李宗仁兼任，朱蕴山、周新民等负责具体工作。

③ 周新民（1897—1979），原名周骏，安徽庐江人。1926年，加入中国共产党。1938年，遵照董必武的指示回到安徽，在第五战区民众总动员委员会工作，并任安徽省总动员委员会组织部副部长兼总干事。

月，领导动员群众抗日支援前线，反攻安庆。

反攻安庆要经过一座山，需要偷袭安庆前面鬼子占领的一个据点。我参加了这次战斗，是作为政工人员参加的，政工组长是个女同志。那天傍晚，大家在潜山县的河滩上集中，说晚上要夜行军，一个跟一个，不准打电筒，不准有点光。后来鬼子逃到安庆城里去了，我们算是胜利了。

崎岖的入学路

后来，我看到军校招生的广告贴出来了，上面说一经录取，一切费用由国家承担，还有毕业后就是少尉，我就去考试了。在县里初试考语文、政治、外语、数理化，比较简单的。在省里复试时，还是考语文、政治、数理化、英语，比县里深一点。我们有好几个人去考，就我一个人被录取了。后来弄黄埔同学录时，看到好多安徽的。

军校的主任是胡宗南，他的个子比蒋介石矮，副主任是周嘉彬，还有一个副主任叫罗历戎。周嘉彬是张治中的女婿，新疆和平解放的时候，他是立了功的，这些人现在都不在了。当时考军校都是要17岁以上的，还要求身体健康，要检查身高、体重、视力，视力要好一点，没有抽血这些项目。我们没有分正取生、备取生，我去的时候就被分到步科第九总队第一大队第一中队。军校除了步科还有炮科、工科，我有个好朋友考到炮科。

后来，西安那边让我们从安徽立煌走过去，通过河南，一天走个四五十公里，走到一个镇上就歇息。有的人脚都起泡了，晚上用水泡过后还得走。路上遇到人问还有多久到镇上或村里，他们就说“一泡”，后来我们才知道是一泡尿的功夫，就是快到了的意思。

就这么走着，有天差点被飞机炸死。那是我们从洛阳过潼关坐火车的时候，在火车站附近有一个洞，洞的外面有个门，门上有个链子，我们大概有11个人在洞里面。突然，鬼子有飞机来炸中正桥，还有火车站。结果炸弹炸起来的风把这门“咣当”关上了，里面有好几个人哭了。哎呀！我脑子里闪过一念，不会死在这个地方吧？结果一睁眼，人都还在。

刚上了到渭南的火车，鬼子飞机又来了。我们就赶快下来，它扫射的时候我们就趴到火车底下。那时的火车是铁皮的，门一关起来，都快闷死了，最后洗澡时，身上都长虱子了。在潼关这个地方，对面就是鬼子占领的地方，所以我们偷偷地一个一个手牵着手过去的，要是让鬼子知道了，马上就打过来了。

在军校里，我养成吃饭快的习惯

在步科的时候，一天的生活就是吹哨子起床，吹哨子吃饭，“起立！开动！”这样的，所以我养成吃饭快的习惯。晚上睡觉有查房的，不能晚睡，也不能夜不归宿，否则要关禁闭的。天一亮就吹哨子起床，然后跑步，跑完后吃早饭，然后上课，上午上课，下午出操，晚上在一起唱唱歌、拉拉歌，生活单调。我们星期天可以进城，去理个发，吃个羊肉泡馍，那时候没什么钱。

到军校后就发衣服，都是布的，袜子也是布的。在军校用的枪是汉阳造，都是三八盖子的，老把势。学习的时候没有好枪给你用，好枪都拿到前线打鬼子去了。那时候营养也不够，我们经常吃小米，很少吃白面馒头，只有你生病了才会给你发一点大米。

学科主要学政治，有“总理遗教”，教政治的老师也是黄埔军校毕业的。除了政治，还学军事，如怎么操练、怎么进攻、怎么防守。训练是一个队一个队训练的，就是出操跑步、走正步、高低杠、跳马、打枪，趴着打，站着打，跪着打，卧着打。还有军事演习、对抗演习，搞对抗演习，是战术的，谈不上战略。没有学外语，学步科的时候没有，后来分科深造有专学俄语的，阿拉伯语、英语的比较少。

我的队长和同学，现在没见到一个

我们队长叫李甚严，毕业于黄埔军校，原来在部队当师长，我们说他是半部《步兵操典》起家。我们队有 100 多人，现在没见到一个。有一次，我看报纸看到区队长李长春，他也是黄埔军校毕业的，报纸上说他被抓起来了，说他是特务。他是不是特务呢？这个搞不清楚。

我两个最好的同学，一个叫张一新，是绥远的，绥远后来划入察哈尔省，现在没有这个省了，我生病的时候他喂饭给我吃；另外一个刘伯森，他叫我哥哥，我叫他弟弟，后来去了沂蒙山第 74 军张灵甫的部队。我到武汉住在阅海路 13 号，他来看过我。后来我给他写了很多信，寄了包裹，他都没收到，在报纸上登寻人启事也没找到。现在这两个人不知道生死，我们都 92 岁了。

“军善字 122 号”

我们当时凡是军校学生自然就加入国民党，是在毕业的时候集体加入的。有一天，学校通知我们到王曲的第七分校校本部照相，4 个人坐一排，就成了国民党员，我的国民党党员证是“军善字 122 号”。

我们毕业的时候，蒋介石来了，宋美龄也来了。蒋介石还讲话，他讲一口浙江话，我们听不懂。当时已经是秋天了，我们在大操场上站着，还是穿着单衣服。毕业的时候，毕业证书、毕业佩剑、武装带这些都有，但没有同学录。后来我的这些东西都丢了，因为我用一个小皮箱装着这些，结果有一次坐车颠簸，都不知道掉到哪里去了。

到机械化大队深造

我是 1942 年 7 月从步科毕业，本来要分到部队的，但学校挑选一些文化基础较好又年轻的，继续深造，我就在西安又多待一年半。虽然当时我初中还差一个学期没毕业，但我一直自学，所以后来军校有外国教官，我好多都能听懂，还能回答问题，《一千零一夜》我都能背。考试的时候，分英语、俄语、阿拉伯语，还有特别炮兵和机械化这些科，我就用英语写的“打倒日本帝国主义”，教官很欣赏。不过还是要补习数理化，要不然汽车这些原理搞不懂。当时汽车是苏联的，坦克是意大利的，有 3 吨重、9 吨重两种，我都实习过，但是没有上战场。

我选择并考取了机械化科，学大炮、坦克，所以我现在写简历又是步科又是机械化科。这个机械化科是史均瑶①搞的，还有戴安澜，他的儿子现在还经常跟我们一起开会。在机械化科，我们主要学汽车构造、汽车驾驶、汽车原理这些科目。一开始我们也不会，由老师带着学发动机、油路、电路这些知识，所以我现在会开车。后来我到南京认识我老伴

① 应为徐庭瑶。

的时候，她住在宁海路 13 号，她有个家人在清凉山当连长，专门调一辆车过来给我开。我成天带着她、她妹妹和她父亲到处去玩，到玄武湖、鸡鸣寺玩。

在机械化大队的时候，我们衣服是军校统一发的，都是绿色的。衣服口袋一开始是两个，后来是 4 个。上课的内容有时会用到英语、俄语，比如讲到炮，就是俄语，有关英语一般都是汽车方面的。我们学机械化的时候才有外语教官，在步科的时候没有，教材也都是英语，有翻译，我们自己也能听懂一些。有个人叫苏必特，他是教英语的；还有个马志军，在机械化大队的时候是队副兼任我的外语教官。

坐飞机去第 5 军报到

1943 年年底毕业后，我被分配到昆明第 5 军杜聿明的部队。第 5 军在重庆有个办事处，我一开始住在重庆第 5 军办事处。办事处主任有个女儿生了个小孩，她的妈妈有些小衣服、小帽子之类的让我给带过去。她老公就是汽车队的，让我坐飞机去昆明，我说我怎么够资格坐飞机呢？我刚毕业最多按中尉分配，他就给我写了上尉连长。这样我就够资格买飞机票，坐飞机两三个小时就到昆明。飞机上都是外国人，只有两三个中国人。同去的一个同学不肯坐飞机，他说他要游山玩水，结果遇到翻车死了。

我到第 5 军司令部担任汽车队中尉排长，主要是运输物资，待了不到一年。记得有一次，我还开车跑到曲靖。在曲靖到昆明有辆小火车，小火车烧木炭的。龙云是云南王，他用的铁轨是法国的，跟普通的不一样。蒋介石怕他搞独立，就派了杜聿明去监视他。后来蒋介石又把龙云弄到南京去监视，最后龙云还是跑了。

在龙陵看油管

卫立煌当司令长官的时候，我就跑到中国远征军去了。卫立煌是我们老乡，当时大家就说去他那边，好多安徽人都去了，我也跟着去了，第5军还说要通缉我。在保山的时候，我在那里负责收粮记账。那时很多老百姓送粮送东西，有的拿车子推，有的用骡马送，有的用肩挑。后来我到了龙陵，因为我有个同学在第九支部，他爷爷在第九支部做支部领导，我就去那里当参谋。

那时候美国人铺了中印油管，把油从印度和缅甸输送到昆明。100多里的地方有个加压点，有时候吐油、漏油，不得了的，油山火海。所以我们负责在那里看管，哪一段油管漏油了，就马上关闸。我在龙陵的几个月主要是看油管。

差点接受军事审判

日本鬼子投降那天，大家特别高兴，像热水开锅了一样，中国兵、美国兵都鸣枪，老百姓高兴得不得了。我们在龙陵负责接收，其实也没有多少东西可接收的。后来，我们回到昆明的时候，沿途看到鬼子老实得很。鬼子穿着黄军装，没领章，我们的车子抛锚了，喊他推车子，他就乖乖地推车子。

有一次，我带5辆汽车从芷江送青年军到长沙，我坐最后一辆。前面的司机和副驾驶员一起做坏事，带黄鱼，就是搭客收钱。后来我们从长沙回芷江的时候，我拿枪对着山开了一枪，那时就感觉是不祥之兆。后来路上有一辆车翻到山底下了，开始也不知道死了几个人，把车翻过来才发现死了

3个人，当时就地土葬了。我还从小镇上找人来照相，因为当时我们没相机的。有个广东人，他说这个车现在修不了，我们把重要的零件像引擎、电机、轮胎这些卸下来带回去。

当时，我们团的团长和副团长不和，闹矛盾，而我是团长的学生，所以副团长就借这个机会找别扭，说我损坏公物。团长没办法就把我关禁闭一个月，还要接受军事审判。我的营长姓钱，人很好，他同情我，来看我，后来我没见过他了。最后，我就把照片、写的材料拿出来，他们叫我回家，我说不回去，好马不吃回头草。有一天，我去街上理个发，吃点东西，碰到了熟人，他说："怕什么！走，回南京！"之后，我跟着团长到了南京，成立短期训练班。

最后一次"总理纪念周"

在南京的时候，政治部说短期训练班要裁撤，成立教官训练班。我就去了联勤总署①，负责军事补给方面的，待了不到一年的时间，就到武汉成立了运输学校。在武汉，我结婚成家了，又跟着运输学校一直到四川的双流。

解放战争时期，我们到遵义，解放军第二野战部队打来了，从湖南追过来了。我们在桐梓，就是靠遵义那个地方，做最后一次"总理纪念周"，以前我们每周一都做的。校长叫黄振，后来有个大使也叫黄振，但是不可能是他。他很伤感地说："今天，我们是最后一次总理纪念周了。"

那时，人心惶惶，东西卖得便宜，猪肉一毛钱一斤，稻子一块钱一担，相当于七八十斤稻米，便宜得很。

---

① 1946年6月，国民政府在军政部基础上成立联勤总部，全名为"联合后方勤务总司令部"，后于1948年8月撤销。

在双流起义，在南京教书育人

1949 年，我们在双流起义，我就被分配到西南军区总医院当文化教员，搞政治宣传工作、协助演话剧等。我没回安徽是因为很早失去联系，而且当时我岳父在南京是检察院检察长，地位很高，他的房子比较宽敞，他叫我到他那里去，我就去南京了。本来我准备去抗美援朝，但当时肺部有点不太好，就没去。

后来，我被分配到南京市第三女子中学当语文老师。第三女子中学在“文化大革命”时期变化很大，男娃儿也进来读书，那时不叫第三女子中学，叫井冈山中学，现在是南京市第三高级中学①。第三女子中学很大，把第六中学、第二十二中学也合并到里面了，现在我的关系就在南京市第三高级中学。

---

① 程绍颐所述有误，南京市第三高级中学是由南京市第三中学、南京市第六中学、南京市第六十七中学和南京市第二十二中学合并而来，并未包括南京市第三女子中学。南京市第三女子中学前身为 1902 年改名的汇文女学（全称是“汇文女子中学”），始建于 1887 年。1945 年抗战胜利后，汇文女学复校，后更名为南京市第三女子中学。1968 年，随校前中山路更名为人民路而改名为南京市人民中学，同时变女校为男女生兼收，南京市人民中学校名沿用至今。

我们为松山阵地运输物资

采访者：徐丽飞、罗春林、黄旭珍

整理者：黄旭珍、徐丽飞

采访时间：2012 年 8 月 23 日

采访地点：广东省潮州市

讲述者简介：丁友基，广东潮州人。1943 年，毕业于黄埔军校第七分校第十八期辎重兵科。毕业后，为中国远征军第 2 军汽车第 5 团第 10 连服务，在滇西战场负责运输伤兵、弹药等。曾参加松山、龙陵、芒市、畹町等战役。在云南起义后，调到南京汽车教导团教驾驶。

采访手记：对丁友基的采访可谓一波三折。老人是潮汕人，因为担心语言交流的障碍，我们请一位当地的学生帮忙联系，老人答应我们的采访。等我们来到潮州后再联系老人，他却拒绝采访。一筹莫展的我们只好联系老人的儿子以及广东黄埔军校同学会，希望借助于他们的力量来劝说老人接受我们的采访。翌日清晨，我们接到电话说老人同意采访了，令我们喜出望外。

出现在我们面前的丁友基非常和善，在采访的过程中一直带着微笑，这出乎我们意料。老人思维清楚，口齿清晰，虽然是潮汕人，但会讲普通话。老人绘声绘色地告诉我们，作为后勤部队的辎重兵汽车团也会遇到危险，在出发前必须全副武装，但他携带的手枪的主要功能并非防范敌人，而是用做指挥用的。

考军校要找担保人

报考军校前，我在战时教师服务团工作，每个月工资16块，生活比较困难。1939年，我在报纸上看到黄埔军校招生，就报名了。包括韶关、衡阳、桂林、成都各地的，报考的人数有1500多人。考试内容包括语文、数学、常识，数学包括几何和代数。考上后才知是去第七分校。我本来考的是第十七期，但去到学校时第十七期已经有了，第十八期还没成立，就改到了第十八期。我时常会想，假如不读第十八期，我们不会参加中国远征军，不会参加傅作义60多万人的北平起义。人的命运不是自己掌握的。

军校考试通过后，还需要担保人。担保人如果是文官，则需厅长级别，武官则需将军级别。找担保人可不是件容易的事。我先找了教育厅厅长，他直接拒绝我，他说："担保人不是开玩笑的，做你们军校学生的担保人更困难，要担保你一辈子平安。更何况有的人去那读书，投奔延安加入共产党了。那担保人要如何是好？所以，你若有差错，我的责任就太大了。做担保人，一定要知道底细才行，我又不认识你，做不了担保人。"

我很着急，考上军校却找不到担保人，怎么办呢？所幸，后来通过父亲的关系，找到在第12集团军里面一个当参谋长的姓丁的亲人。我去拜见他，他看到我也姓丁，又有这个本事和胆量要去救国家，特别高兴，拉着我在招待所讲了一个钟头的话，并宽慰我，要给我做担保。在离开的时候，他还给我路费，我不敢拿，但他坚持给我，以备路途所需。

就读第七分校辎重兵科

我们入伍是在甘肃天水，走了7个月时间，才到那里。一年后，我到西安王曲读辎重兵科，学习了3年。入伍一年加上分科学习3年，总共在军校4年的时间。

在甘肃天水入伍一年的时间里，主要是出操、跑步，学步兵作战，上步兵课。入伍结束后分科，分科时要考试，考普通的科目，测试自己适合哪一科。比如数学好的，就去学习炮科，次一点的学习工科，再次点的学习通讯科、辎重科、骑科，步科主要要求体力好。我被分配在辎重科，学习用什么口令、动作，怎么驾驶马车、骡车，学习马术，学习开汽车。我们队里面有教练车，一队至少有5辆。除此之外，我们还要学习扁挑，步兵的运输主要靠我们辎重队。

第七分校主任是“西北王”胡宗南，他是黄埔军校第一期的，蒋介石的老乡。当时，共产党在延安，他就在西安，挨得很近。西北的部队都是胡宗南第18集团军的兵。后来解放战争快要结束的时候，他的部队通通跑到四川，后来又到了台湾。

读书也是提心吊胆的

在第七分校，经常有同学投奔到延安。我们在那很谨慎，平时很少跟陌生人说话。如果跟不熟悉的人说话，我们不清楚对方的思想如何，假如对方跑了，我也可能会受牵连。为了安全起见，在那主要跟同乡和自己人讲话。同学之间请吃饭，请吃点心更是不敢去。所以，在那边读书也是提心吊胆的，这也是找担保人困难的原因。如果担保的学生去投靠延安的话，担保人一家人的性命就不保了。

军校的伙食很艰苦，一个人一个馒头，早餐是一顿面条。快毕业时，每个人给了一盆面条，那种自己做的一片一片的面条。当时，我们吃一盆还觉得不饱，现在一碗面条都吃不下了。军校为了训练学生，规定只有跳木马、拉杆子技术比较好的学生才能吃热馒头，其他人只能吃冷馒头。为了吃上热馒头，在别人晚上睡觉的时候，我们还要花上两个小时来练习跳木马、拉杆子。

军校衣服由学校统一发，每季两套。夏天的内衣内裤也是两套，外面的衣服也是两套。棉衣就只有一套了，坏了再去换。天冷的时候，穿棉衣棉裤、棉大衣、棉背心。军装颜色有灰的，也有黄的，上面有圆领章，瓷烧的，不生锈，底是白的，字是蓝色的，印在两个领口上，左边写“军校”，右边写“学生”，领章若不小心摔在地上会摔坏。

周末放假出去逛街，要先整理内务。被子要叠得整整齐齐，衣服要穿得笔直，检查过关了，才可以放假。不过关则不能放假，要留下来整理内务。所以，每星期要放假的时候，整理内务是第一重要的。

毕业时，蒋介石来学校检查、阅兵。阅兵式跟我们平常看电视一样，他来检查仪仗队，我们立正在那让他检查，毕业军装穿得整整齐齐，像出去当官一样。毕业的时候，我们发了一把中正剑，上面一边写中央军官学校第几期，一边写名字，下面的刀上写“成功成仁”。同学录在毕业后才有。

大家在军校集体加入了国民党，填表、照相。我们到部队报到的时候，首先检查有没有党证。没有党证就不能吃饭，没有党证也当不了干部。毕业后，去到部队要当干部的话，尤其是要当到连长，不是黄埔军校的学生就别想。黄埔军校的学生是敢死的，不怕牺牲的。

加入汽车第5团，为中国远征军服务

1943年从军校毕业后，我和同学20多人被分配到辎重兵汽车第5团，部队驻守在曲靖，后搬到了昆明。那时候全国只有5个辎重汽车团[①]，第1团在柳州，第2团在河南，第3团在四川，第4团在兰州，我们第5团在昆明，直接由中央军事委员会指挥。其他如炮兵团、工兵团、通讯兵团都是直属中央的。我们团的汽车是最好的，“万国牌”，现在进口叫“GMC”。第5团团长叫钱立[②]，副团长叫刘拂，两人都是黄埔军校第六期毕业的。

我们到曲靖的第5团报到时，中国远征军已经组织好

---

① 根据周子兴在《我在国民党陆军辎重兵汽车第二团》的回忆，抗日战争时期，辎重兵汽车团有6个，直属国民党军政部指挥，担负着全国各个战区和战地的军事运输通讯任务。

② 钱立（1907—1956），浙江嵊县人，毕业于保定军校第六期工科。曾任第88师排长、连长等。1938年，出任汽车兵团教育营营长。1939年，任辎重兵汽车第5团上校副团长。1940年，任运输总司令部川滇线区司令。1941年，任汽车第5团团长。1944年，任联合勤务总司令部运输署供应司司长。

了，由美国、英国、中国联合组成。到了后，我们要学各种兵科的业务，步、骑、工、通讯、辎重，还有化学。我们也成立了一个汽车训练班，跟随美国人学开汽车，曲靖的军营门口的操场就是驾驶场。他们教，翻译在旁翻译，一个组一个教练，两个人一部车，学了 3 个月。毕业考试的时候，我们从曲靖开车到重庆，然后开回来。

毕业后，汽车第 5 团搬到昆明，有 30 多万人的部队在昆明周围集训。我们在那学习团的规矩、制度，学习 3 个月，之后被分配到部队。我到汽车第 5 团第 10 连当了两年排副，即副排长，为第 2 军服务。特种兵科包括炮兵、工兵、通讯等，一个排有一名排长、两名副排长，步兵就不一样，一个排就一名排长。我们第 5 团有 4 个营：第 1 营，3 个连；第 2 营，3 个连；第 3 营，也是 3 个连；第 4 营第 10 连是我们服务连，第 11 连是教导连，负责训练士兵、班长等，没有第 12 连。

第 4 营在祥云的云南驿飞机场服务了半年，空军是美国人，即有名的飞虎队。我们在这运输从印度运过来的汽油、弹药等，将这些物资运进仓库，再分发到部队。后来又运兵，将部队从昆明运送到保山。我们的团部就在凤仪市。当时第 11 集团军驻在大理，第 20 集团军驻在弥渡。祥云过去就是弥渡，弥渡这个名字像《西游记》里面的名字，那里也有个蜘蛛精洗澡的池。部队总共有 30 多万人，集中在滇缅路附近。

松山、龙陵、芒市、畹町等战役，我们都去了

进攻松山时，久攻不下，牺牲的人很多。后来，工兵挖地道通到山上去爆破才胜利，还是我们的工兵技能大。我们

每天在马路上运弹药、运伤兵，伤兵都是运到用帐篷做的野战军医院。

大概下午4点钟，我们取得松山战役的胜利。这时，龙陵需要弹药，不过天已黑了，运输不方便，我就跟美国参谋商量，能不能天亮再走。美国参谋马上拔出手枪，命令我马上出发，否则要干掉我。我们的参谋也在那里，劝我不要与美国参谋发生争执。于是，我带了20多辆车，开到日本鬼子原来的松山阵地。车子在那边休息，大家肚子都饿了，也没有食物，自己带的几个干粮、面包，早吃完了，就把阵地上刚刚死掉的还没臭的马拿来烧烤吃。

我们随时做好打仗的准备，比如我当排副时，就时刻挂着冲锋枪，随时准备打仗。我们不仅会打，还要会指挥。我们带驾驶兵到前线去，出发时都是全副武装，扎皮带，绑腿，身上带手枪，还要带冲锋枪。我们不是空手去的，空手遇到敌人怎么办？我们带手枪的目的不是打人，而是拿来作指挥。比如你要他卧倒，扑下去，就把手枪压下去。手枪就等于打旗语一样，指挥自己的兵。一辆车上有两个驾驶员，一个助手。有时候两个人都开车，有时候一个人开，如果晚上要开车到天亮，就两个人轮流开。遇到非常重要的时候，我们当指挥官的自己也开。

松山、龙陵、芒市、畹町等战役，我们都去了。抗战胜利以后，上面的炮兵、山炮都由我们运回昆明去。我所在的部队后来参加内战，然后在云南起义，所以我有起义证。起义后，我调到南京汽车教导团教驾驶。

我在中国远征军巡回教育组当翻译

采访者：徐丽飞、刘小翠

整理者：李岚、罗春林

采访时间：2012 年 10 月 10 日

采访地点：上海市

讲述者简介：黄延嘉，1918 年 10 月出生，浙江镇海人。1940 年 3 月，考入黄埔军校第十七期第二十八总队通信兵科，授课地点在贵州麻江陆军通信兵学校。1942 年毕业后，被分配到重庆军政部无线电总台第 1 机，任少尉报务员。1943 年 4 月，考入昆明军委会战地服务团干部（译员）训练班第六期。1943 年 7 月，任职于中国远征军巡回教育第一组。1944 年 10 月，任昆明陆军通信兵第 6 团第 2 营第 8 连中尉班长。

采访手记：黄延嘉操着一口带有浓重上海口音的普通话。虽然我们之间沟通起来有些障碍，但这丝毫不妨碍老人敞开心扉向我们讲述自己人生经历的热情。

老人毕业于黄埔军校通信兵科，授课地点是在贵州麻江陆军通信兵学校，属于委培性质。老人在中国远征军中，所从事工作却与通信兵关系不大，而是利用自己会英语的优势担任中美军官之间的翻译。正是通过老人的讲述，我们才真切了解到翻译工作在中国远征军中所起到的独特作用。

考进军校，照干我的老本行

1940 年 3 月，黄埔军校委托陆军通信兵学校来浙江衢州招生。当时，我正在空军驻衢州第 13 总队驻第 93 总站电台工作，消息传到我们电台的时候，我还浑然不知。有一天，我去向一个同事借教材学习，他原先就毕业于陆军通信兵学校，他告诉我招生的消息。在进部队服役之前，我曾毕业于宁波无线电学校，考通信兵学校算是干老本行，自然更加有希望。了解到黄埔招生的消息后，我又看到报纸上的招生简章，便启程前往招生地点浙江金华报考。

黄埔军校此次招生有学历要求，只有经过考试合格的高中毕业生才能被录取进入学生队。初试的内容是英语、物理等高中的知识，还要求写一篇文章，这对我来说自然不在话下。初试通过之后，我上交了高中毕业证给学校验证，然后就被录取了。

步行到麻江参加复试

初试合格的学生被要求立即前往贵州麻江参加复试。所以我们在衢州便开始了行军，一路上基本上是靠步行，只有湖南衡阳到到广西桂林段坐上火车，到桂林以后又是步行前往贵州。这期间，我被大家推选出来做了学生队的副队长，其实就是负责打前站。每天得早早起来往前走，到了宿营的地方之后要负责安排住宿休整，第二天一大早又得继续。就这样走了一个多月之后，终于到达目的地——贵州麻江。

刚刚抵达麻江，我们便马上参加复试。复试的内容也是高中知识，不过是有苏联顾问来监考的。复试的通过率很高，只有一个学生在复试之后进行的入伍体格检查中因被发现身体不合格而被淘汰。我们这一期来自福建、浙江的学生比较多，知识水平也相对稍微高一点。

被编入黄埔军校序列

陆军通信兵学校设在贵州麻江，陆军军官学校（即黄埔军校）委托其代训学员，可以说是附属于黄埔军校。学校校长是蒋介石，但是这个位置是空着的，因为他没时间来学校；教育长叫童元良，毕业于保定军校，他才是学校的实际负责人；教育处长叫李允中，黄埔军校毕业的，他专门负责教育，不过后来调到黄埔本校去当教育长了。

按照规定，所有高中毕业的、通过考试进来学生队的都属于黄埔军校的编制。我们这批被录取的学员自然也被编入到黄埔军校的序列之中，属于第十七期的通信兵科。我被编在黄埔军校第十七期第二十八总队第二大队第五队。我们[①]第十七期一共招收了720名学生，每120人一个总队，共6个总队。每个总队下辖两个大队，每个大队下辖3个队。

在复试之后，我们还有3个月的入伍生阶段，之后才正式入学。入伍生阶段我们主要是进行军事训练，主要是步兵

① 这里的“我们”应指贵州麻江的陆军通信兵学校，有6个总队，被编入黄埔军校序列的时候就成了第二十八总队。

训练，一天基本上就是出操、跑步，也有上课。3个月期满之后，有一场以术科为主的考试，考试本身好像没有淘汰什么人，但是我记得有一个人因为难以适应而退学了。

大通铺上的日子

正式入学之后，每天早上5点钟吹号兵就吹响起床号。大家必须马上起床，穿好衣服，带上步枪，列队集合去跑步。跑上好几十分钟之后，接着是队列、单双杠、木马等训练科目。步兵训练结束之后，就开始上课，中间有午休时间。

上课的内容，包括学校的六大教程：战术、军制、兵器、地形、通讯、筑城。我们通信兵在通讯课程中学的更多，有无线电学、有线电学等。所使用的教材全校统一，都是老师们自己编的讲义。老师全部是中国人，本来有苏联顾问的，不过他们后来都走了。教师中有黄埔军校毕业的，也有其他学校如东北讲武堂、保定军校毕业的。学校有开设政治课，但是不怎么重视，我们学生也觉得那像是卖膏药的，等于没有一样。只有每周一的纪念周活动得到极大的重视，我们几个队都要集中到大操场里举行纪念周活动，以纪念孙中山先生。

在学校，每天开餐两顿，上午九十点钟一顿，下午四五点钟一顿。学校伙食还可以，马马虎虎的还能吃饱个肚子。只是我不吃猪肉，一有猪肉我就让给同学吃。宿舍条件比较简陋，我们晚上睡觉的地方是茅草房中的大通铺，同学们就在这里渡过了自己的黄埔岁月。

穿着旧衣服毕业

那两年中，除了周日，我们天天都得锻炼、训练和学习。到了星期天的时候，我们有假可以放。上面发给每人每月的两块钱便有了用处，因为大家可以到麻江城里去买东西吃。

由于处在抗战的困难时期，供给紧张，加上麻江地处偏远，当时我们只能穿上一届学生留下来的旧衣服，就是中山装式样的灰色衣服。等到我们毕业的时候，新衣服终于下来了，是呢子大衣。但是学校认为我们都要走了，就把衣服扣下来留给下一届的学生穿。因为这个，我们有一个同学闹起事来，结果被关了3天的禁闭。

毕业之前，我们通讯科的学生分成好几组，每组一个电台，到麻江附近一个叫做麻江坪的地方进行10天的演练，即大家分开架设电台，然后互相通信。这次演习总共有五六个电台，我负责其中的一个。

毕业的时候，学校发给了我们毕业徽章，外加一件破棉袄。毕业证书是有的，但是我们到无线电总队报到之后才发到手。学校政治部主任陈文修，他也是黄埔军校毕业的，在我们毕业的时候编了一个“黄埔军校通信兵学院毕业歌”，挺不错的，我到现在还会唱。

从无线电总队到战地服务团训练班

因为我在校的成绩不错，学校本想留下我当助教。但我要求上战场，去湖南打日本鬼子，因为我想要打回老家去。最后，我也没能被分配去湖南，因为何应钦主持的军训部无线电总队发电报来学校，要求派人过去工作。学校便组织了二十几个同学交由我带队，到重庆的无线电总队报到。

在那里，我被分配到第 1 区任少尉报务员。我所在的工作组有 6 个人，包括 1 名报务长、1 名译电员，以及 4 名报务员。一般情况下是由报务长领班，其他人轮流值班，守着电台进行工作。我们电台联络的单位主要有山东、江苏战区，在半夜两三点左右和他们联系，还有天水宝鸡的西北战区。每当晚上 12 点的时候，我们得向全军发送信号，交代准确时间作校对之用，以免有的单位因为差上好几分钟而延误战机。

一年后，军委会战地服务团训练班来重庆招生。这个训练班是专门训练译员和翻译的，招生的条件主要是英语要好，而且还要经过考试。我被录取后，前往昆明受训，时间为 3 个月。

这一期训练班有二三十个人，同学来自全国各地，还有归国的华侨。班主任叫黄仁霖，曾经留学美国，和宋美龄的关系非同一般。训练班里主要由他和西南联大的教授给我们上课。黄团长教我们接待外宾的相关礼仪，就是招待贵宾时怎么吃饭、如何摆位子、上酒水、如何走位等等。西南联大的教授则教我们英语，内容与接待外宾礼仪相关，还包括一般军事术语的中英文翻译训练，这些都是要将中文和英文结合起来进行的。

在我们这一期之后，训练班的规模扩大了，还在战地服务团外面搭了一个大大的营房招收学生，名称也改作译员训练班。刚进去的时候，我们是不知道这个训练班毕业后是要做什么的，学校也没有讲明这个情况。

给雷伊少校当翻译

结束了军委会战地服务团训练班的训练之后，我们又去到同在昆明的美军步兵训练中心实习了半个月。那个训练中心教授我们的是战斗训练，尤其是迫击炮的射击训练。实习结束之后，我被分配到新编第 38 师，孙立人的部队。新编第 38 师师部又把我派到美军编制的中国远征军巡回教育第 1 组，给美军联络官雷伊少校当翻译。

中国远征军巡回教育组是由美军进行管理的，其职责是帮助训练中国军队，实际上主要是帮助各军长官联系美军顾问。我和雷伊少校一行数人从昆明出发前往大理，得到了第 11 集团军总司令宋希濂的接待。之后，他把我们这一组人派给驻扎顺宁①的第 2 军。

第 2 军军长叫王凌云，我的主要职责就是在他及其参谋长和雷伊少校之间做翻译工作。在没有战事的时候，我便帮助雷伊少校跟王凌云沟通，有什么事了，便跟美军反映。整个巡回教育组由组长、翻译、电台、军械库组成。组员常常会下到基层去，比如我的一个联系对象是美军派来的华侨，他负责管理军械库，会到部队去检查他们的装备情况。说到底，我们这个组的工作是帮助建立美军与中国驻军之间的联系，尽量满足中国军队的要求。有时还要帮助他们上课，在昆明的郊区，有全式美械装备、美军任教练的步兵训练中心

---

① 即现在的云南凤庆。1943 年 3 月初，第 2 军奉命开往云南整训。不久，陈诚任司令长官的中国远征军正式成立，第 2 军奉命调归中国远征军建制，隶属于霍揆彰任总司令的第 20 集团军。从此，全军开始更换美械装备，并接受美式训练。受训期间，第 2 军军部驻顺宁。

和炮兵训练中心等，许多中国军人直接从部队调到这些地方进行训练。

一件有意思的事情是，刚刚到达顺宁后，美军一位少校想要跟后方联系，便用携带的电台呼叫对方，说我收到了你什么东西，要与你通话什么的，但是对方就是接收不到他的信号。美军通信兵不明就里，忙活了 3 天后还是没能解决问题。雷伊少校知道我是通信兵学校出身，还在电台工作过，便请我去帮忙看看是怎么一回事。我去一检查，发现机器设备都是挺好的，但是他们把天线钉到了墙上。本来天线钉在墙上是不会有多大问题的，但是当时云南那边经常下雨，天气非常潮湿，所以非常容易漏电。我跟美国人说得要把天线拔掉，不能钉在墙上。一拔掉后，电台马上联系上对方了。原来这几个美军通信兵是新手，还没有什么实际的工作经验。

生病后，离开巡回教育组

在第 2 军工作 3 个多月之后，雷伊少校被调走了。很凑巧的是，少校一走，我就生病了，身体持续发烧，情况不容乐观。当地的医疗条件非常差，没有军队医院，只是由红十字会的外国人给我看了看。然后在当地老百姓家里住了一个多月，可是总也不见好。一个月以后，云县成立了一家战地医院，兄弟们就用担架把我抬到战地医院。在路上经过太阳一晒，到了云县就好像没有什么事了，只是身体不行了，脚也不会走，战地医院的设备也不是很好，大家又把我送到沾益机场，用飞机送往昆明。

在昆明，我在一家美军医院里住了大概有 8 个月，但还是查不出什么问题。于是，巡回组就把我给解雇了。这时候，雷伊少校已经调到第36师，他得知我的情况之后请我再去他那里工作。我当时能吃能睡，只是身体像是瘫痪似的，没有办法去他那里。

就这样，我离开巡回组，回到通信部队去了①。在联络组里工作对我来说可算一个优差了，月工资大概有160块，这个待遇级数差不多到中校级别了。后来，联络组还给我一笔离职金。

作为电台台长，参加芷江受降

回来后，我被派到通信兵第6团第2营第3班，任中尉班长。我们这个班负责一部电台，配驻昆明防守司令部。1944年年底，陆军总司令部进驻昆明，我们的电台配给总司令陈诚，变成了昆明陆军总司令部电台。我这个班长摇身一变成台长了。

1945年8月9日半夜，我们连的冯连长把我们紧急集合起来，命令我们马上出发前往广西桂林，配驻陆军司令部，说是要准备反攻广州。我带上电台，随部队连夜前往。到了贵阳，我们接到命令，不去桂林了，改往湖南芷江。8月15日，我们到达芷江。当天日本人投降了，他们会派人于8月21日来芷江举行投降仪式。我们先期到达，因为需要有电台在那里工作。

不久之后，广州胜利光复，我们配合反攻广州的任务已

① 在一次口述采访中，蔶延嘉说道，他于1944年回到老单位昆明军委会战地服务团，担任联络科科员。故此处的通信部队应为昆明军委会战地服务团，而后面说到的联络组，应为他供职的联络科。而且，因为老人自己在担任联络科科员期间，月薪待遇很高，接近中校，因此在离职证上写的是少校科员头衔。

没有了必要。于是，我们便被空运到南京，作为陆军总部的电台进行工作。陆军总部有好几个电台，机器设备也比较先进。我的机器换成了美军机器，属于那种又好又贵的，我仍是电台台长。

从国防部的翻译到中学老师

抗战胜利以后，我离开了部队，到国防部联勤总部通信处当翻译。其实早先在昆明的时候，我就一边工作一边从事翻译工作。例如美军关于对日作战的军事战略文章，我就翻译了7篇，之后寄到昆明的《扫荡报》，刊载在每周三的军事专栏上。后来我进了通信处之后，也进行这方面的工作，比如我翻译了几本美军通信部队训练的书籍。还有人家翻译的文稿，要经过我们通信处送稿的，都交由我校对、审查，通过之后才能交付印刷出版。

1946年，部队调动去东北，要求我带着电台随部队到东北去参加内战。我找到原来当过我老师的上级团长，要求不去东北，结果就留下来了。之后，我回到上海，回到家人身边，在一所中学里教英语、物理以及工技，直到退休。

我为飞虎队当无线电报务员

采访者：徐丽飞、杜穗红

整理者：张长龙

采访时间：2013年4月18日

采访地点：安徽省宣城市

讲述者简介：刘子诚，1922年出生，河南汝南人。抗战爆发后，在贵州省铜仁县报考黄埔军校，成为黄埔军校第十七期通信科学员，后被编入教导总队第十一大队第八中队。1939年毕业后，分配到贵州全省防空司令部无线电总台工作。1943年，在第14航空队担任无线电报务员。后潜入敌后，为盟军飞机侦查天气，因功获得政府颁发的奖状和奖金。抗战胜利后，进入第20军官总队学习，后被分配到师管区司令部任参谋。中华人民共和国成立后，在宣城安家落户。

采访手记：刘子诚的经历很独特。从黄埔军校毕业后，被分配到贵州全省防空司令部无线电中队，主要搞无线电情报，收集日本人的情报密码。1943年，成为美军第14航空队的无线电报务员。在飞机上主要是负责对地联络，报告飞机的情况，何时起飞，何时到达等。在一次执行任务的过程中，老人还在喜马拉雅山跳伞逃生。后来，他又孤身一人深入敌占区，利用流亡政府的电台和后方联系，每天预报各乡各县流亡政府的天气情况，为盟军飞机对敌轰炸做前期准备。

刘子诚曾参加过组建宣城的黄埔同学会，并担任档案和资料管理员，为黄埔军校同学会的统战工作发挥余热。至今，老人坚信在全体中华儿女的共同努力下，祖国的统一是迟早的事情。

在铜仁考试，在麻江入伍

抗战全面爆发后，我的家乡汝南县被日本人占领了，我就随着学校流亡在外。后来，我跟着部队撤退，先到武汉再到湖南长沙。流亡学生有国家收容，国家公费送到贵州铜仁县国立第三中学高中部读书。在我读到高二的时候，黄埔军校正好招生，在铜仁县街上贴着招生广告，是国民党通讯学校代训黄埔军校第十七期。这个通讯学校校址在贵州麻江，招生要求高中文化，身体健康。我就报名了。

我在铜仁参加军校的招生考试，主要考高中的文化课程，还有政治方面的。报考的有四五百人，录取的有100多人，我在铜仁的同班同学中有二十几个人考上了。我被分配到通信兵科，通信兵科有同学黄庭长、李书民等三四个人，其他分到炮兵、步兵、机械化兵科学习。我们被安排到麻江受训，去麻江有招生委员的工作人员带队，先集中后再带过去报到。

军校在麻江有专门的营房。教官中的中队长、分队长，大部分是黄埔军校毕业的。刚开始是入伍训练6个月，出操、跑步、战术训练等。6个月后考试，考军事知识。通过入伍生考试后，就是无线电训练，主要学习无线电各种报务常识，各种密码什么的。

我们平时早上6点钟起床，然后出操、跑步，两个钟头后吃早饭，吃的是稀饭。休息一段时间就上课，学无线电的知识。中午伙食有炒米饭、青菜等，饱得很。然后休息两个钟头。

毕业后，在空军司令部待了两年

1939年，我在麻江念了两年后毕业了，被分配到贵州全省防空司令部无线电中队，位于贵阳市水口寺仙人洞。我在那里当见习生，先是少尉，后是中尉。大概一年多后，就调到航空委员会下属的空军司令部，位于四川成都东门外沙河堡。那时候，我们的空军落后得很，没多少空军。我主要搞无线电情报活动，收集日本人的情报密码，然后由译电室翻译日本的情报，交给作战部，辅助作战工作。我在空军司令部待了大概两年。

抗战全面爆发后，我们中国陆路唯一的海外运输线是滇缅公路，支援的物资海运到缅甸仰光，由仰光通过滇缅公路运到云南昆明。这条线被日本人占领后，路上交通就完全没了。为支援中国抗战，美国人陈纳德组织了飞虎队，刚开始是美国的民间组织，美国正式参战后飞虎队改为第14航空中队。陈纳德的飞虎队负责将由海路运到印度孟买、加尔各答等地的国际支援物资空运到中国，途经喜马拉雅山等地方。我国也组织了一个运输队，派飞机到印度把物资运回四川的飞机场。我就参加了这个运输队，在飞机上负责无线电通讯。降落的机场有两个，一个叫巫家坝机场，另一个叫杨林机场，这两个机场还专门接收美国飞虎队的军火。

C－47 上的无线电报务员

1943 年，我参加第 14 航空队，担任 C－47 运输机无线电报务员①，开始飞越“驼峰航线”。运输机有正驾驶、副驾驶、无线电通讯员，共 3 人，都是中国人。飞机都是美国的 C－47②，有 20 多架，都是中国的驾驶员，由航空委员会下属的空军司令部管辖。我经常跟美国人打交道，会一点英语，但还需配有翻译。

飞机从昆明起飞，3 个多小时后到达印度尔各答，装上物资，然后飞回昆明。在飞机上，我主要是负责空对地联络云南和四川的机场，报告我们飞机的情况，什么时候起飞，什么时候到达。我就这样飞了一年多。

当时飞机失事很多，死亡的也多。有一次，我们的飞机发生故障，联系总部后我和飞行员在喜马拉雅山跳伞了。跳

---

① 刘子诚在一篇采访报道中称：1942 年 8 月，他被空军总司令部无线总台派往有美国陆军驻印度的第 10 航空队护航的 C－46 运输机上担任无线电报务员。第 10 航空队成立于 1942 年 2 月，并于 3 月调赴印度，负责守卫从印度到中国的补给线，并破坏日军从缅甸到印度北方的补给网，共辖有 10 个大队。它是美国陆军航空队中规模最小的战斗空军部队，但却负责地理范围最大的战区。

② 1935 年 12 月，C－47 原型机首次试飞，1940 年开始装备部队，主要用于空运物资和兵员，也可空投伞兵。但在飞越“驼峰航线”时，C－46 表现得比 C－47 出色很多，C－46 很快更广泛地被投入到空运行动中。

伞后，我们都活了下来，只是我的右臂被树枝刮伤了。通过无线电联络，救护人员把我救了回来，送到四川的后方医院疗伤。4个多月后，我康复了就不上飞机了，回到了空军司令部。

潜入敌后，侦查天气

1943年后，美国开始派飞机轰炸日本占领的平汉铁路。因为飞机要在晴天起飞，为了了解当地的天气情况，就派无线电人员到敌后预报天气情况。在敌占区，有流亡政府的无线电通讯联络处。我们带着电台过不去，就利用流亡政府的电台和后方联系，每天为盟军预报各乡各县流亡政府的天气情况，好比武汉今天是晴天，他们就去轰炸，下大雨飞机就不能去。

因为我是河南人，他们就把我分配到河南信阳的流亡政府。当时流亡政府在山区，我们利用他们的电台给美国飞机发河南信阳、驻马店一带的天气预报。我们用的那个电台落后得很，没有电时要手摇发电。无线电信号不能直达到总部，要用中转电台，在湖北老河口草店镇第六战区司令长官部，通过它再发到总部。

中华人民共和国成立后，留在宣城安家落户

大约八九个月后的一天，我打开收报机听新闻，听到日本接受《波茨坦宣言》，无条件投降。我晓得后把这个消息到处公布。

抗战胜利后，我回到空军司令部，空军司令毛邦初[①]给我颁发奖状和奖金。然后，我放假回老家探亲，不久回到部队，被分到第20军官总队学习，接着被分配到师管区司令部当参谋。在解放战争中，我结婚了，本来可以去台湾的，但没有去，也不去部队了，就在宣城安家落户。

① 毛邦初（1904—1987），浙江奉化人。1925年，考入黄埔军校第三期步兵科。1929年，任中央陆军军官学校航空班飞行组长。1930年，奉命在杭州笕桥筹建航空学校，次年任校长。1946年6月，任国民政府参谋本部空军总司令部副司令。

从黄埔步兵到第 14 航空队

采访者：徐丽飞、杜穗红
整理者：张长龙
时间：2013 年
地点：安徽省芜湖市

讲述者简介：蒋衡州，1925 年出生，江苏溧阳人。1940 年，考入黄埔军校第四分校第十七期第二十二总队第二大队步兵科。毕业后，被分配到第三战区第 28 军第 52 师第 155 团重机枪连，先后任排长、连长。后进入空军军官学校学习，毕业后参加第 14 航空队中美混合大队，曾在同古战役中击落两架日本飞机。中华人民共和国成立后，在解放军部队任飞行教官。1984 年，从西宁一中退休。

采访手记：蒋衡州像那时许多黄埔学生一样，从江西的黄埔军校第三分校入学，后在贵州的第四分校毕业。毕业后，老人参加中国远征军，立了不少功。其中，令老人记忆尤深的是和同学一起驾驶飞机支援中国远征军作战，在同古之战中击落两架日本飞机。后来撤退时，老人所在的部队还为第5军撤退时指过路，空投过美国的面包、咖啡、糖、牛肉、罐头等支援他们。

中华人民共和国成立后，老人因为自身的优势，幸运地去到四川军区的解放军部队任飞行教官，为解放军培养初级飞行员。后来，老人一生的大部分时间都是在青海西宁渡过的，他在那里任中学英语老师及教导主任，直到1984年退休。

从第三分校入学，在第四分校毕业

我叫蒋衡州，属牛，江苏溧阳人。抗战时，日本人占领了我的家乡，我失学流亡到了安徽。我在徽州看到黄埔军校第三分校的招生广告，要求高中毕业，1.7米以上，身体健康，脸上不能有疤，于是我就报名参加考试了。考试是由广州分校派来的教官负责，相当严格。考试的内容有数学、语文、英语、物理、化学等。我们一共有4个高中同学去考，只有我一个人被录取了。

第三分校在江西瑞金，主任为唐冠英。入校先是入伍生阶段，主要学习步兵操典、阵中勤务、筑城等军事知识，体育课程有单双杠、跳木马等。入伍生期满后，还要进行升学考试，如果考试不及格就要被开除。这时候，第四分校来第三分校要人、要干部，就把我们整个总队1000多人调过去了。我们由江西瑞金一路行军到贵州独山的第四分校上课。第四分校的主任是韩汉英，中队长是陈家壁。第四分校的操场、办公室、食堂等都是自己盖的，比较艰苦，伙食也一般，不过穿的还可以。我在那里学习了两年时间。

在第四分校学习的科目有步科、炮科、辎重科、通讯科等。一般在贵州的基长镇上课，炮科、工科在贵州独山。分科时，我选择了步科，本来想考炮科的，因为炮科要会测量，要求数学好，我的数学不错，三角几何都能学好。但最后考虑到步兵用途比较广，需要的干部比较多，所以我选择了步科。

我们在军校的生活是这样的，早上5点钟起床进行体育锻炼，如单杠、双杠、跳高、跳远。然后吃早餐、上课，晚上有两个小时的自习，主要是复习白天的课程。晚上不到10点钟就睡觉了，睡觉时不能讲话，有时还要紧急集合，必须在5分钟内穿戴好军装待命。

这两年主要学习的内容有步兵操典、野外勤务、攻防战术战略、筑城、射击教育、体育课程等。武器学习了重机枪、轻机枪和迫击炮。此外，还有各种外语课程，有德语、英语、日语、法语等外语，我选学了英语。教官有苏联和美国的，苏联的教官讲步兵操典、攻防战术等，美国的教官用外语给我们上课，一条一条地讲步兵操典。我们学习期间，蒋介石和宋美龄曾到军校来视察情况。这样学习两年后，我们还举行了毕业的大演习。

学习驾驶战斗机

1942年10月毕业后，我被分配到第三战区第28军第52师第155团重机枪连，先后任排长、连长，战区的司令长官是顾祝同。

在后来的抗日战争中，我们打鬼子立了不少功。其中，在进攻日军铃木师团2000多人占领的鸡头岭战役中，我们连打死约300人。打完这场仗后，我被调到空军军官学校第九期去学习驾驶战斗机，空军学校原本是在杭州笕桥，抗战全面爆发后迁至云南昆明①。

我们60多名学生都是黄埔军校毕业的，不是军事学校毕业、不懂军事是不行的。我们的教官也都是中国人，有50人左右。我们总共学习了一年半时间，主要学习低级飞行、中级飞行等。

支援中国远征军，击落两架日机

从空军军官学校毕业后，我被分到第14航空队中美混合大队，队长是陈纳德，他是个中将师长。我每天都见到他，他个子高高的，人很好，对中国人很尊敬。我们所在的机场在云南昆明巫家坝。当时一架飞机有3个人，正副驾驶、射击手，我的那架飞机上的3个人都是黄埔军校的同学。

第一次参加中国远征军时，我们负责支援第5军。第一次远征失败后，中国远征部队一部分退到中国，一部分退到印度。杜聿明的第5军在野人山迷路时，我给他们指过路。当第5军第200师穿过原始森林时，我们负责供应他们弹药食物。我们的飞机在1600多米高空飞行，飞机下面则是原始森林的无人区，主要是运送美国的面包、咖啡、糖、牛

---

① 航空学校的前身最早是在1929年南京创立的航空班，1932年改名为中央航空学校，设校址于杭州笕桥。学生在陆军军官学校考取，学制一年半，初级训练、中级训练、高级训练各约6个月。抗战时期，航校辗转迁至云南昆明，1938年正式定名为空军军官学校。抗战胜利后，复校笕桥。1949年，迁往台湾高雄冈山。

肉、罐头等支援他们。

我还在同古之战中击落两架日本飞机。当时，日本派飞机轰炸同古，我们的飞机升空迎战。鬼子的飞机速度慢，我们的飞机快。我打下两架飞机，政府奖励两块美国的金牌，有“U S A”等英文字样。

我还参加了密支那战役，负责去投弹。根据命令，我们出动17架飞机，鬼子出动50多架。他们速度没有我们快，我们飞得高，很少被打下来。我在战斗中被机枪打中受伤，在密支那的美军临时医院住了20多天。

中华人民共和国成立后，继续担任飞行教官

1949年，我在云南昆明巫家坝机场接受任务去轰炸成都时，战斗机被迫击炮击中。中华人民共和国成立后，我在四川军区的解放军部队任飞行教官，教授空军机械、初级飞行等课程，为解放军培养初级飞行员。两年后，我去青海西宁一中当中学英语老师及教导主任。1984年，我从西宁一中退休。

在黄埔军校，我从士兵、学生到教官

采访者： 李岚、冯惠

整理者： 冯惠

采访时间： 2012 年 2 月 27 日

采访地点： 海南省三亚市

讲述者简介： 谷志远，现名谷克达，1920 年出生，祖籍河南。1942 年，参加中国远征军，任第 5 军第 200 师特务连机枪手。1947 年，从黄埔军校成都本校第二十一期步兵科毕业，留校担任步科教官。在解放战争中起义后，被调到贵阳支援国家建设，后从铁路系统退休。

采访手记： 谷志远现名谷克达，他的住处在海南最繁华的解放路步行街上。我们去采访的时候，老人的精神状态非常好，平时喜欢看各种书籍。老人和他的老伴都是铁路系统上退休下来的，因为喜欢海南的气候，他们如今已经成了“候鸟”，冬天来海南过冬，5 月份再回到贵阳。

在他的家中，我们看到墙上有一面书有“抗日英雄中华脊梁，功昭日月国人共仰”的锦旗，后来了解得知这是2010年关爱抗战老兵的志愿者们赠送的。

谷志远20岁时参军，从一名普通的士兵做起，经历士兵、学生、教官、工程师等多种角色的转变。而其中，报考黄埔军校可以说是改变他人生轨迹的一次重要转折。因为如果没有进入军校学习，老人将同第200师的将士们一起入缅作战，他感慨地说：“如果当时我也没有考去黄埔，现在肯定也死在缅甸战场上了。”

负责打日本的飞机

“七七”事变爆发后，日军全面发动侵华战争，中国军队奋起抵抗。1937年12月，南京被日军占领，我家乡河南也被占领。为了报效祖国，我从河南国立四中出来，参加中国远征军。①

我是20岁的时候在贵州参军的，后来部队开到云南。到了腾冲后，我被编入中国远征军第5军第200师，杜聿明任军长，戴安澜任师长。戴安澜师长很关心我们，经常来检阅部队，还会经常集中师、团部队训话，鼓舞士气。我们常喊的口号是：“坚决抗日！消灭日本鬼子！”

进入部队以后，我在特务连当了机枪手，负责打日本的

① 据谷志远说自己是20岁时参军，从1941年冬开始，其曾在一次口述采访中称：“那时候日本人占了河南，我们高中就只能往陕西撤走，成了战时流亡高中。我们就跟着学校一路流亡，过的日子就像乞丐那样，过得非常的凄惨。走了好久，终于到了西安……我就是在那时候从军的。”

飞机，保卫师部的安全。当时日本的空军很有优势，我们处于弱势。我们机枪手的主要任务，就是对着日本的飞机打。当飞机低空飞行，驾驶员准备丢炸弹的时候，我们机枪手就看好目标。飞机低空飞行时，枪眼的准星瞄准飞机前面，猛烈一打，飞机就被打下来了。日本的飞机有给打落的，也有带伤逃跑的，我们的射击水平还是比较高的。

在战场上，我也受过伤，主要是给飞机丢下来的炸弹片炸的。当时，由于太关注战斗了，受伤后都不知道，直到后来有人给我包扎，才知道是左腿受伤了。在医生的建议下，我休息了一段时间。不久伤好之后，又继续出操、训练。

从士兵到军校学生

1942 年，部队推荐了 4 个人去报考黄埔军校。我英语、数学学得不错，所以 4 个人当中只有我考入上了。后来①，我被编入第二十一期步科第十一大队第四十二中队，中队长叫杨荣。我们一个中队 160 人，分为 10 个区队，一个区队有 3 个班。我们这一期学生总人数有 1 万多人。我记得当时教育长是吴允中②，政治部主任是王希兵。

在学校都要经过入伍生阶段。我们开始是士兵的待遇，每天出操、学习、野外训练。入伍生期满后，我们转为正式

---

① 谷志远在一次口述采访中称：他被黄埔军校录取后并没有马上去读，而是参加训练团整训了很长一段时间，直到 1945 年 1 月 3 日才作为黄埔军校第二十一期学员在成都入伍，并于 1947 年毕业。

② 应为李永中。李永中，四川荣昌人，先后毕业于黄埔军校第三期、中央军校高教班第一期、德国陆军大学第二十一期。1948 年 12 月，任黄埔军校成都本校教育长。1949 年 12 月，在四川郫县率军校师生起义。

学生，再转排教练、连教练、营教练，最后经过考试入军官班。我们的军服上都有“军校学生”的标志，少尉有一杠，中尉是二杠，上尉是三杠，和现在的部队差不多。

进入军校后，我们160人集体加入国民党。那时入党很简单，不像现在要经过讨论、公布等程序。我在学校时没有参加过共产党组织的活动，因为共产党的活动是秘密进行的，如果被知道了就要关押。所以，我们那时的主要任务就是学习，像步兵操典、军事操练这些知识。由学校教育处统一印发的教材，是必学的，还有语文、数学等基础课也是必须要上的。

学习美国和日本的军事教育

黄埔军校的教学分为学科和术科，学科主要是学习语文、英语、战术兵器学等；术科主要学单杠、跳木马、操练、打枪等，注重全方位提高学生素质。野外训练对我们来说更是家常便饭，有时在外训练好几个礼拜，每个人都背上背包，装上子弹，分两边对抗演习。

学校当时的条件还是不错的，操场和宿舍分开。军官伙食供应充足，一天三餐，学生就稍微苦一点。学校在管理上是很严格的，每天都准时吃饭、出操、上课、训练、洗衣服。早餐有稀饭、馒头、花生米，20分钟吃好。然后马上回去整理内务，被子要叠成豆腐块样，然后出操。晚上还有紧急集合，练习夜战。看不到方向时，就依靠树枝、庙宇辨别南北。每个学生都挂有血型牌（我是AB型），如果受伤，就可以马上找到血型及时抢救，这点是向美国学习的。

学校每天都安排活动，平常不能出校，周日才可以外出，但下午 6 点前必须回来报到，没有回来的就得按规定处罚。周日学校也有放电影，我们集体收看。一个队有一百多人，上午、下午各安排一个队轮流看。只要出门集体活动，都要讲究服装整齐，风纪扣要扣好，没有扣好要受到处分。

军校的军事教育学习日本多一些，因为校长蒋介石是从日本留学回来的，还有好多教官也是在日本留过学的。校长蒋介石也常来成都，特别是每次毕业他肯定得来，主要是给学生灌输抗战精神。我们看见校长都要立正，不可以乱动，否则就得关禁闭。优秀的学生可以和校长共进晚餐，而且还奖励书籍和操练课本。

在我们快毕业的时候，美国通过滇缅公路从印度到云南，最后到四川，给我们运来物资。快毕业时，我们穿的服装、皮鞋都是美国提供的，条件就好很多了。我在军校学了 3 年多的时间，1947 年毕业。毕业时，我们有毕业照、同学录、毕业证书、毕业纪念章，可惜后来抄家时给毁掉了。毕业后，我就和爱人刘美秀结婚了。

从军校教官到铁路工程师

军校毕业后，有些同学分到前线作战，有的参加淮海战役。而我则经过选拔，由教务处分配留在成都本校当步科教官，主要教他们劈刺、卧倒、野外演习等。

四川快解放时，国民党部队跑到成都、绵阳一带，黄埔军校教育长李允中宣布起义。部队中愿意回家的就回家，愿意留在部队的就留在部队，其中没有顾虑的年轻人大都参加了抗美援朝战争。

中华人民共和国成立后，我当了工程师，搞铁路设计。修川黔铁路的时候，我从四川调到贵阳，子女也跟着来到贵阳。到了贵阳以后，我先在塑料公司工作，后又到公安、教师系统，最后到铁路系统干车务段长。中华人民共和国成立初期，铁路系统叫“铁老大”，坐火车不用花钱，很多生活必需品都给予报销，生活还是不错的。

远征凯旋后，我报考黄埔军校

采访者：李岚、白廷兵、李晓湛

整理者：白廷兵

采访时间：2013 年 5 月

采访地点：湖南省长沙市

讲述者简介：林协舜，1921 年出生，湖南长沙人。1938 年 11 月，考取重庆士继公学（现重庆理工大学）。后投笔从戎，隶属中国远征军直属技术兵团。抗战胜利后，考入黄埔军校第二十二期步科第二总队。中华人民共和国成立后，响应国家的号召支援新疆建设，直到 1976 年提前退休回到长沙。

采访手记：我们在采访的路上询问林协舜居住地址的时候，附近的街坊都知道他。在一间四五十平方米的老房子里，住着老人和一名志愿者。志愿者是一位小姑娘，因为老人体弱多病，志愿者组织会定期派人来照顾他。我们对这位小姑娘和志愿者组织充满了敬佩和感激。

采访过程中，老人的发音让我们交流起来有些困难，那位志愿者小姑娘有时就帮我们说几句。老人人生轨迹的改变，如同那个时代千千万万的长沙人一样，始于那场造成3万多人死亡的“文夕大火”。因为在此之前，他家的隔壁是当时的八路军驻湘通讯处，受徐特立、王凌波等人的鼓舞和教育，协舜老人就有了到延安去投身革命的想法。但因为这场大火，他没有去延安，而是去了另外一条战线——中国远征军。在这个战场上，协舜老人没有直接参与战斗，而是在运输物资战线上支援中国远征军的作战。当老人说起自己亲眼看到那到处都是摔死的战友和摔碎的汽车的场面时，流下伤心的眼泪，他说道：“如果没有他们，就没有我们的今天！”

“文夕大火”[①] 改变了我的命运

1921年7月12日，我出生在长沙县东乡小苦竹坳。后来迁居长沙市，住在原寿星街1号，我家隔壁的寿星街2号是当时的八路军驻湘通讯处。当时八路军驻湘通讯处的徐特立、王凌波等人经常做抗战宣传工作，我经常去听，受到了很大的鼓舞和教育。受他们影响，我就有了到延安去投身革命的想法，但不久后的“文夕大火”改变了我的命运轨迹。

---

① “文夕大火”是1938年11月13日凌晨发生在长沙的一场人为毁灭性火灾，因12日的电报代号为“文”，大火发生在夜间，故为“夕”，因此称这次大火为“文夕大火”。大火最终导致长沙3万多人丧生，全城90%以上的房屋被烧毁，经济损失约10亿元。

在长沙“文夕大火”后，我就到了重庆考取士继公学①（现在叫重庆理工大学），因为当时从沦陷区来的学生可以免费上学。

日本天天轰炸重庆后，国民政府号召广大爱国青年报名参军抗日。我们士继公学的一些学生都痛恨日本人，带着保卫祖国的心愿，义愤填膺地就去报名了。至于到哪儿去打日本人，我们都不知道，军人以服从命令为天职，上头没有说的，坚决不能问。我们有个带队的指挥官，他负责带我们。

在兰姆伽，接收严酷的军训

1944 年，我们坐汽车到成都，然后坐陈纳德飞虎队的军用运输机到印度。在飞机上我们没有座位，坐在舱里面颠簸了一路。到了印度的汀江机场，为了防止疫病传播，洗澡后衣服烧掉了。在阿萨姆邦的森林中，我们喝的都是生水，吃的是罐头饼干，非常不习惯。

我们被编入中国驻印军，由史迪威任总指挥，郑洞国任副总指挥。我们的训练基地是在兰姆伽。兰姆伽基地原来是第一次世界大战时，英国人用来关押意大利战俘的营地，没有想到战俘营此时却成了抗日大本营。

我们在那里接受严酷的军训，那个苦真是没法形容。当时气温高达 40 多度，晚上睡觉时只能将棕垫和蚊帐打湿来降温，也不管会不会得风湿病。吃的东西除了罐头之外就是

---

① 士继公学成立于 1940 年 9 月 18 日，本名“兵工署第 11 技工学校”，因附设在第 21 兵工厂（即今长安汽车有限责任公司），故简称“21 厂技校”，对外化名为“士继公学”，虽然其公开称谓为技校，但实际并不招收技工，而是为国民政府秘密培养现代兵器工业设计管理人才。

大象肉，根本无法下咽。每天参加数小时的军训，包括跳木马等军事训练，光着上身，穿着短裤在高温下训练，很多人因此病倒。

我的代号是 NO. 25

我加入的是中国远征军的技术兵团，因为我们这次来的兵基本都是大学生，部队规定不能直接去前线当普通士兵，基本都是学些技术兵种，比如去搞后勤、做翻译、战车兵、汽车兵等。我去的是中国远征军的汽车学校，开起了美国生产的 GMC10 轮大卡车。

在专业技能学习期间，美军教官口里嚼着口香糖，坐在讲台上对着下面的同学讲课，完全不像中国的教书先生彬彬有礼，都大大咧咧的。美国教师不懂中文，上课时还需要配中文翻译，轮到找学生提问时，不会叫学生的名字，而是直接以代号相呼，比如叫“NO. 11”，被叫到的人就知道是在叫他了，当时我的代号是 NO. 25。

学习 3 个月后，我们就开拔到前线。步兵、工兵一起走，天上还有美国人的飞机掩护。我们由密支那经畹町到达中缅边境，过怒江铁索桥，由保山到昆明。我们主要负责运输前线战备物资，没上战场，也没有直接遭遇敌人。不过，我们也历经了很多艰险，因为我们运送战备物资到前线，要过很多大山，条件异常恶劣，一边是高山，一边是悬崖，稍不慎就车毁人亡，那时到处都是摔死的战友和摔碎的汽车。我身边死了好多战友，现在想起来还是很伤心，没有他们就没有我们的今天。

抗战胜利后，我报考黄埔军校

1945年8月15日，我们在昆明庆祝日本投降。1947年，我报考黄埔军校，成为第二十二期学员，分在第二总队的步科，校长是关麟征。为何抗战胜利后我还要报名军校呢？因为我觉得学好本领才能指挥部队，才能发挥自己更大的作用。

我们步科总共有3个总队，每个总队有3个大队，每个大队有3个区队，每个区队有3个班。我们区队的副队长是黄埔军校第一期毕业的，说一口土话。蒋介石也是说土话的，我记得他来训话的时候就是用浙江土话说："各位同学，我给大家讲的就是发挥黄埔精神……"我们平时学习的内容都是些步兵操典、勤务令等。

因家有老母而没去台湾

1949年7月，我正式毕业了，这时成都也快要解放了。胡宗南准备把所有的兵送到台湾去，我们第二十二期的同学有很多去了台湾，还有去韩国、越南的。我本来是准备分配到台湾台北长官公署的，后来因家有老母无依无靠而没去台湾。我参加完卢汉起义后，成为中国人民解放军第二野战军士兵团教育参谋，参加西南剿匪。

1951年，我考入中国人民解放军军事学院。毕业以后回长沙，是当时少有的高级工业管理人才。不久后，我又响应国家的号召去支援新疆建设，在新疆跃进钢铁厂上班，直到1976年提前退休，回到长沙。

从滇西到台湾训练骑兵

采访者：李岚、苏爱荣

整理者：冯惠

采访时间：2012年7月

采访地点：四川省成都市

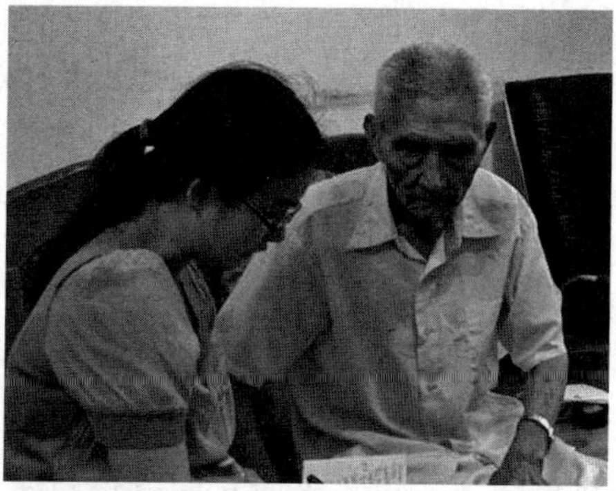

讲述者简介：张昌裕，1917年出生，四川成都人。1939年，考入黄埔军校第十八期骑兵科。1941年毕业后，历任中国远征军第一路军排长、第204师独立营第19连连长，随中国远征军扼守红河，抗击日寇。曾和美国军事顾问团一同在台湾训练骑兵。抗战胜利后，任国民党骑兵营营长，上校军衔。1949年，在上海起义。

采访手记：采访中，张昌裕告诉我们他曾写过有关军校生活的文章，主要讲述军校第十八期第一中队的生活，发表在台湾的杂志上，可惜我们没有能见到。

对于自己的黄埔军校学生身份，张昌裕一直引以为荣。他谈到现在成都的黄埔军校同学见面的时候，经常会集体唱校歌。在谈到自己起义经过的时候，张昌裕提到了“自己人不打自己人”的准则，他说道：“当年如果不起义，不晓得自相残杀了多少人，那我真的要心里不安了。”

第十八期骑兵科

我是18岁时从家乡出来。后来之所以考黄埔军校，一方面是为了抗日战争，一方面是走军校这条道路，可以跟上形势的发展。1939年，我进入军校后先进行了6个月的系统学习，有各科操练，包括步兵操练、骑兵操练等，没有具体的分科。半年后，我们开始分科。由于我身体适合，精神面貌又好，就进入骑兵队。我记得当时的队长姓张，区队长姓李。没分科前我们是没有津贴的，分科后我拿到两块钱的补贴。

我当时住在成都的西较场，步兵、炮兵、骑兵、工兵也一直都住在这里。当时的骑兵队有100多人，分9个班，一个班有十几个人。骑兵主要学马术，步兵操典、马术教练的科目很多。每3个月我们就进行一次考试，内容有笔试和实地操练的战术，例如马术训练、骑术训练、水马训练（马、人过河，叫“水马训练”）、摩托车驾驶。平时成绩不公布，只有区队长知道。

军校第十八期里没有女生队，但是有插班的华侨生。学生来自全国各地，东北的较多，都是怀着一腔爱国爱民的热情来求学的。

那是一段非常开心欢快的时光

我们每天都进行紧张的训练。早上5点40我们起床，有20分钟洗漱，然后吹号集合。早晨晨操之后就进行分科学习，一直到11点半结束。我们每个人都有练习本，老师授课时要在练习本上做好笔记，区队长会经常检查笔记。上午学习完后就吃饭、午休，吃饭的时候一般6个人一桌，两菜一汤。下午就是实地操练，晚上8点到9点是晚自习，然后就寝。

我记得当时的军服是每人一套的。上衣是灰色呢子服，圆形领章，还有马裤、马靴。冬天是呢子服，夏天是单军服。生活用品如毛巾、肥皂、牙膏等都是学校发的。我们住的宿舍是平房，房子比较高，学生分上下床住。一个班的同学有些会分开睡。

每逢星期天放假，我们就会出去玩，有进城的，有回家的。那是一段非常开心欢快的时光。当时，我们骑兵还有摩托车开。我们每天都可以看马，但是出外、放假都不能骑马，摩托车可以骑。星期天，我们会先去马厩穿防护服，喂喂马。一到马棚，各人对自己的马有各自的喜好，有的是把马搂过来，马就往身上蹭，我们都对马很有感情。

我在军校是很调皮的，尽管当时学校要求非常严格，晚上我还是经常会和其他同学偷偷去看电影。不过幸好我跑得快，没有被校领导抓到。记得有两个同学去看电影，碰到区队长，结果他们第二天主动报告，被罚禁足3天，不能出营房。

蒋介石参加我们的毕业典礼

1941年一二月份的时候，我从黄埔军校毕业了，这时还有位美国副总统过来参观军校。我们的毕业典礼仪式在北较场举行的。

校长蒋介石平时不来军校，一般是阅兵仪式和毕业典礼的时候才来。阅兵式开始时，我们骑兵队走在最前面。阅兵之后先由校长讲话，紧接着是中队长讲话，教育长讲话。毕业时有照集体相，发毕业证书、同学录、毕业证章、佩剑等。佩剑一面有梅花，一面有青天白日的党旗，剑身刻有“蒋中正赠”4个字。至于那一套呢子军服、领章是要交回去的。

毕业的时候，我们还有野营演习，内容有假设战场等。当时有个高教班，我们两方就组织对抗。我们各个队、各个科都进行为期一周的演习。骑兵队表演水马、马跳障碍、摩托车驾驶等。

在红河一带收集情报

军校毕业后，我被分到云南，先后在中国远征军第一路军任排长、连长。当时中国远征军驻守在云南红河，对面就是越南。我们的装备是美国提供的，服装是全新的，翻领衣、双领带，有领章、胸章，领子没有图案，纽扣上也没有美国国徽图案，胸章是布条子的，还有别针。在当时来说，这些都是非常不错的。

在云南的时候，我们骑兵主要起搜索、侦查作用。每次战斗先派一排人从红河沿途侦察敌情，收集情报，然后把情报上报给参谋处。骑兵是每人都有一匹马，养马是自己养，也有专门养马的，平时不用怎么管。不打仗的时候，我们每天就在红河一带训练。

到台湾训练骑兵

在云南不到一年，我就由部队保送调到陆军大学，在参谋班待了8个月。学习的科目有制图、侦查学、地形、地貌等。我记得当时的教官是刘安祺主任①。学完之后我又回到中国远征军。后接到军部通知，调我去青年军第204师②。紧接着就到了万县，由万县去台湾参加训练骑兵。

在台湾训练骑兵是蒋介石办的，毕业后这些学生要听候分配。我们和美国军事顾问团一起在台湾训练100多个骑兵。美军顾问是中校大队长，我是少校副大队长。平时没有美军教官训练，我就是教官。我们骑兵有轻武器，如卡宾枪、冲锋枪、步枪等。每排的武器不是一样的，一排是卡宾枪，一排是冲锋枪，一排是步枪。我们吃的干粮是美军提供的，有时还有罐头、香烟等。

---

① 刘安祺（1904—1995），山东微山人，黄埔军校第三期毕业。抗战时期，历任第61师师长、黄埔军校第七分校学生总队总队长、第1军第18师师长、第57军第97师师长、第57军军长、青年军第205师师长、青年军第6军军长等职。

② 1945年2月，在四川万县由暂编第56师为基干改编为青年军第204师。1946年9月，整编为第205师第2旅，师长覃异之。1948年，整编青年军第205师在台湾被扩编为第31军，原第205师第1旅改为第205师，第2旅改为第204师。后由时任国民党第11绥靖区司令兼青岛警备司令的刘安祺电令第204师在青岛登陆。

在上海起义

后来，部队调到青岛守海防，我又由台湾到青岛。到青岛后，我还是骑兵营营长。最后，我从青岛转到上海。

本来我们在上海驻守苏州河，汤恩伯请求蒋介石来上海。已经宣布“引退”的蒋介石再次披挂上阵，乘军舰到黄浦江，亲自部署上海防务，要求汤恩伯坚守上海6个月。过了几个月后，汤恩伯逃跑到舟山，我们就决定起义了。

当时，我们自己想办法率领独立营第1营，单独过苏州河，找解放军联系。后来，我们共有400多人同解放军便衣坐解放军的船，在上海起义。起义时，我是骑兵营营长，有《起义人员证明书》，证明我当时是属于青年军的。起义之后，我到了华中军区干部训练一团。

从干训团到黄埔军校

采访者：徐丽飞、陈何毅
整理者：钟祥宇、徐丽飞
采访时间：2012年10月14日
采访地点：湖南省株洲市

讲述者简介：彭彬彦，1922年出生，湖南株洲人。1943年，从长沙考入军事委员会干训团大理分团第一期。1945年毕业后，因宋希濂的关系申请拿到黄埔军校第九分校第十九期的毕业证书。抗战胜利后，任昆明第207师排长，后因不愿去东北打内战而起义。现为株洲市黄埔军校同学会会长。

采访手记：采访期间，彭彬彦一直呼吸急促，声音虽有点颤抖但仍洪亮。老人现担任株洲市的黄埔同学会的第二任会长，也接受过一些媒体的报道。如今，老人的心愿就是希望自己能坚持多活几年，能在株洲再保留一点黄埔军校同学会的影子。

采访中，我们和老人意外谈起了大家共同认识的一位黄埔老兵，他就是老人在干训团时候的区队长仇少中，毕业于黄埔军校第十五期。我们告诉老人仇少中老人在长沙第三福利院的时候，老人说很高兴他还健在。老人告诉我们在学校里他和仇少中的联系比较多，自己的军事动作都是他教的。因为是同乡的关系，仇少中对自己的生活起居等方面也很照顾，像个老大哥。可惜毕业后两人不在一个部队，就失去联系。

失学后报考干训团

我是黄埔军校第十九期步科生。当时我们并不属于黄埔军校，而是叫做“军事委员会驻滇干部训练团”（以下简称“干训团”）。干训团的负责人是湖南老乡、中国远征军第11集团军总司令宋希濂。他派人来长沙招考，在长沙报纸上登报，要求高中学生，身体健康，年龄在18岁以上，并说明毕业后要做远征军干部。长沙有六七百人报名，考取了两百多人。考试内容主要是语文、算术等高中科目的内容。身体检查也是要的，身体健康才行。一言以蔽之，即要求身体好、学习好、人好。

那时我高中肄业，日本鬼子打进来，便失学了。为了抗击日本鬼子，也为给自己找出路，我报考了干训团。考上后，我们先在长沙集合，走路到衡阳，从衡阳坐火车到昆明，到昆明后又坐车到云南大理。干训团的学生有湖南、湖北的，也有云南、四川等地的，其中湖南人最多，基本都是逃难过来的人。

为成为一名合格的军人做准备

我是大理分团第一期的，我们这一期有800多人，大概学了一年半的时间。我们的教育长是宋希濂，副教育长是董仲篪。我们的教官也都是军校的，队长李世清是黄埔军校第十一期的，区队长仇少中是黄埔军校第十五期的。当时我和仇少中的联系多，军事动作都是他教的。因为是同乡，他对我的生活起居方面也很照顾，像个老大哥。

刚开始是6个月的入伍期，这时候没有假期，后来成为正式生了才有。每天，我们学习当兵知识，搞卫生内务等，为成为一名合格的军人做准备。入伍期满后则主要学习术科和学科。术科主要是身体训练，比如单杠、双杠之类；学科则包括步兵操典、政治、野外勤务等，也有沙盘教学，即学习防线的布置等。

我们的生活还不错

夏天，我们早上5点半起床，冬天6点半起床，一天三操两讲，上午、下午都在上课。早上做运动，锻炼身体，包括做起床操、单杠、双杠、木马等。然后上课，在操场里做正步、齐步走等军事动作。中午休息一个来小时。使用的武器是美国新式武器，步枪、冲锋枪、六〇式迫击炮、八一式迫击炮，由十几个美国教练教习如何使用武器，配有翻译。大理分团开设外语课，主要跟随美国人和翻译官学习英语，缅甸语也学。我在那平平淡淡，成绩中游。

我们的生活还不错，饭吃不完，每个月发十几块钱。因为是培养中国远征军干部，所以都对我们高看一眼。早餐吃稀饭，中午、晚上吃干饭，一个礼拜吃两次荤。衣服是统一发的，冬天一套棉衣，夏天两套衬衣。军装都是草绿色的，像中山装一样，鞋子是草鞋，在课室和出去逛街都穿一样。衣服有领章，有“军校学生”字样，蓝底白字，是铁皮制的。

从干训团并入黄埔军校体系

1945年我们毕业的时候，宋希濂发表讲话：“你们以后做一个军人，要好好干。”我们也有同学录和佩剑，但要去到部队之后才给寄过来。毕业证书写的是军事委员会干训团的学生，以后才改了黄埔军校的毕业证书，成为黄埔军校毕业生。

为什么会改成黄埔军校的毕业证书呢？这与宋希濂有关。宋希濂后来去到新疆，担任黄埔军校第九分校的主任。干训团毕业的学生找到他，希望能将毕业证书改成黄埔军校的，他便答应了。宋希濂在重庆有个办事处，我那时也在重庆，便找过去。后来邮局便寄过来一张黄埔军校第九分校第十九期学生的毕业证书给我。黄埔军校的毕业证书和干训团的毕业证差不多，只是将“团长蒋介石”改成了“校长蒋介石”。

第207师排长

毕业时，在滇西的日本鬼子已经被打垮了，龙陵、松山等主要阵地也被我们收回来了，中国远征军也差不多回来了，我就被分配到昆明第207师[①]做排长。

1945年4月，在经过近半年的集训后，第207师拨给新编第6军，并从各师中选拔一批人员参加专业技术兵种培训。因为我既懂汽车维修，又懂无线电，所以被分配到师部。1945年5月，湘西会战爆发，第207师随新编第6军来到怀化芷江，负责协防芷江机场，并最终取得湘西会战的胜利。后来，因为不愿去东北打内战，我就参加了起义。

① 1945年1月，第207师在云南曲靖由昆明防守司令部与第48师改编而成，师长先后有方先觉、罗又伦，下辖第619团、第620团、第621团。1946年9月，由第207师为基干扩编为两旅六团制。1947年7月，扩编为为三旅九团制。1948年9月，在辽西被歼灭。

后　记

《我们的远方故事：中国远征军中的黄埔军人口述录》历经6年多的采访、编辑、审稿，最终得以付梓出版。在此期间，我们得到了众多良师益友的帮助，感谢广东、广西、四川、湖北、湖南、上海等省市的黄埔军校同学会、统战部等相关部门和机构的倾力协助，热情接待采访组成员，积极提供黄埔老人名单、联系方式，为我们的到访向黄埔老人及其家属提供背书，陪同调研和走访黄埔老人，使我们在馆内人手紧张的情况下，能够用一年的时间顺利完成了这个覆盖全国的专题口述项目的采访工作；感谢李明晖、林华强、同心、曾健鹏等关爱抗战老兵志愿者，提供线索、指引路线、担任翻译等等，为我们步履匆匆的在外地采访工作提供了诸多便利，至今回想起来仍倍觉温馨、感动；感谢楼潘荣、李石等黄埔老人后代、亲属为协助采访做了大量工作，提供资料，校对采访文稿，协助与老人沟通等等，不一而足。最为感激的，是陈念良、陈英波、冯宗尧等黄埔老人的积极配合和大力帮助，老人们平均年龄在88岁以上，有的在我们接触时已身体抱恙，但仍对我们反复多次、每次长达两三个小时的访谈报以极大的热忱，甚至把自己珍藏多年的照片、文献、物品无偿捐赠给我馆。我们感动于他们当年为国家、民族而投身抗战的坚毅，亦为他们在历经人生沧桑和磨难后所表现的乐观豁达和淡定从容态度所折服。他们对这个项目和这本书能够最终完成发挥了至关重要的作用，在此一并表示衷心的感谢！

由于我们自身水平所限，本书在内容和规范上仍然存在许多不尽完善之处，恳请专家和读者不吝赐教。

广东革命历史博物馆